Überreicht mit freundlicher Empfehlung

Hannspeter Riedel

Unternehmensnachfolge regeln

Hannspeter Riedel

Unternehmensnachfolge regeln

Strategien und Checklisten
für den erfolgreichen Generationswechsel

3., überarbeitete Auflage

GABLER

Die Deutsche Bibliothek – CIP-Einheitsaufnahme
Ein Titeldatensatz für diese Publikation ist bei
Der Deutschen Bibliothek erhältlich.

1. Auflage 1994
2. Auflage 1996, Nachdruck 1999
3. Auflage August 2000

Alle Rechte vorbehalten
© Betriebswirtschaftlicher Verlag Dr. Th. Gabler GmbH, Wiesbaden 2000
Lektorat: Ulrike M. Vetter

Der Gabler Verlag ist ein Unternehmen der Fachverlagsgruppe BertelsmannSpringer.

www.gabler.de

Höchste inhaltliche und technische Qualität unserer Produkte ist unser Ziel. Bei der Produktion und Verbreitung unserer Bücher wollen wir die Umwelt schonen: Dieses Buch ist auf säurefreiem und chlorfrei gebleichtem Papier gedruckt. Die Einschweißfolie besteht aus Polyäthylen und damit aus organischen Grundstoffen, die weder bei der Herstellung noch bei der Verbrennung Schadstoffe freisetzen.

Die Wiedergabe von Gebrauchsnamen, Handelsnamen, Warenbezeichnungen usw. in diesem Werk berechtigt auch ohne besondere Kennzeichnung nicht zu der Annahme, daß solche Namen im Sinne der Warenzeichen- und Markenschutz-Gesetzgebung als frei zu betrachten wären und daher von jedermann benutzt werden dürften.

Umschlaggestaltung: Nina Faber de.sign, Wiesbaden
Satzarbeiten: FROMM MediaDesign GmbH, Selters/Ts.
Druck und buchbinderische Verarbeitung: Lengericher Handelsdruckerei, Lengerich
Printed in Germany

ISBN 3-409-33880-2

Vorwort zur dritten Auflage

Die erfreuliche Aufnahme des Buches durch die Leser führt zu dem Erfordernis einer 3. Auflage. Zwar hat der Gesetzgeber zum Zeitpunkt der Vorbereitung der Neuauflage eine „Gerechtigkeitslücke" in Deutschland entdeckt, die durch eine „gerechtere" (sprich: höhere) Erbschaft- und Schenkungsteuer geschlossen werden soll. Bedauerlicherweise sind jedoch die genauen Pläne des Gesetzgebers zum Zeitpunkt der Drucklegung dieses Buches noch unklar.

Auch zu dieser Auflage haben viele Personen ihren Beitrag geleistet, denen ich an dieser Stelle recht herzlich danke. Dieser Dank gilt insbesondere meiner Mitarbeiterin, Frau Karoline Gruba, die mich bei meinem unvermeidlichen Kampf mit dem Computer wiederholt gerettet hat.

München, August 2000   HANNSPETER RIEDEL

Vorwort zur zweiten Auflage

Verständlicherweise ist jeder Autor besonders erfreut, wenn wegen der regen Nachfrage bereits relativ kurze Zeit nach der Erstveröffentlichung eine Neuauflage seines Buches erforderlich wird. Der Zeitpunkt der Neuauflage kam jedoch auch unter inhaltlichen Gesichtspunkten äußerst gelegen. Denn das Bundesverfassungsgericht hat seine lang erwartete Entscheidung zu den Einheitswerten getroffen.

Ebenso wurde das Umwandlungsrecht neu kodifiziert. Beide Aspekte haben erhebliche Auswirkungen auf die Übertragung von Unternehmen und wurden deshalb in der Neuauflage entsprechend berücksichtigt – soweit dies möglich war. Denn bedauerlicherweise war der Gesetzgeber trotz hinreichender Vorlaufzeit und offensichtlicher Verfassungswidrigkeit der Einheitswerte als steuerliche Bemessungsgrundlage in den einschlägigen Gesetzen nicht in der Lage, rechtzeitig die zukünftigen steuerlichen Grundlagen, auf denen Unternehmen zu übertragen sind, zu konzipieren. Damit besteht zum Zeitpunkt der Neuauflage ein ausschließlich von dem Gesetzgeber zu verantwortendes partielles Vakuum, welches für Unternehmer, deren Familien und Berater in der täglichen Praxis zu einer eigentlich nicht hinnehmbaren Unsicherheit führt. Gleichwohl, oder gerade deshalb, wird in dieser Auflage der Versuch unternommen, erste Folgerungen aus den derzeitigen rechtlichen Gegebenheiten für die Alltagspraxis darzustellen.

Es bleibt die weitere liebe Pflicht, nunmehr nicht nur meine Frau Katharina und meinen Sohn Max um Verständnis für manche in das Buch investierte Stunde zu bitten, sondern auch meinen zwischenzeitlich geborenen Sohn Paul und meine Tochter Charlotte.

München, im März 1996 HANNSPETER RIEDEL

Inhaltsverzeichnis

Vorwort V

1. **Die Gründer gehen, aber wie . . . ?!**   1

   • Unternehmensnachfolge aus der Sicht der Banken
     Stephan Schüller   8

2. **Worauf muß geachtet werden?**
   Wider das „Così-fan-tutte-Prinzip" 13

3. **Wer soll in die Fußstapfen des Unternehmers treten?**
   Vom „Aschenputtel-Syndrom" und anderen Schwierigkeiten,
   den richtigen Nachfolger zu finden 19

   • Die Nachfolgeregelung psychologisch gesehen
     Bernd LeMar 21

   3.1 Gar nicht so einfach: die familieninterne Übergabe 31
   3.2 Warum nicht arbeiten lassen? 38
   3.3 Wenn das Gute liegt so nah . . . Der unternehmerisch ambitionierte
        Mitarbeiter als Nachfolger 41
   3.4 Das Beteiligungsgesellschaftsmodell 46
   3.5 Der Unternehmensverkauf: auch eine Lösung der Nachfolgefrage 49
   3.6 Warum nicht stiften gehen? 52

4. **Die persönliche Strategie zur Steueroptimierung:**
   Besser die Erbschaft steuern als Erbschaftsteuern 57

5. **Ist die Rechtsform noch zeit- und situationsgerecht?**
   „GmbH? Brauche ich nicht, ich bin doch versichert" 71
   5.1 Die Merkmale der Rechtsformen –
        Was unterscheidet eine KG von der GmbH? 76
   5.2 AG – die verkannte Rechtsform 84
   5.3 Die Betriebsaufspaltung – ein weitverbreitetes problematisches
        Modephänomen 90
   5.4 Der richtige Weg zur Änderung der Rechtsform des Unternehmens –
        Sich wandeln bringt (meist) Segen 100
   5.5 Der Beirat – warum sich nicht kompetent helfen lassen? 104

6. Die Ehekrise darf nicht zur Unternehmenskrise werden – und umgekehrt .. 111

- Der richtige Ehevertrag –
  Ein Beitrag zur Familien- und Unternehmenssicherung
  Michael Pinker 115

7. Das Unternehmertestament 125
Die vier großen W's des Erbrechts: Wer, Was, Wann, Wie 125

8. Vom „Die Dinge richtig tun" zum „Die richtigen Dinge tun"
Der Schritt in einen neuen Lebensabschnitt 141

- Die Unternehmensübergabe kann die Krönung des Lebenswerkes werden
  Josef Schmidt 144

- Die strategische Neuausrichtung von Klein- und Mittelbetrieben –
  dargestellt am Beispiel des deutschen Kraftfahrzeuggewerbes
  Willi Diez 149

9. Wie packe ich es an?
Die praktische Umsetzung einer Nachfolgeregelung 159

- Die Unternehmernachfolge – Weichenstellung für Familienunternehmen
  Norbert Wieselhuber 165

- Die richtige Nachfolgeplanung im Familienunternehmen
  Joachim Schwass 175

Der Autor / Die Mitautoren 183

Stichwortverzeichnis 185

1. Die Gründer gehen, aber wie …?!

„Die Sicherung der Unternehmernachfolge ist die größte unternehmerische Herausforderung" – diese Aussage mag überraschen, stammt sie doch von keinem Geringeren als von Reinhard Mohn, der die Bertelsmann AG als eigentümergeführtes Unternehmen zum Weltkonzern ausgebaut hat. In der Tat stellt jedoch die erfolgreiche Unternehmensnachfolge und der gelungene Generationswechsel im Unternehmen eine der zentralen Herausforderungen für jeden Unternehmer dar. Gleichzeitig hat die Lösung dieser Aufgabe überragende Bedeutung für die zukünftige Struktur der bundesdeutschen Wirtschaft. Erstaunlicherweise wird diese große Herausforderung immer noch unterschätzt oder verkannt.

Allein schon der nüchterne und unkommentierte nackte zahlenmäßige Befund zeigt die alarmierende Dimension des Themas: Nach zuverlässigen Schätzungen werden in den nächsten fünf bis acht Jahren 3 000 Milliarden DM auf die vielzitierte Erbengeneration übergehen. Zu einem nicht unerheblichen Teil setzt sich diese gewaltige Summe aus Unternehmensvermögen zusammen. In den nächsten zehn Jahren stehen von den insgesamt ca. 2,2 Millionen mittelständischen Unternehmen rund 700 000 Betriebe zur Übergabe auf den Nachfolger an. Etwa ein Drittel aller Handwerksbetriebe, das sind gut 200 000, müssen auf einen Nachfolger übertragen werden. Statistisch gesehen müßte in der Bundesrepublik jeden Tag in 156 Betrieben das Führungszepter dem Nachfolger übergeben werden. Gleichzeitig steht die wissenschaftlich fundierte Prognose, daß etwa die Hälfte dieser Unternehmen den Generationswechsel nicht schaffen. Sie werden anläßlich einer unterlassenen oder fehlerhaften Nachfolgeregelung entweder verkauft oder liquidiert werden müssen.

Gerade für die große Gruppe der rund zwei Millionen Familienbetriebe in Deutschland wächst sich die Unternehmensübergabe- und Nachfolgeproblematik häufig zu einer existenzgefährdenden Krise aus. Die Erfahrung zeigt, daß Familiengesellschaften, in denen die Gesellschafter in vollem Umfang oder wenigstens mehrheitlich untereinander durch familiäre Beziehungen verbunden sind, vor einer besonders großen Herausforderung stehen. Familien bleiben Familien – aber Familienunternehmen bleiben oft kein Unternehmen. Das international tätige „Institute for Management Development" in Lausanne, das sich sehr intensiv und schwerpunktmäßig mit familiengeführten Unternehmen wissenschaftlich auseinandersetzt, geht davon aus, daß rund 70 Prozent der Familienunternehmen in der ersten oder spätestens in der zweiten familiären Unternehmergeneration scheitern. Damit stimmt nicht einmal mehr die althergebrachte Volksweisheit: „Der Vater erstellt's, der Sohn erhält's, dem Enkel zerfällt's."

Besonders augenfällig wird die spezielle Gefahr für Familienunternehmen durch spektakuläre Fälle illustriert. Sie betreffen traditionelle Familienunternehmen und bekannte Namen. Diese renommierten familiengeführten Firmen scheiterten daran, die familiär geprägte Unternehmenskontinuität zukunftsweisend auf die nachfolgende Generation zu übertragen. Aus unterschiedlichsten Gründen waren diese Familien nicht in der Lage, den Generationswechsel im Unternehmen rechtzeitig vorzubereiten und zu realisieren. Ohne Anspruch auf Vollständigkeit gehören in diese Liste der gestrauchelten Familienunternehmen Namen wie: Dornier, adidas, Bahlsen, Wünsche, Deckel, Pelikan, Pierburg, Nixdorf, Voith, Asbach-Uralt, Wicküler-Brauerei, Gerling.

Diese Beispiele sind durch die Presse gegangen und hinlänglich bekannt. Man sollte sich jedoch vor der Einschätzung hüten, es würde sich hierbei lediglich um spektakuläre Einzelfälle handeln. Sicherlich sind sie aufgrund ihrer Größenordnung durch Besonderheiten geprägt und damit nur bedingt verallgemeinerungsfähig. Es sind jedoch gleichzeitig eindringliche Beispiele, in denen im besten Fall der angestammte Familienunternehmername als am Markt gut eingeführtes Markenzeichen beibehalten wird. Familiärer Einfluß verbleibt jedoch weder auf Management- noch auf Gesellschafterebene. Die familiären Wurzeln des Unternehmens werden häufig auf die Weiternutzung eines Firmenlabels und auf die Erwähnung im Rahmen eines Firmenjubiläums reduziert.

Ein schwacher Trost in dieser Kategorie von Eigentümerwechseln im Unternehmen ist lediglich, daß zumindest das Unternehmen im Markt weiterhin vertreten und die finanzielle Absicherung der Familie meist gewährleistet ist. Es wäre jedoch eine Illusion zu glauben, daß bei den meist unter Druck zustande gekommenen Eigentümerwechseln der tatsächliche und realistische Marktwert als Verkaufserlös erzielt werden konnte.

Viel dramatischere Auswirkungen hat jedoch eine mißlungene oder unterlassene Nachfolgeregelung für die vielen hunderttausend mittelständischen Betriebe sowie deren Unternehmer und ihre Familien. Bedauerlicherweise sind die Fälle nicht selten, in denen die ungelöste Nachfolgeregelung nicht nur zu dem Verlust des Unternehmens geführt haben, sondern gleichzeitig zu einer existenzgefährdenden finanziellen Krise der Familie. Oft wird nicht nur das mühsam aufgebaute Lebenswerk zerstört, sondern es kann damit der wirtschaftliche Ruin der Familie verbunden sein. Die aus falsch verstandenem Verantwortungsbewußtsein als letzte Rettung zur Bewahrung des Unternehmens vor dem Konkurs eingegangene persönliche und unbegrenzte Bürgschaft führt zum Verlust der als sicher geglaubten außerbetrieblichen Vermögenswerte des Unternehmers. Die zur Altersversorgung gedachten Immobilien müssen auf einmal zur Befriedigung der Firmengläubiger zwangsversteigert werden. Besonders dramatisch gestaltet sich die Situation, wenn auch noch die Ehefrau oder andere Familienmitglieder eine entsprechende Bürgschaft übernommen haben. In einem späteren Kapitel wird gezeigt, daß die Banken insoweit recht findig sind. Dann ist das gesamte Familienvermögen weg.

Aufgrund der Vielzahl der zur Übergabe anstehenden Familienunternehmen und allein aus der Tatsache heraus, daß sehr viele bundesdeutsche Unternehmen familiengeführt sind, ergibt sich nahezu zwangsläufig eine tendenzielle Themenschwerpunktbildung in diesem Buch. Im Zusammenhang mit der Übergabe von familiengeführten Unternehmen sind spezifische Fragestellungen darzustellen, die insbesondere durch zwischenmenschliche Aspekte äußerst stark geprägt sind. Das Buch wendet sich jedoch nicht nur an Familienunternehmer. Jeder Unternehmer und jeder Betrieb wird irgendwann zwangsläufig mit der Problematik des Führungswechsels konfrontiert. Auch der kinderlose Gesellschafter, der das Unternehmen gemeinsam mit drei oder vier weiteren familienfremden Mitgesellschaftern führt, muß sich darüber klar werden, auf welche Art und Weise er sich dem Generationswechsels im Unternehmen stellen will. Hier lauern spezielle Tücken für die langfristige Existenzsicherung des unternehmerischen Lebenswerkes. Zu denken ist nur daran, daß zur Vermeidung eines ausufernden Gesellschafterkreises sinnvolle Erbklauseln im Gesellschaftsvertrag vorzusehen sind. Ebenso ist durch vorausschauende satzungsmäßige Regelungen Vorsorge dafür zu treffen, daß nicht im Falle einer eventuellen Scheidung eines Mitgesellschafters wegen der damit unter Umständen verbundenen Zahlung von hohen Ausgleichsansprüchen die wirtschaftliche Substanz des Unternehmens gefährdet wird. Das Thema geht deshalb jeden Unternehmer an und muß wegen seiner individuellen Vielschichtigkeit in seiner gesamten Bandbreite dargestellt werden.

Es ist verblüffend, daß sich trotz der bisweilen dramatischen Konsequenzen nur sehr wenige Unternehmer mit der Aufgabe der Vorbereitung des rechtzeitigen und zukunftssicheren Generationswechsels in Unternehmen sowie der langfristigen Sicherung des Bestands des Unternehmens auseinandersetzen. Es ist zugegebenermaßen eine sich in dieser Häufigkeit erstmals stellende gesamtwirtschaftliche Herausforderung, die bisher noch nicht in das allgemeine Bewußtsein vorgedrungen ist. Vielleicht werden die bei vielen Unternehmern hinsichtlich ihrer eigenen Situation anzutreffenden persönlichen Verdrängungsmechanismen dadurch begünstigt. Der Grund für das bisherige „Dornröschen-Dasein“, welches das Thema gerade auch im internationalen Vergleich in der bundesdeutschen Diskussion fristet, liegt sicherlich auch in der spezifischen Struktur der bundesdeutschen Volkswirtschaft begründet. Die vielbeschworene und -zitierte „Wirtschaftswunder-Macher-Generation“ denkt nunmehr altersbedingt an das Aufhören beziehungsweise sieht sich zwangsläufig damit konfrontiert. Aufgrund zweier Weltkriege und einer verheerenden Inflation in den zwanziger Jahren fehlen die Erfahrungen dar- über, wie man ein Unternehmen auf die nachfolgende Generation überträgt. Die Nachfolgeplanung als vierte zwingende unternehmerische Planungssäule – neben der Investitions-, Absatz- und Finanzplanung – findet in der unternehmerischen und persönlichen Disposition bisher meist keine Berücksichtigung.

Die Analyse von Familienunternehmen, die den Generationswechsel erfolgreich vollzogen haben, zeigt, daß die Beachtung weniger, aber dafür wesentlicher Kernaufgabenstellungen über den Erfolg oder Mißerfolg der Betriebsübergabe entscheidet. Ein Erfolgsfaktor ist dabei die Berücksichtigung eines Planungs- und Realisierungszeitraumes, der zwischen drei und fünf Jahren liegt. Diese scheinbar lange Zeitspanne resultiert aus dem Erfordernis, ein situationsangepaßtes Gesamtkonzept zu erarbeiten, das nicht nur sämtliche sachlichen Aspekte in steuerlicher und rechtlicher Hinsicht berücksichtigt, sondern auch die persönlichen Erwartungen und vielleicht auch Befürchtungen aller durch die Unternehmensübertragung tangierter Personen einbezieht. Wie an anderer Stelle noch dargestellt wird, ist das „Loslassen-Können“ für manchen Unternehmer bisweilen schwerer als gedacht. Spontane oder erzwungene „Schnellschußlösungen“ sind meist zum Scheitern verurteilt.

Ein weiterer, häufig anzutreffender fataler Fehler ist, daß das steuerliche Moment einseitig in den Mittelpunkt der Überlegungen gerückt wird. Es besteht das weit verbreitete, aber durch nichts belegte Vorurteil, daß vermeintlich horrende Steuerbelastungen anläßlich der Betriebsübergabe der ausschlaggebende Grund für das Scheitern vieler Generationswechsel seien. Dieses von Beratern aus nicht immer ganz selbstlosen Überlegungen genährte Vorurteil fällt bei Unternehmern oftmals auf einen fruchtbaren Boden. Denn es ist eine weitverbreitete Ansicht vieler Unternehmer, daß der „böse" Fiskus der ärgste Feind des Unternehmers sei.

Dabei ist es nicht so dramatisch, wie es den ersten Anschein hat. Zur angemessenen Einordnung der steuerlichen Thematik (und zur eigenen Beruhigung) gibt es ein einfaches Gestaltungsmittel, das jedoch in den seltensten Fällen angewandt wird: die Erstellung eines individuellen Erbschaftsteuer-Status. Es ist überschlägig zu ermitteln, welche steuerlichen Belastungen anläßlich der Betriebs- und Vermögensübergabe entstehen. Erst auf dieser Grundlage kann überhaupt beurteilt werden, ob eine aufwendige Steuerplanung erforderlich ist.

Ein optimiertes Steuerkonzept ist sicherlich ein wichtiger Bestandteil jeder Unternehmensübergabe. Die ausschließliche Fixierung auf diesen Aspekt verkürzt jedoch die Thematik auf gefährliche Art und Weise. Wichtige inhaltliche Fragen wie beispielsweise die Entwicklung einer zukunftsweisenden Unternehmensstruktur oder die Beurteilung der unternehmerischen Qualifikation des auserkorenen Nachfolgers werden vernachlässigt.

So paradox es klingt, aber gerade ein drei- bis fünfjähriger Planungshorizont im Rahmen eines klar definierten Projektes gewährleistet ein Minimum an zeitlicher und mentaler Belastung für den Unternehmer. Belastend wird der Generationswechsel für den Unternehmer immer dann, wenn ihn die Thematik (vielleicht verbunden mit einem schlechten Gewissen) latent begleitet, aber keinerlei konkrete Festlegungen erfolgen. Denn dann wird das Thema immer mal wieder angesprochen. Punktuelle Insellösungen werden kurzfristig konzipiert, aber eine abschließende Gesamtlösung steht nach wie vor aus. Wie eine Nachfolgeregelung effektiv umgesetzt werden kann, wird im letzten Kapitel des Buches dargestellt.

Die Beratungspraxis zeigt, daß die von den Unternehmern angeführten Gründe, sich nicht mit diesem Thema auseinanderzusetzen, relativ identisch sind und sich regelmäßig wiederholen. Erwähnt seien an dieser Stelle nur einige Stichworte:

- Die Dringlichkeit ist erkannt, aber es fehle angeblich die Zeit in der tagesoperativen Hektik.
- Die Beschäftigung damit sei gleichbedeutend mit dem „Ruder-aus-der-Hand-Geben".
- Es sei ein Thema des Alters.
- Es sei noch zu früh, sich damit auseinanderzusetzen.
- Eine vernünftige Nachfolgeregelung sei unnötig, da zu zeitintensiv und zu teuer.
- Es bedeute den ersten Schritt ins Grab.
- Der Glaube, unersetzlich zu sein; angebliche Unerfahrenheit des potentiellen Nachfolgers.
- Im Gesetz sei alles bestens geregelt.

Die nachfolgenden Ausführungen werden sicherlich jedem deutlich machen, daß es sich primär um vorgeschobene „Schutzbehauptungen" handelt, deren inhaltliche Berechtigung jedoch nicht zutreffend ist. Sie dienen zur Legitimierung des Verdrängens. Insbesondere das häufig zitierte Argument „mangelnde Zeit"/„zu früh" wird hoffentlich nach Lektüre dieses Buches widerlegt sein und der Vergangenheit angehören.

Die eben angeführten persönlichen „Verdrängungsargumente" dokumentieren eine äußerst negative Assoziation und Grundeinstellung der Unternehmer gegenüber dem Gesamtthema. Nicht wenige Seniorunternehmen meinen damit zum „alten Eisen" zu gehören oder den ersten Schritt auf das Abstellgleis zu tun. Dies ist eine sehr erstaunliche Tatsache und dokumentiert eine unnötige Sorge. Der Betriebsübergang stellt sicherlich einen entscheidenden Meilenstein im persönlichen Leben des Unternehmers und in der Entwicklung der Firma dar. Immerhin hat man mit viel Herzblut das Unternehmen erfolgreich aufgebaut und zu dem gemacht, was es jetzt ist. Der Übergabe der unmittelbaren unternehmerischen Verantwortung braucht jedoch nicht mit Bangen entgegengesehen werden, auch wenn das „Loslassen" verständlicherweise manchmal äußerst schwerfällt und bisweilen weh tut. Es gilt, sich auf die positiven Aspekte zu konzentrieren. Denn diese Zäsur bietet vor allem eine Fülle von Chancen und Gestaltungsspielräumen zur positiven Erweiterung und Umsetzung der persönlichen Lebensplanung. Man findet endlich Zeit für die lange vernachlässigten Hobbys, die immer erträumte Weltreise wird diesmal nicht verschoben, man entdeckt wieder das Konzert- und Theatererlebnis. Die Unternehmer, die eine gründlich vorbereitete und rechtzeitig realisierte Nachfolgeregelung umgesetzt haben und sich damit der Herausforderung offensiv gestellt haben, empfinden den vollzogenen Schritt als großen Gewinn an persönlicher Freiheit, der sich gleichzeitig positiv in dem Unternehmen ausgewirkt hat. Von einem Fallen in das berühmte „Pensionärsloch" oder Chaos im Betrieb keine Spur. Ein Beispiel aus der Beratungspraxis:

▥ Beispiel ▥

Ein im süddeutschen Raum beheimateter Unternehmer hat innerhalb von 20 Jahren aus dem Nichts ein in der Werkzeugmaschinenbranche erfolgreiches Unternehmen mit zweistelligem Millionenumsatz aufgebaut. Er hat alles auf seine Person konzentriert und sich als unersetzbar im Betrieb empfunden. Es kam, wie es kommen mußte – mit 47 Jahren ein schwerer Herzinfarkt. Eine vorbereitete und geplante Nachfolgeregelung war wegen der alltäglichen Arbeitsüberlastung selbstverständlich ebensowenig vorhanden wie eine den Privatbereich sichernde Vorsorge. Wozu auch – man ist ja auch erst 47.

Doch anders als viele andere, die nach überstandener Krankheit so schnell wie möglich und wie gehabt weitermachen, hat dieser Unternehmer den Herzinfarkt tatsächlich als dramatisches Warnsignal empfunden und die nötigen persönlichen Konsequenzen daraus gezogen. Er hat zusammen mit seinen Beratern ein umfassendes Betriebsübergabe-Konzept mit klaren inhaltlichen und zeitlichen Zielvorgaben erarbeitet. Es umfaßte unter anderem den geplanten schrittweisen Rückzug aus der Geschäftsführung. Es wurde ein Nachfolgerteam, zusammengesetzt aus einem Familienmitglied und einem erfahrenen externen Fremdmanager, zielgerichtet aufgebaut. Das Unternehmen wird auf Kapitalseite langsam geöffnet und damit krisensicherer.

Die Verbundenheit mit dem Unternehmen und die unschätzbare Erfahrung des Unternehmers bleiben dem Unternehmen durch eine Beratertätigkeit und durch die Mitarbeit im gleichzeitig neu eingerichteten Beirat nutzbringend erhalten. Das Unternehmen hat auch weiterhin ansehnliche jährliche Wachstumsraten zu verzeichnen und ist nach wie vor erfolgreich im Markt vertreten.

Gleichzeitig hat es der Unternehmer bei seiner neu entdeckten Golfleidenschaft innerhalb von zwei Jahren auf Handicap 27 gebracht (wobei er sich zugegebenermaßen mittlerweile im Schnitt mindestens dreimal die Woche auf dem Golfplatz befindet). Er hat seine alte Liebe zur klassischen Musik wieder intensiviert und ist gerade dabei, ein lokales Musikfestival zu initiieren. Nach eigenem Bekunden empfindet er die von ihm getroffene Entscheidung für sich persönlich, seine Familie wie auch für das Unternehmen als eine der wichtigsten in seinem Leben.

Daß die Nachfolgethematik immer stärker in den Mittelpunkt des Interesses rückt, hängt jedoch nicht nur damit zusammen, daß es sich hierbei um eine zentrale persönliche Fragestellung handelt (Stichwort: Was passiert mit meinem Lebenswerk?), mit der immer mehr Unternehmer unausweislich konfrontiert werden. Das Abtreten der Unternehmergeneration der Aufbauepoche sowie der Träger des Wirtschaftswunders der Erhardt-Zeit wirft gleichzeitig große strukturelle Fragestellungen auf, die weit über das einzelne Familienunternehmen und die persönliche Situation des Unternehmers hinausreichen.

Wie oben erwähnt, werden nach heutiger Prognose etwa die Hälfte der mittelständischen Betriebe den Generationswechsel nicht überleben. Sie werden sang- und klanglos vom Markt verschwinden. Dies stellt für die nach wie vor sehr stark mittelständisch geprägte bundesdeutsche Wirtschaft natürlich eine große strukturelle Herausforderung dar. Der Mittelstand bildet nach wie vor das Rückgrat der deutschen Wirtschaft. Er ist der Garant für ihren langanhaltenden Erfolg. Insbesondere die Exportüberschüsse sind den unzähligen mittelständischen Unternehmen zu verdanken. Allein die von Familien geführten mittelständischen Unternehmen produzieren mehr als die Hälfte des Bruttosozialprodukts und beschäftigen gut zwei Drittel aller Arbeitnehmer. Damit kommt den hunderttausendfach anstehenden Generationswechseln in den Unternehmen eine immense ordnungspolitische und volkswirtschaftliche Bedeutung zu. Niemand kann derzeit gesichert vorhersagen, wie das Gesicht der deutschen Wirtschaft im Jahr 2010 aussieht und welche Konsequenzen das prognostizierte Verschwinden des Mittelstandes auf die Wettbewerbsfähigkeit der deutschen Wirtschaft hätte. Es sei die These erlaubt: höchstwahrscheinlich keine positiven.

Eine weitere – zunächst überraschend erscheinende – Erfahrung, die gerade in letzter Zeit aus der eigenen Beratungstätigkeit gewonnen wurde, ist, daß einige vorausschauende Großunternehmen das Thema entdeckt haben und ein dringendes Interesse an einem erfolgreichen Generationswechsel deutlich artikulieren. Das Interesse bezieht sich jedoch nicht auf den eigenen Konzern, sondern vielmehr auf ihre vielen mittelständischen Zulieferer und Vertriebspartner. Hier wird berechtigterweise eine als äußerst gefährlich angesehene tickende Zeitbombe vermutet. Im Zeitalter von „Just-in-time-Produktion", „Lean-Production" und Dezentralisierungstendenzen in der Großindustrie muß das Zusammenspiel zwischen den Konzernen und ihren Zulieferern sowie den Absatzpartnern jederzeit und reibungslos gewährleistet sein. Es besteht eine große gegenseitige Abhängigkeit. Viele Großunternehmen setzten ihre Produkte nicht selbst unmittelbar ab, sondern ihr Bindeglied zu den Kunden bildet der selbständige Absatzpartner vor Ort. Probleme des mittelständischen Verkaufshauses schlagen sich sofort im Konzernumsatz nieder. Der Ausfall eines Zulieferers kann verheerende Folgen für die konzernbezogene Gesamtproduktion nach sich ziehen.

VW kann seine Pkws nicht wie bestellt an seine Kunden ausliefern, wenn der externe Hersteller von Beleuchtungen wegen langwieriger familieninterner Erbauseinandersetzungen infolge des Fehlens einer vorsorgenden Nachfolgeregelung und damit einhergehender Entscheidungsunfähigkeit im Unternehmen als Zulieferer ausfällt. Die Familienkrise des Mittelständlers schlägt sich unmittelbar im Konzernergebnis nieder. Genauso stellt sich das Problem für Großhersteller, die ihre Produkte über eine selbständige Absatzorganisation vertreiben. Der Computermulti kann es sich nicht leisten, wenn der einzige große regionale Vertriebspartner mehr mit intensiven Familienauseinandersetzungen anläßlich der Erfüllung von erbrechtlichen Pflichtteilsansprüchen beschäftigt ist als mit einem kundenorientierten Auftreten in einem hart umkämpften Markt. Die großen Unternehmen dringen deshalb verstärkt darauf, daß die ihnen als Geschäftspartner verbundenen mittelständischen Familienbetriebe rechtzeitig Vorsorge für einen reibungslosen Generationswechsel treffen. Ansonsten scheuen sich die Großunternehmen nicht, in letzter Konsequenz die Geschäftsbeziehung zu beenden. Konzepte und direkte Hilfe seitens der Großfirmen sind jedoch selten. Nur einige wenige, wie zum Beispiel die Aral AG, haben die Brisanz erkannt und bieten ihren Partnern konkrete Hilfestellung an. Häufig genug ist jedoch der Unternehmer auf sich allein gestellt.

Die Automobilindustrie macht exemplarisch deutlich, welche besonderen Herausforderungen sich für mittelständische Zulieferfirmen im Zusammenhang mit den gigantischen Kostensenkungsprogrammen der Automobilkonzerne ergeben. DaimlerChrysler und Opel wollen die Gesamtzahl ihrer Lieferanten in den nächsten vier Jahren von 1 100 auf unter 500 abbauen. Seitens der Hersteller wird die Zusammenarbeit mit einem einzigen Lieferanten angestrebt.

In dieser Tendenz stecken selbstverständlich erhebliche Risikopotentiale – sowohl für den Großhersteller wie auch für den mittelständischen Zulieferer. Der Ausleseprozeß unter den Lieferanten im Automobilsektor läuft. Die ersten Pleiten sind bereits zu vermelden. Gleichzeitig erkennen die Hersteller, daß sie mit dieser Vorgehensweise zwar Kosten senken. Es entsteht aber daneben eine brisante Abhängigkeit von dem Zulieferer. Zur Risikominimierung werden die potentiellen ,,Hoflieferanten" durch die Hersteller deshalb eingehend auf Herz und Nieren überprüft. Ein ganz wesentlicher Faktor bei der Beurteilung ist die langfristig gesicherte unternehmerische Basis. Wer deshalb als Unternehmer ein durchdachtes und langfristig angelegtes Konzept für den Generationswechsel im Unternehmen vorweisen kann, hat einen erheblichen Wettbewerbsvorteil gegenüber seinen Konkurrenten.

Die Thematik des Generationswechsels hat damit eine Dimension, die weit über den ureigensten betrieblichen und familiären Bereich hinausgeht. Es ist keine allein auf die individuelle Sphäre reduzierte Frage. Der nachfolgende Beitrag zeigt die vielfältigen Facetten der Unternehmensübergabe aus Bankensicht:

Unternehmensnachfolge aus der Sicht der Banken

Stephan Schüller

In den nächsten Jahren wird in Deutschland eine beeindruckende Anzahl mittelständischer Unternehmen den Eigentümer wechseln. Die Probleme, die dabei aufgeworfen werden, sind immens: Etwa ein Viertel der betroffenen Firmen ist von der Stillegung bedroht, da die Nachfolge bisher nicht geregelt ist. Rund eine Million Arbeitsplätze sind dadurch sogar akut gefährdet. Daher ist es wenig verwunderlich, daß das Thema Unternehmensnachfolge derzeit in aller Munde ist: in Medien und Politik, bei Verbänden, Rechts- und Steuerberatern und nicht zuletzt auch bei Banken.

Die Hausbank kann beim Thema Unternehmensnachfolge eine wichtige Rolle spielen. Dabei steht nicht nur die Finanzierung des Nachfolgers oder die Anlage des Verkaufspreises im Vordergrund, sondern auch Beratung und Hilfe bei der Suche nach einem geeigneten Übernahmekandidaten.

Vier Erfolgsfaktoren können eine Unternehmensübergabe positiv beeinflussen:

1. *Die frühzeitige Planung der Nachfolgeregelung.* Viele Unternehmer sind sich durchaus der Tatsache bewußt, daß das Ende ihrer unternehmerischen Tätigkeit nicht mehr weit entfernt ist. An aktive Schritte zur Vorbereitung dieses Übergangs haben allerdings die meisten noch nicht gedacht. Als Argumente werden dann die üblichen Ausflüchte wie ,,keine Zeit" und ,,noch zu früh" vorgeschoben. Dahinter steckt das psychologische Phänomen des ,,Nicht-Loslassen-Könnens" oder ,,-Wollens". Jedoch gilt: Wer nicht frühzeitig gestaltet, wird irgendwann von den Ereignissen überrollt. Ziel sollte es sein, daß der Unternehmer getrost loslassen kann, wenn er loslassen will. Deshalb sollte man sich rechtzeitig mit dieser Thematik auseinandersetzen, nach unserer Erfahrung spätestens ab dem 50. Lebensjahr.

2. *Die Strukturierung der Vorgehensweise.* Unternehmer sind wie kaum eine andere Berufsgruppe in ihrem Geschäft involviert. Der hohe zeitliche Aufwand, der für eine gewissenhafte Planung der Unternehmensnachfolge einkalkuliert werden muß, läßt sie den Beginn der Auseinandersetzung mit diesem Thema immer wieder verschieben. Aber gerade die Komplexität der bevorstehenden Unternehmensübergabe erfordert Zeit und planvolles Vorgehen.

   Was heißt das nun im Detail? Zunächst müssen die Rahmenbedingungen der Übergabe geklärt werden: Welcher Übergabezeitpunkt wird angestrebt? Will sich der Unternehmer ganz oder teilweise zurückziehen? Denkbar ist zum Beispiel eine fortbestehende Kapitalbeteiligung. Soll das ganze Betriebsvermögen mit verkauft werden oder kommt eine Betriebsaufspaltung in Betracht? Von wem soll der Betrieb übernommen werden? Ganz grundsätzlich kommen in Frage: Übernehmer aus der eigenen Familie, aus dem Unternehmen (Management-Buy-Out), ein externer Dritter (Management-Buy-In), eine Fusion mit einem Wettbewerber oder der Gang an die Börse.

Anschließend sollte man zusammen mit dem Steuerberater und Rechtsanwalt alle rechtlichen Fragen klären und steuerliche Konzepte erarbeiten, das heißt die richtige Rechtsform für die Übertragung festlegen und gegebenenfalls die bestehende ändern (zum Beispiel Stiftung, Kleine AG, usw.). Wichtig ist auch, von Anfang an die Erbschaftsplanung im Gesamtkonzept zu berücksichtigen, zum Beispiel vorherige Übertragung von Gesellschaftsanteilen an Ehepartner und Kinder im Rahmen der vorweggenommenen Erbfolge.

Zur Bestimmung des Unternehmenswerts ist das Ertragswertverfahren üblich, das heißt Basis ist der nachhaltige Ertrag des Unternehmens. Grundsätzlich empfiehlt es sich, bei der Bestimmung des Unternehmenswertes einen Steuerberater oder Mergers & Acquisitions, also Unternehmensverkaufs-Berater einzubinden.

Schließlich muß auch das Unternehmen für die Übergabe fit gemacht werden. Das bedeutet im einzelnen: Überprüfung der bestehenden Unternehmensstrategie, Überprüfung der Organisationsstruktur: Gibt es klare Verantwortungsträger für Einkauf, Produktion, Vertrieb usw.? Es ist für den Übernehmer entscheidend, inwieweit das Unternehmen ohne den bisherigen Inhaber dauerhaft funktions- und lebensfähig ist. Stimmt der Altersmix der Führungsmannschaft, oder tritt die oft gleichaltrige Führungscrew mit dem bisherigen Chef oder kurz danach ab? Gegebenenfalls sind jüngere Mitarbeiter heranzuführen bzw. auszubilden. Sind alle Produkte Ertragsbringer, oder ist eine Bereinigung der Produktpalette notwendig? Besteht auf Abnehmer- bzw. Zulieferseite eine hohe Abhängigkeit von einem oder zwei Geschäftspartnern? Gerade wenn diese Kontakte allein von der Person des Unternehmers abhängen, ist es wichtig, einen zweiten Ansprechpartner im Unternehmen aufzubauen. Gibt es moderne Instrumente des Rechnungswesens und Controllings, oder besteht noch eine Buchhaltung im ,,Westentaschenformat"? Ein funktionierendes Unternehmenssteuerungssystem stellt einen oft unterschätzten Werttreiber für das Unternehmen dar.

3. *Einen geeigneten Nachfolger finden.* Der Fortbestand vieler Unternehmen ist allein dadurch gefährdet, daß es nicht gelingt, rechtzeitig einen geeigneten Nachfolger für den ausscheidenden Unternehmer zu finden. Bei einer geplanten familieninternen Nachfolge gehen viele Unternehmer oft fälschlicherweise davon aus, daß deren Kinder bereitwillig die Übernahme antreten werden. Noch schwieriger gestaltet sich die Suche nach einem geeigneten Nachfolger außerhalb der Familie, besonders wenn sich im direkten Umfeld des zur Übergabe bereiten Unternehmers (zum Beispiel in den Reihen der Führungskräfte aus dem eigenen Betrieb) keine Kandidaten finden.

Findet der Unternehmer keinen Nachfolger für die Übergabe zum von ihm gewünschten Zeitpunkt, so sieht er sich gezwungen, seine unternehmerische Tätigkeit entgegen seiner Lebensplanung fortzusetzen. Andernfalls drohen ein überstürzter Verkauf bzw. die Stilllegung des Unternehmens. In jedem Fall ist mit negativen Folgewirkungen für den Unternehmer, seine Familie und seine Mitarbeiter zu rechnen.

4. *Optimiertes Vorsorge- und Anlagekonzept.* Ist die Unternehmensübergabe erfolgreich abgewickelt, steht man erneut vor einer wichtigen Entscheidung: der „richtigen" Anlage. Durch den Verkauf des Unternehmens erhält das eigene Vermögen eine ganz neue Struktur.

Diese heißt es im Hinblick auf gegenwärtige und vor allem zukünftige individuelle Bedürfnisse neu zu optimieren.

Wie unterstützt nun die HypoVereinsbank ihre Kunden beim Thema Unternehmensnachfolge? Die HypoVereinsbank will als Hausbank mit übergabewilligen Inhabern von kleineren und mittelgroßen Unternehmen nicht erst dann zusammenarbeiten, wenn die Übergabe des Unternehmens schon weitestgehend abgeschlossen ist. Unser Ziel ist es vielmehr, diesen Unternehmer während des gesamten Prozesses der Planung und Umsetzung seiner individuellen Unternehmensnachfolge zu begleiten. Idealerweise gehen wir dabei nach einem mehrstufigen Konzept vor:

Rechtzeitige Thematisierung und Planung. Dies erfolgt durch besonders geschulte Betreuer und Informationsveranstaltungen sowie Workshops zum Thema Unternehmensnachfolge.

Angebot von Hilfsmitteln. Wir haben eine detaillierte Beratungsmappe mit Checklisten entwickelt. Sie enthält nicht nur einen Überblick über die entscheidenden Themenfelder, mit denen man sich bei der Unternehmensübergabe auseinandersetzen muß, sondern auch einen strukturierten Leitfaden, der die Umsetzung der Nachfolgeregelung erleichtern soll.

Spezielle Beratungsleistungen. Der Gang an die Börse kann zu einer interessanten Alternative werden. Die HypoVereinsbank ist auch hier ein kompetenter Partner, der das Unternehmen dafür vorbereitet und den Börsengang durchführt. Besteht Interesse für eine Stiftung als Nachfolgelösung, so bietet die HypoVereinsbank durch hauseigene Experten in Stiftungsfragen eine Zusammenarbeit mit dem persönlichen Rechts- und Steuerberater Unterstützung an. Auf Wunsch können wir auch einen Spezialisten mit entsprechender steuerlicher und juristischer Fachkompetenz benennen. Durch unsere Tochtergesellschaft HVB Consult sind wir schon seit mehreren Jahren für Kunden des gehobenen Mittelstands und Großunternehmen beratend im Bereich Mergers & Acquisitions tätig. Zu den angebotenen Leistungen gehören unter anderem die Bewertung des zu übergebenden Unternehmens, die Identifikation und Auswahl potentieller Erwerber sowie die professionelle Unterstützung und Begleitung der Verkaufsverhandlungen.

Suche nach einem geeigneten Nachfolger. Es gibt nach unserer Erfahrung genug interessierte Nachfolgekandidaten. Allerdings zeichnet sich der Markt durch geringe Transparenz aus. Suchende haben Angst, ihre eigene Position vorzeitig zu schwächen, Kandidaten sind oft noch an andere Unternehmen gebunden. Die HypoVereinsbank will ihren Teil dazu beitragen, daß eine Unternehmensübergabe nicht mangels geeignetem Nachfolger scheitern muß. Deshalb haben wir eine bankinterne Unternehmensbörse installiert, mit deren Hilfe zu übergebende Unternehmen und zur Übernahme bereite Nachfolgekandidaten zusammengeführt werden können.

Konzeption eines Anlage- und Vorsorgekonzeptes. Wir unterstützen Interessenten dabei durch unsere Private-Banking-Spezialisten. Diese analysieren zusammen mit dem Kunden das Vermögen und erstellen einen speziellen Finanzplan. Dabei wird sorgfältig darauf geachtet, daß Vermögen nicht nur gesichert und ertragreich angelegt ist, sondern auch regelmäßige Liquiditätsströme garantiert sind. Wir erstellen ein optimiertes Anlage- und Vorsorgekonzept und beachten dabei insbesondere steuerliche und erbschaftsplanerische Vorgaben.

Betreuung des neu geführten Unternehmens. Die bisherige Sichtweise der Unternehmensnachfolge war vorwiegend die des Übergebenden. Selbstverständlich sind wir in hohem Maße ebenso daran interessiert, unsere Hausbankfunktion auch beim Nachfolger weiter wahrzunehmen. Mit anderen Worten: Natürlich ist für uns als HypoVereinsbank auch die Finanzierung einer Unternehmensübergabe ein ganz besonders Anliegen. Hier bieten wir durch unsere speziell geschulten Geschäftskundenbetreuer dem Nachfolgekandidaten einen kompetenten Ansprechpartner. Unsere Betreuer sind bestens informiert über die vielfältigen aktuellen Finanzierungshilfen des Bundes und der Länder und entwickeln darauf aufbauend gemeinsam mit dem Übernehmenden eine optimale Kombination notwendiger Fremdmittel, bestehend aus Bankdarlehen und staatlichen Finanzierungshilfen (zum Beispiel DtA- und KfW-Darlehen).

Im Rahmen eines Finanzierungskonzeptes ist es unter anderem anderem wichtig, regelmäßige Zins- und Tilgungsleistungen an die zu erwartenden Erträge des Unternehmens anzupassen. Durch eine unzulänglich konzipierte Finanzierungsstruktur kann das übernommene Unternehmen, beispielsweise durch „falsch getaktete" Tilgungsleistungen, sonst leicht in Liquiditätsengpässe geraten.

Um die Übernahme nachhaltig auf sichere Beine zu stellen, werden bei der Erstellung des Finanzierungskonzeptes gemeinsam mit dem Nachfolger verschiedene Szenarien der Unternehmensentwicklung durchgespielt, um dadurch zentrale Fragen zu beantworten, wie zum Beispiel: Ist die Höhe des Kaufpreises aufgrund der vorliegenden Ertragsdaten und Planzahlen nachvollziehbar? Ist das Verhältnis Eigenmittel zu Fremdmittel angemessen? Wie würde sich ein angenommener Ertragseinbruch auf die Finanzierung und damit auf die Entschuldungsdauer auswirken? Welche Abweichungen des prognostizierten Cash-flows nach unten verträgt das Finanzierungskonzept?

Unterstützt wird der Geschäftskundenbetreuer dabei durch bankeigene Analysetools, in die unter anderem Erfahrungen unserer Tochtergesellschaften, der HVB Beteiligungsgesellschaft und der HVB Consult, eingehen. Und nicht zuletzt bieten wir Nachfolger und Unternehmer mit unseren regelmäßigen Branchenreports einen Überblick über wesentliche Entwicklungen in den von ihnen bedienten Märkten.

■ **Fazit**

Neben ihrem Angebot an traditionellen Dienstleistungen sollten die Banken den Unternehmer auch bei der Planung und Umsetzung der Nachfolgeregelung begleiten. Wir als HypoVereinsbank stellen uns dieser Herausforderung, denn eine langjährige intensive Kundenbeziehung als Hausbank nimmt uns in die Pflicht, gerade diese Phase als Partner eines Unternehmens verantwortungsvoll zu begleiten.

CHECKLISTE

▓ Welchen Stellenwert hat für Sie die Nachfolgethematik?

▓ Haben Sie bereits konkrete Maßnahmen ergriffen?

▓ Welche sind das, und sind Sie damit zufrieden?

▓ Welche Maßnahmen müssen noch ergriffen werden?

▓ Gibt es einen schriftlich niedergelegten genauen Maßnahmen- und Zeitplan für die Nachfolgeregelung?

▓ Falls noch keine Nachfolgeregelung in Angriff genommen wurde: Welche Gründe sind hierfür ausschlaggebend?

▓ Steht Ihr Unternehmen in einer engen Geschäftsbeziehung zu einem Großunternehmen oder einem einzigen Geschäftspartner?

▓ Wissen Ihre Familie, Ihre Mitarbeiter und Ihre Geschäftspartner, was Sie planen?

▓ _____

_____

_____

▓ _____

_____

_____

▓ _____

_____

_____

2. Worauf muß geachtet werden?

Wider das „Così-fan-tutte-Prinzip"

Sobald sich der Unternehmer erstmalig ernsthaft mit dem Thema des Generationswechsels im Unternehmen auseinandersetzt, stößt er, aber auch die meisten Berater, ganz schnell auf die Frage, wie sieht denn eigentlich eine gelungene Nachfolgeregelung aus? Welche Punkte sind zu berücksichtigen? Infolge fehlender weiterführender kreativer Ansätze rettet man sich häufig in die pure Illusion, daß es mit dem von dem der Familie jahrzehntelang treu verbundenen Notar abgefaßten Unternehmertestament oder mit der Entscheidung, welcher der Söhne nunmehr Nachfolger werden soll, getan sei.

Bei einer ehrlichen Analyse der bestehenden Situation wird jedoch schnell für jeden erkennbar, daß dies keinesfalls ausreichend ist. Zwar ist das detaillierte Unternehmertestament ein ganz wesentlicher Baustein in jeder umfassenden Nachfolgekonzeption. Es muß jedoch eingebunden sein in eine Gesamtlösung aufeinander abgestimmter vielfältiger Einzelmaßnahmen. So nützt das beste Unternehmertestament, mit der genauen Festlegung, wer Nachfolger werden soll, nichts, wenn eine entsprechend darauf abgestimmte Nachfolgeklausel im Gesellschaftsvertrag fehlt.

Dieses einfache Beispiel deutet bereits die Themenvielfalt sowie Komplexität an, die mit der Planung einer gelungenen Nachfolgeregelung verbunden ist. Der Themenbogen ist jedoch erheblich weiter gespannt und umfaßt Fragestellungen, die oftmals auf den ersten Blick nicht in Zusammenhang mit dem Generationswechsel im Unternehmen gebracht werden. Insbesondere der psychologische Faktor spielt eine zentrale Rolle bei jeder Gestaltungsüberlegung. Der Generationswechsel läßt sich nicht nur auf ein isoliertes rechtliches oder steuerliches Problem reduzieren – auch wenn die meisten Anwälte und Steuerberater fatalerweise hierzu gerne neigen. Man muß sich permanent die vielschichtige Dimension des Problems vor Augen führen. Gerade für Berater folgt daraus die Notwendigkeit, über ihren fachbezogenen, oft von Omnipotenzdünkel geprägten Schatten zu springen und bei Bedarf weitere Fachleute hinzuzuziehen. Berufliche Eitelkeiten, zu denen die betreffenden Berufsgruppen erfahrungsgemäß gerne neigen, sollten zurücktreten, denn es geht nicht um das Lebenswerk des Beraters, sondern um das des Unternehmers. Ziel muß es sein, sämtliche im Einzelfall relevanten Fragestellungen zu erkennen und sie im Rahmen einer optimalen Gesamtregelung zu lösen. Die Gliederung des Buches orientiert sich an diesem integrativen Lösungsansatz. Es wird deshalb auch nicht, wie meist üblich, das wichtige Thema „Unternehmenstestament/Richtig vererben" gleich zu Beginn der Ausführungen dargestellt, sondern es folgt als paritätischer Bestandteil einer ausgewogenen Gesamtbetrachtung ganz bewußt erst in späterem Zusammenhang.

Grob skizziert besteht ein Wechselspiel zwischen folgenden Bereichen:

- menschlichen/persönlichen Aspekten
- rechtlichen/steuerlichen Fragestellungen
- wirtschaftlichen Auswirkungen

Bei der Auseinandersetzung mit der Nachfolgethematik werden besonders intensiv Fragen des bisherigen Lebensweges berührt. Die persönliche Lebensplanung und -zielsetzung steht auf dem Prüfstand. Es ist ein Reflektieren und Hinterfragen der persönlichen wie familiären Situation erforderlich. Man muß sich auf einmal eingestehen, daß die jahrelang als Schutzschild vor sich hergetragene Auffassung, „man mache dies ja alles nur für die Familie", brüchig ist, nachdem sich herausgestellt hat (und sicherlich auch hätte früher erkannt werden können), daß der als Nachfolger auserkorene Sohn keinerlei Interesse oder nicht die Fähigkeit hat, das Unternehmen erfolgreich weiterzuführen. Dies ist ein bisweilen mit Schmerzen verbundener Erkenntnisprozeß, der jedoch zur Sicherung der Unternehmenskontinuität und des Familienfriedens zwingend erforderlich ist. Bezeichnenderweise ist nach wissenschaftlichen Untersuchungen eine der Hauptursachen für das Scheitern von familieninternen Unternehmensübergaben die fehlende Kompetenz und das mangelnde Interesse des Nachfolgers.

Neben diesen menschlichen Aspekten ist eine Vielzahl von wirtschaftlichen, rechtlichen und organisatorischen Aspekten zu berücksichtigen. Allein im rechtlichen Bereich werden eine Vielzahl von Einzelgebieten tangiert. Die Palette reicht von klassisch zivilrechtlichen Bereichen, wie zum Beispiel mietrechtlichen Problemstellungen („Was passiert mit dem auf dem Betriebsgelände befindlichen bisher privat genutzten Haus?"), über das Gesellschafts-, Erb-, Familienrecht bis hin zum Arbeits- und Sozialrecht. Selbstverständlich ist die steueroptimierende Gestaltung zentraler Bestandteil jeder Nachfolgeregelung. Die jüngste Entwicklung macht es erforderlich, daß sogar EU-rechtliche Bestimmungen relevant werden können. Der Fächer ist also breit gespannt. Eine jeweils auf einen Einzelaspekt isolierte Sicht- und Vorgehensweise ist völlig verfehlt und kann teure Konsequenzen nach sich ziehen. Die stimmige Gesamtlösung ist entscheidend. Erschwert wird die Situation noch dadurch, daß die gesetzliche Regelungsdichte immer enger wird und die rechtlichen Grundlagen einem immer schnelleren Wandel unterliegen. Das später noch näher dargestellte Beispiel der Betriebsaufspaltung wird einen drastischen Eindruck hiervon vermitteln. Es wird deutlich werden, daß die ursprünglich durch Steuersparüberlegungen motivierte Entscheidung hinsichtlich einer Betriebsaufspaltung durch eine geänderte Rechtsprechung in vielen Fällen ihre Grundlage verloren hat.

Gleichzeitig sind betriebswirtschaftliche Fragestellungen zu lösen, wie zum Beispiel: Sind auch für die Zukunft die richtigen Produkte vorhanden? Sollte eine stärkere internationale Ausrichtung des Unternehmens erfolgen? Ist eine Holdingstruktur zur Zielerreichung sinnvoll?

Die Einzelbereiche sind vielschichtig miteinander verwoben und voneinander abhängig. Ein isolierter Lösungsansatz hilft hier nicht weiter. In der Gesamtthematik dokumentiert sich gleichzeitig in aller Deutlichkeit die gegenseitige Abhängigkeit von Privatsphäre und dem unternehmerischen Tätigkeitsbereich. Eines der Hauptprobleme insoweit ist, daß häufig keine gesicherten rechtlichen Strukturen vorhanden sind, die ein Durchschlagen der in dem jeweils anderen Bereich verursachten Krise auf den anderen Sektor verhindern. Stichwort: Die Ehekrise wird zur Unternehmenskrise. Die gegenseitige Risikoabschottung von Privatsektor und Unternehmen wird bedauerlicherweise zu häufig vernachläßigt und übersehen.

Es sei dringend davor gewarnt, in diesem komplexen Bereich vermeintlich einfach zu kopierende Standardlösungen oder Patentrezepte zur Richtschnur des eigenen Handelns zu machen. Diese Versuche sind von vornherein zum Scheitern verurteilt, beziehungsweise das sich erst aus der Beurteilung der individuellen Situation herauskristallisierende Chancenpotential anläßlich der Übergabe des Unternehmens wird leichtfertig ungenutzt gelassen.

▨ Beispiel ▨

Anläßlich eines Beratungsgespräches äußerte ein Unternehmer: „Um das Testament brauchen wir uns nicht zu kümmern. Ich habe es von meinem Freund und gleichberechtigten Mitgesellschafter einfach übernommen". Im weiteren Verlauf stellte sich heraus, daß der Freund in Gütertrennung lebt und keinerlei minderjährige Kinder mehr hatte. Damit bestand eine völlig unterschiedliche Ausgangslage mit gravierenden rechtlichen Konsequenzen. Die Überprüfung des Testamentes ergab sehr schnell, daß die getroffene testamentarische Regelung für den Freund zutreffend war, für den ratsuchenden Unternehmer jedoch zu erheblichen erbschaftssteuerrechtlichen Belastungen geführt hätte. Durch die Abfassung eines situationsgerechten Testamentes konnten diese Nachteile jedoch rechtzeitig korrigiert und vermieden werden.

Konsequenz hieraus ist, daß in jedem Fall ein individuell abgestimmtes Gesamtkonzept erarbeitet werden muß. Dieses muß auf einer gründlichen Situationsanalyse basieren. Erst dann können die sich daraus ableitenden konkreten Maßnahmen und Schritte sinnvoll ergriffen werden. Punktuelle Schnellschüsse gehen erfahrungsgemäß immer schief. Deshalb:

– 1. Schritt: gründliche Situationsanalyse
– 2. Schritt: darauf aufbauende Konzeption
– 3. Schritt: Realisierung der festgelegten Maßnahmen

Die Umsetzung muß im Rahmen eines stringenten und insbesondere zeitlich genau definierten Projektmanagements erfolgen. Die inhaltlichen und zeitlichen Eckpunkte müssen verbindlich festgelegt und deren Umsetzung gewährleistet werden. Es bewahrheitet sich bedauerlicherweise auch in diesem Zusammenhang wieder, daß sich viele Unternehmer durch das alltägliche operative Geschäft von den eigentlich relevanten und für die Zukunft der Firma und des Betriebes entscheidenden Aufgaben abhalten lassen. Im letzten Abschnitt des Buches wird näher erläutert, wie die einzelnen Schritte sinnvoll umgesetzt und realisiert werden.

Trotz der Komplexität der Gesamtthematik ist die Befürchtung unbegründet, daß man, sobald man sich als Unternehmer mit dem Thema auseinandersetzt, keine Zeit mehr findet, sich um seinen Betrieb zu kümmern, sondern auf Monate und Jahre ausschließlich mit der Vorbereitung des Generationswechsels im Unternehmen beschäftigt ist. Paradoxerweise ist es für den Unternehmer einfacher, als man denkt, und die Planung der Nachfolge läßt sich bei richtiger Vorgehensweise mit einem Minimum an Zeit bewältigen. Selbstverständlich muß sich der Unternehmer bei dieser verantwortungsvollen Herausforderung engagieren, denn schließlich geht es um sein Lebenswerk. Er soll sich aber darauf beschränken, die persönlichen und unternehmensbezogenen Zielvorstellungen vorzugeben. Kompetente Berater sollen den Unternehmer bei dieser anspruchsvollen Aufgabe unterstützen und daran anschließend die daraus folgenden Maßnahmen und konkrete Vorgehensweise erarbeiten sowie deren sinnvolle Umsetzung gewährleisten.

Wesentlich für die Gestaltung einer erfolgreichen Nachfolgeregelung ist jedoch zunächst, daß sich der Unternehmer einen Überblick über die Themenfelder verschafft, die in einer Nachfolgekonzeption relevant werden können. Dies ist zwingende Voraussetzung für die Entwicklung der eigenen individuellen Zielvorstellungen und Wünsche. Gleichzeitig ist die Kenntnis und Analyse der in Betracht kommenden Themenfelder für die erfolgreiche Zusammenarbeit mit dem Berater sowie dessen Erfolgskontrolle unabdingbare Voraussetzung.

Dem Unternehmer müssen die Zusammenhänge und die gegenseitige Abhängigkeit der verschiedenen Bereiche deutlich werden. Ihm muß beispielsweise bewußt sein, daß die unterlassene ehevertragliche Regelung des Mitgesellschafters nicht nur dessen Privatangelegenheit ist, in die man sich nicht einzumischen hat. Es sollte vielmehr klar werden, daß sich die Scheidung eines Mitgesellschafters sehr häufig sofort negativ auf die wirtschaftliche Situation des Unternehmens auswirkt und damit auch auf ihn persönlich, da bei einer Scheidung schnell hohe Ausgleichsansprüche fällig werden, die logischerweise nur aus dem Unternehmen realisierbar sind.

Als Orientierungshilfe für den Unternehmer in diesem Dickicht sollen im nachfolgenden deshalb die aus der Beratungserfahrung relevanten Themenkomplexe dargestellt und analysiert werden. Eine erste generelle Übersicht über die tangierten Bereiche zeigt die Übersicht auf der folgenden Seite.

Doch keine Angst – der Unternehmer soll nicht zum Experten des Erbschaftsteuerrechtes werden. Dafür gibt es erfahrene Spezialisten. Für den Unternehmer kommt es allein darauf an, einen notwendigen Überblick zu gewinnen. Für ihn ist entscheidend, daß er die notwendigen Anregungen darüber bekommt, welche Möglichkeiten für seine eigene Situation nutzbringend und zielführend in Betracht kommen könnten. Vorurteilsfrei muß man die bestehenden Alternativen abwägen und gewichten. Bei einer so grundsätzlichen Frage wie dem Generationswechsel im eigenen Unternehmen muß man offen sein gegenüber neuen und für auf den ersten Blick vielleicht überraschende Lösungsansätze. Dies beinhaltet auch die Bereitschaft hinsichtlich der Revidierung bestimmter über die Jahre gepflegter Ansichten.

Vielleicht kann der Unternehmer durch die Lektüre des Buches doch davon überzeugt werden, daß die GmbH grundsätzlich keine Steuernachteile gegenüber der KG aufweist, sondern daß die steuerlichen Auswirkungen jeder Rechtsform ganz stark von der individuellen Situation abhängig sind.

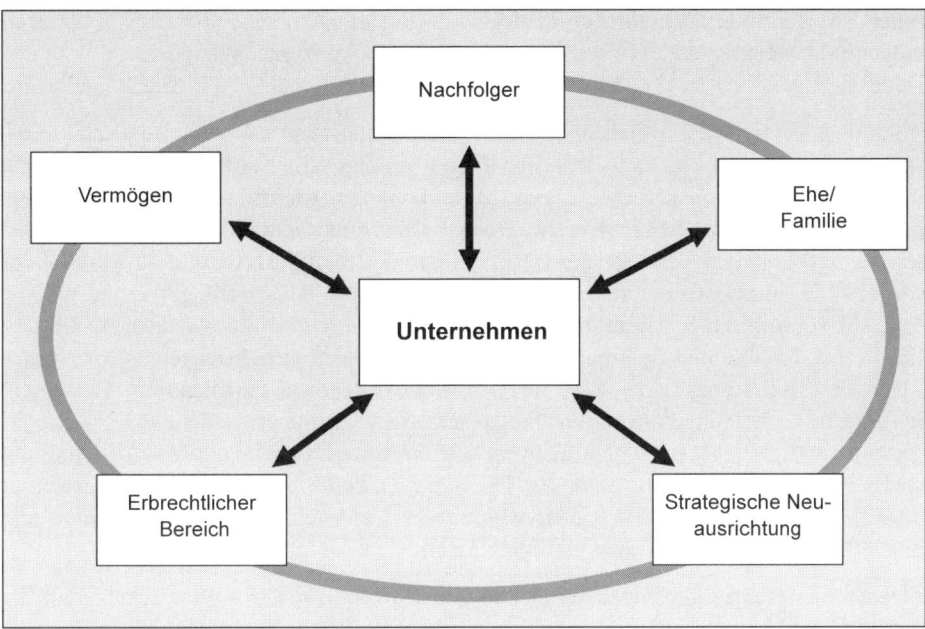

Scheinbar bestens Vertrautes und auf sicherem Fundament Gebautes erscheint bei genauerem Hinsehen auf einmal in einem anderen Licht. Die Schnellebigkeit unserer Zeit macht eine permanente Analyse und ständiges Hinterfragen der Gegebenheiten erforderlich. Welcher Unternehmer denkt denn schon daran, wenn er nicht von seinem verantwortungsbewußten Anwalt oder Steuerberater darauf aufmerksam gemacht worden ist, daß sein Unternehmen, das sich aus einer GmbH und einem Einzelunternehmen zusammensetzt, nach der neuesten Rechtsprechung dem Konzernrecht und damit der Durchgriffshaftung unterliegt. Dabei war es doch gerade das Ziel, mit der seinerzeit vorgenommenen Trennung des Unternehmens in zwei rechtlich verselbständigte Teile, solche Haftungsrisiken zu vermeiden.

Gleichzeitig soll der Blick des Unternehmers für Möglichkeiten geöffnet werden, die scheinbar völlig abwegig für die eigene Situation sind und angeblich überhaupt nicht in Betracht kommen können. Das Buch will dazu anregen, die klassischen Gleise zu verlassen, wenn dies für die eigene Situation zielführend ist. Viel zu häufig ist ein nicht hinterfragter und phantasieloser Nachahmungseffekt feststellbar, nach dem falsch verstandenen Motto: Es wird schon zutreffen, daß die GmbH & Co. KG die steuergünstigste Rechtsform ist – das klingt schon so schön kompliziert. Bedauerlicherweise handeln viel zu viele Unternehmer nach dem ,,Cosi-fan-tutte-Prinzip" – frei nach Mozart: So machen's doch alle – also muß was dran sein. So soll im Rahmen dieses Buches beispielsweise erläutert werden, warum die Errichtung einer Stiftung nicht nur bei Vorhandensein eines Vermögens in der Größenordnung der Krupps sinnvoll sein kann, sondern sich auch im mittelständischen Bereich hervorragend als Gestaltungselement einer Nachfolgeregelung eignen kann. Ebenso wird auf die Attraktivität der Rechtsform der Aktiengesellschaft (AG) gerade auch für den Mittelstand eingegangen. Es soll mit dem Vorurteil aufgeräumt werden, die AG sei nur etwas für Großkonzerne, wie Siemens oder die Deutsche Bank.

Auch dem kleinen und mittelständischen Unternehmer steht das gesamte Gestaltungs-spektrum zur Verfügung. Es ist lediglich die notwendige Kreativität erforderlich, um die im Einzelfall situationsgerechte Lösung zu konzipieren. Kreativität und Phantasie sind jedoch bedauerlicherweise auch nicht gerade die hervorstechenden Charaktereigenschaf-ten der traditionellen Vertreter der Berufsgruppe der Steuerberater und Anwälte. Zwar wächst die Komplexität der gesetzlichen Anforderungen, gleichzeitig gibt es jedoch eine Vielzahl von optimalen Gestaltungsmöglichkeiten, die eine zukunftsweisende Lösung für die persönliche und unternehmensbezogene Situation gewährleisten. Als neutraler Zeuge für diese Aussage sei auf den BFH, das oberste deutsche Finanzgericht, verwiesen. In seinen Entscheidungen zum Erbschaftsteuerrecht wird immer wieder ausdrücklich auf die Notwendigkeit einer rechtzeitigen und strukturierten Erbplanung zur Minimierung steuerlicher Belastungen hingewiesen. Die höchsten deutschen Finanzrichter verweisen darauf, daß nur durch eigenes Aktivwerden der Unternehmer Gestaltungsräume und damit Steuervorteile ausgenutzt werden können.

Ziel ist es deshalb, das Verständnis und das Bewußtsein dafür zu wecken, daß die Auseinandersetzung mit dem Generationswechsel im Unternehmen zum Anlaß für eine grundlegende Bestandsaufnahme und gegebenenfalls Neustrukturierung sowohl für den Unternehmensbereich wie aber auch für den Privatsektor genommen wird. Nur so betreibt der Unternehmer verantwortungsvolle Zukunftsvorsorge. Nachfolgend werden nun die in der vorherigen Grafik als Wesensmerkmale des Gesamtkomplexes hervorge-hobenen einzelne Themenfelder näher erläutert.

3. Wer soll in die Fußstapfen des Unternehmers treten?

Vom „Aschenputtel-Syndrom" und anderen Schwierigkeiten, den richtigen Nachfolger zu finden

Unternehmerpersönlichkeiten fallen nicht vom Himmel. Eine der schwierigsten, aber auch eine der interessantesten Fragen jeder Nachfolgeregelung ist deshalb, wer zukünftig das Unternehmen führen soll, auf wen die unternehmerische Verantwortung übergeht. Nur für einen ist diese Frage völlig nebensächlich und bereits entschieden – für den Unternehmer selbst. Für ihn ist völlig klar, daß das Unternehmen von dem ältesten Sohn weitergeführt wird.

Fast 90 Prozent der Unternehmer wünschen sich nach einer Umfrage, daß im Rahmen einer familieninternen Übergabe der älteste männliche Sprößling, soweit vorhanden, die Firma übernimmt. Völlig verdrängt wird dabei, ob der Junior überhaupt die Fähigkeiten und das Interesse hat, das Unternehmen zu leiten. Es ist schon erstaunlich, der ansonsten kühl und nüchtern kalkulierende, nach neuesten Managementmethoden seinen Betrieb führende Unternehmer fällt bei dieser Grundsatzentscheidung in ein nicht mehr zeitgemäßes Patriarchendenken zurück.

Diese Erwartungshaltung des Unternehmers, die häufig unbewußt und unausgesprochen vorhanden ist, birgt natürlich eine große Brisanz in sich. Es wird dabei völlig außer acht gelassen, ob der gewünschte Nachfolger überhaupt zum Unternehmer geeignet ist. Das Unternehmersein läßt sich eben nicht auf der Universität erlernen. Hier gehört intuitives Gespür, das Herz und die Fähigkeit, richtige Entscheidungen aus dem Bauch heraus zu treffen, dazu. Das Privileg, ein großes Erbe in Form eines Unternehmens anzutreten, heißt noch lange nicht, daß der Erbe zwangsläufig ein qualifizierter Unternehmer ist. Manchem Sohn gelingt es nie, aus dem großen Schatten des Vaters zu treten. Ebensowenig wird häufig der dramatisch geänderte Wertewandel in den jüngeren Generationen berücksichtigt. Die Junioren haben jahrelang in der Familie die 60- bis 80-Stundenwochen des Unternehmers direkt miterlebt und sind nicht ohne weiteres bereit, diese Belastung für sich persönlich zu akzeptieren. Materiell ist man ja durch das Erbe hinreichend abgesichert. Also besteht keinerlei Veranlassung und Bereitschaft, sich diesen Streß aufzuhalsen.

Die Erfahrung zeigt, daß eine familieninterne Lösung, so wünschenswert sie auch sein mag, nicht immer einfach zu realisieren ist. Paradoxerweise erschwert gerade die zu Anfang beschriebene Erwartungshaltung der Unternehmer hinsichtlich der Betriebsübergabe auf den ältesten Sohn bisweilen einen optimalen familieninternen Generationswechsel im Unternehmen. Denn gar nicht so selten sieht der Unternehmer den Wald vor lauter Bäumen nicht und übersieht, daß sich eine optimale familieninterne Lösung anbietet – nur mit geänderten personellen Vorzeichen. Häufig ist ein anderes der Kinder für die Unternehmensführung bestens qualifiziert, nur es wird nicht wahrgenommen.

Doch dieses „Aschenputtel-Syndrom" führt, anders als im Märchen, wo der Prinz (sprich: das Unternehmen) doch noch in die Hände der richtigen Tochter gerät, meist nicht zum Happy-End. Das sich als Nachfolger anbietende Kind wendet sich frustriert, aber erfolgreich anderen beruflichen Herausforderungen zu. Der vom Vater in die Unternehmerrolle gedrängte Sohn hat es schließlich irgendwann doch fertiggebracht, das Unternehmen herunterzuwirtschaften.

LeMar als Experte dieser Materie zeigt nachfolgend eindringlich auf, welche psychologischen Faktoren im Zusammenhang mit der personellen Nachfolgethematik eine Rolle spielen und wie wichtig die Auseinandersetzung mit diesen Faktoren für das Gelingen der Betriebsübergabe auf die nächste Generation ist.

Die Nachfolgeregelung psychologisch gesehen

Bernd LeMar

In der Theorie wird die folgende Grafik meist recht abstrakt beschrieben als zwei schwer zu vereinbarende Systeme, die in ihrer Verbindung die große Stärke des Familienunternehmens ausmachen und gleichzeitig die größte Schwäche sind. Bei der Nachfolgeregelung sind beide Kreise betroffen, wenn der Nachfolger, vom linken Kreis kommend, sich nun auch im rechten Kreis bewegt.

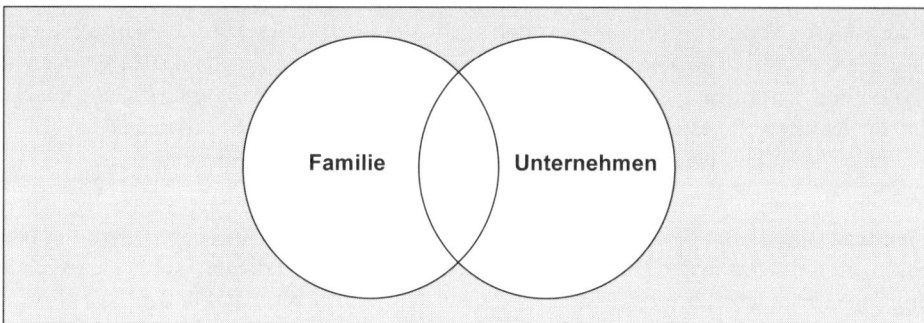

In der Praxis sieht das so aus, wenn beim häuslichen Frühstück Vater Günther Seiters (Gründer und Chef der Firma) und Sohn Michael (Junior in der Firma) im Gespräch sind; es geht abwechselnd um private Familienthemen und um geschäftliche Dinge. Im Auto besprechen sie die heutige Tagesplanung, Seniorchef Günther gibt noch einige Hinweise, bei der Einfahrt ins Werksgelände grüßt der Portier, beide gehen in ihr Büro.

Vater Seiters ist vor zwei Jahren – anläßlich seines siebzigsten Geburtstages – offiziell zurückgetreten, Sohn Michael hat die Leitung übernommen. Der Vater, eben noch der alte Hase am Frühstückstisch, der als Selfmademan den Betrieb aufgebaut hat, gab die Führung der Geschäfte ab, als sich zeigte, daß der Sohn nach seinem abgeschlossenen Studium und beruflicher Tätigkeit besser geeignet ist, den Betrieb zu leiten. Seniorchef Günther übernimmt Repräsentationsaufgaben und bleibt ansonsten hinter den Kulissen. In einem „Gentlemen's Agreement" haben Vater und Sohn einige Abmachungen festgelegt. Und diese halten. Doch dem ist einiges vorausgegangen. Harte Kämpfe. Zeitweise Trennungen. Schlechte Presse. Menschliche Verzweiflung. Das Firmenschiff schlingerte, obwohl draußen weder Sturm noch hoher Seegang war. Dafür wogte es innerlich um so mehr. Verletzte menschliche Gefühle, die im Betrieb nicht gezeigt werden durften und in der Familie zunächst nicht aufgearbeitet werden konnten.

Das sich windende Beiratsgremium fühlte sich für Steuer-Marketing-Technik-Fragen kompetent, stand aber der Familiendynamik ratlos gegenüber. Ich wurde als externer psychologischer Betriebsberater hinzugezogen. In der ersten Beratungsphase fanden Einzelgespräche statt, und es zeigte sich ein psychologischer Sachverhalt, der an sich ganz einfach ist und den es mehr oder weniger in allen Nachfolgefällen gibt: Rollenkonflikte. Vater und Sohn befanden sich ja in einer Doppelrolle: der Vater ist zugleich Chef, und der Sohn ist in dem Zwiespalt, sich entweder als Sohn oder als Juniorchef zu verhalten. Da sich beide dieser Doppelrolle nicht bewußt waren, ergab es ein ziemliches Kommunikationswirrwarr. In gemeinsamen Sitzungen konnte die Verwirrung geklärt werden, und in der letzten Sitzung, einer regelrechten Klausurtagung, aus der alle als andere herausgingen, wurde der Beschluß gefaßt, dem Junior Michael die Führung der Geschäfte zu übertragen.

Besonders eine Abmachung bewährt sich immer wieder: wenn sich Mitarbeiter (vor allem jene aus der alten Garde) oder Kunden beim Seniorchef über den Junior „beschweren", dann hört sich Seniorchef Günther zwar die Beschwerden an, gibt aber keine Stellungnahme. Beide sind sich klar, daß der Junior manches anders macht, was bei dem einen oder anderen Verunsicherung auslöst und als Fehler interpretiert wird. Es wird versucht, diese Irritationen in gemeinsamen internen Gesprächen einem Ergebnis zuzuführen. Mit der gefundenen Lösung geht der Junior nach außen, gegebenenfalls auch einen gemachten Fehler offen eingestehend. Diese Vorgangsweise brachte gute Resultate und hat schon manchen Skeptiker beruhigt und für den Juniorchef Michael eingenommen.

Bei der Lösung des beschriebenen Konflikts bewährte sich in der psychologischen Beratungsarbeit eine Reihe von Fragen an die Mitglieder der Unternehmerfamilie. Die Antworten wurden in den Einzel- und Gruppengesprächen erarbeitet, wobei die psychologische Gesprächsführung kreative Lösungen herausgefordert hat. Für den Leser lassen sich einige dieser Fragen in vielleicht ähnlich gelagerten Fällen zu einer ersten Klärung verwenden:

▣ Fragen an das geschäftsführende Familienmitglied, den Senior

- Wann ist für mich als aktiv geschäftsführendes Familienmitglied der richtige Zeitpunkt gekommen, Verantwortung abzugeben?
- Wie kann ich den Generationswechsel vorbereiten? Wieviel Vorbereitungszeit werde ich brauchen?
- Wie kann ich die Kompetenz von Familienmitgliedern als Geschäftsführer ermitteln? Wie kann ich einzelnen beibringen, daß sie nicht kompetent sind?
- Sind mir eigentlich die individuellen Neigungen, Begabungen und Fähigkeiten der künftigen Gesellschafter bekannt? Wie können diese in der Firma berücksichtigt werden?
- Wie finde ich die richtige Aufgabenverteilung für die am Betrieb interessierten Familienmitglieder? Welche Ersatzlösungen bieten sich an?
- Wie sieht eine gezielte Aus- und Weiterbildung für mögliche Nachfolger aus?

▣ Fragen an den eintretenden Junior

- Welche Möglichkeiten habe ich, meine Begabungen und Fähigkeiten in unserem Unternehmen einzubringen?
- Werde ich mit meinen Geschwistern/Nichten/Neffen etc. produktiv zusammmenarbeiten können?

- Wird mich die bestehende Führungsmannschaft, die zur Generation meines Vaters gehört, akzeptieren? Wie kann ich gegenseitige Ängste und Barrieren abbauen?
- Wie erhalte ich die weitere notwendige Ausbildung und speziellen Kenntnisse? Wo sind die dabei unterstützenden Kräfte?
- Kann sich das Unternehmen in der Zukunft halten? Welche Vorstellungen von der Unternehmenszukunft gibt es überhaupt in unserer Unternehmerfamilie?

Zu diesen Fragen gibt es keine Standardantworten oder Patentlösungen; vielmehr geht es darum, diese im individuellen Gespräch zu erarbeiten.

Ein anderer Fall aus der Praxis:

▨ Beispiel ▨

Vor wenigen Monaten fand ein Führungswechsel vom Vater zum Sohn statt; es ging alles recht reibungslos. Doch ein Problem ist plötzlich aufgetaucht, an das man zuletzt gedacht hat: die Mutter. Die Mutter des Sohnes und Gattin des Seniors. Sie ruft jetzt nämlich öfters im Betrieb an und nimmt Rückbezüge auf häusliche Gespräche. Der Sohn ist zum Beispiel dabei, sein eigenes Führungsteam aufzubauen. Eine sehr sinnvolle Sache. Doch da hat die Mutter Meinungen dazu, die in der Art ihrer Mitteilung schon den Charakter von Weisungen haben. So sagte sie gestern zum Sohn, er solle es sich doch noch einmal überlegen, ob er wirklich diesen Hagestolz (es handelt sich um einen Studienkollegen, der schon fünf Jahre im Betrieb mitarbeitet) zu seinem Stellvertreter befördern will. Die Mutter spricht also bei Personalentscheidungen mit. Und heute rief sie an und meinte, die neue Produktlinie gefalle ihr gar nicht. Die Mutter spricht also bei der Produktgestaltung mit. Und was wird sie morgen bestimmen wollen? Die Strategie? Der Fall wird weiter nachzulesen sein in dem von mir geschriebenen Buch „Mütter im Familienunternehmen". Darin wird das Familienunternehmen als eine matriarchale Insel um das Patriarchat beschrieben – mit allen Vorzügen und Nachteilen – und als eine Unternehmensform, in der die Macht der Mutter noch (oder wieder?) sichtbar ist.

Der normale Familienunternehmer ist gewohnt, von außen besehen als recht mächtig und potent dazustehen und die Dinge im Griff zu haben. Da würde er nicht gern lesen, daß er in der Familie wenig zu sagen hat und im Betrieb das Sagen auch in Gefahr ist unterwandert zu werden. Auch für bestimmte weibliche Leser wird das Buch nicht von Interesse sein, denn es wird versucht, einzelne Formen der weiblichen Machtanwendung offenzulegen und zu reflektieren, z. B. die böhmisch-katholischen Aushebelungsgriffe, deren Ansatz man gar nicht sieht, deren Wirkungen aber enorm sind. Und meiner Erfahrung nach haben gerade Frauen, die ihre Macht ausspielen, weder Bewußtsein über ihre Macht noch wollen sie über deren Auswirkungen nachdenken.

Bei der Nachfolgethematik spielt ganz stark hinein, daß die Familie als Institution sehr im Wandel begriffen ist. Ein Familienunternehmer sagte kürzlich zu mir: „Unsere Familie ist nicht mehr das, was sie einmal war!" Er meinte, Opferbereitschaft, Einsatzfreude, Pflichtbewußtsein und Zugehörigkeitsgefühl sind nicht mehr das, was sie früher einmal waren. Und nun ist kein Familienmitglied mehr bereit, sich ernsthaft für die

Nachfolge zu interessieren. Dies war der Anlaß für die unternehmenspsychologische Beratung, in deren Verlauf sich der Senior – angesichts seines idealen Familienbildes – auch unbequemen Fragen stellen mußte. Ob sich denn auch die Ehefrau in dieser Familie genügend entwickeln konnte? Und ob denn die Kinder auch etwas von ihrem Vater hatten? Und ob der gegenseitige Respekt für die Sphäre des anderen auch vorgelebt wurde?

Er konnte zum Teil bejahen, es stellte sich aber auch Bedenklichkeit ein. Wir besprachen noch die vielen anderen Faktoren, die in der modernen Zeit auf die Familie einwirken und die – von außen kommend – nur wenig zu beeinflussen sind, zum Beispiel den Faktor: Die Familie zwischen Mythos und moderner Realität.

Auch hier zeigte sich, daß der Mythos ,,Großfamilie", der bei Kunden und Mitarbeitern gleichermaßen ein Sehnsuchtsbild von Geborgenheit, Zusammenhalt und Vertrauen erweckt, durch den Wandel, den die Institution ,,Familie" seit Jahren erfährt, starken Angriffen ausgesetzt ist. Die Familie als System ist in Frage gestellt. Damit auch die grenzen- und rahmengebende Funktion der Familie, die dem einzelnen geschichtliche Kontinuität und persönlichen Halt vermittelt.

Was man früher als Geborgenheit empfunden hat, erfährt man heute als Beengung. Hat früher eine Familie des Gefühl der sozialen Sicherheit vermittelt, wird dies heute als Unfreiheit erlebt. Hatte man früher eine Identität als Mitglied einer namhaften Familie, will man heute eine Identität aufgrund der eigenen individuellen Persönlichkeit. Und dieser Einstellungswandel hat dramatische Auswirkungen auf das Familienunternehmen.

In einer ,,normalen" Familie sind die Angehörigen vielleicht durch ein Liebesband miteinander verbunden. Wenn dieses Band nicht mehr hält, kommt es einfach zur Trennung. Beim Familienbetrieb ist noch ein anderes Band, das die Familienmitglieder zusammenhält, unter Umständen auch zusammenkettet: das gemeinsame Unternehmen.Wenn der Balanceakt zwischen den familiären und betrieblichen Interessen nicht mehr gelingt, führt das zu Krisen, in deren Folge es an die Substanz geht; für die Firma bedeutet dies den Angriff auf die eisernen Finanzreserven, während für die Familie und den einzelnen das Selbstverständnis und das Selbstvertrauen, kurz: die Identität in Frage gestellt ist.

Nehmen wir einen anderen Fall aus der Beratungspraxis: dieser Fall ist ein positives Beispiel, wie es jemandem gelungen ist, Verantwortung abzugeben:

▧ Beispiel ▧

Der Senior ist abgetreten und hat die Führung der Geschäfte an seine Tochter übergeben. Sie ist einschlägig ausgebildet und noch ledig. Die zweite Garde – alles kampferprobte Mitstreiter des Seniorchefs – ist etwas nervös. Das Fräulein Tochter macht nämlich alles anders. Vor allem macht sie es mit viel Gefühl. Das ist die Führungscrew nicht gewohnt. Sie wurde bislang als Funktionsträger angesprochen. Der Senior hatte einen kostenbewußten Prokuristen für die Verwaltung, einen umsichtigen Einkaufschef und zwei weitere Marketing-Experten. Die Tochter kann mit allen auf sachlicher Ebene gut sprechen. Sie kennt sich fachlich aus. Hier liegt also nicht das Problem. Neben der bisher gewohnten Kommunikation auf der „Sachebene" kommt jetzt noch etwas hinzu. Sie spricht darüber hinaus auch die „Beziehungsebene" an. Fragt nach persönlichem Befinden. Nach Gefühlen. Geht über Mißstimmungen nicht hinweg, sondern spricht sie offen an. Erst kürzlich waren die Mitglieder der alten Führungscrew beim Senior zu einer „Aussprache". Er meinte dabei, sie werden schon noch reinwachsen in den Paradigmawechsel. Was soll denn das schon wieder heißen? Hat er wohl von seiner promovierten Tochter übernommen.

Doch so schnell sind sie dann doch nicht hineingewachsen. Es waren schließlich die Kommunikationsprobleme, die zur Einschaltung eines psychologischen Beraters führten. In drei internen Seminaren konnte das gegenseitige Verständnis sehr gefördert werden. Es lernten nicht nur alle hinsichtlich „Kommunikation" etwas hinzu, sondern es verbesserte sich das allgemeine Betriebsklima derart, daß dies ein Wettbewerbsvorteil gegenüber den Konkurrenten wurde. Als Berater lernte ich dabei auch in Gesprächen mit der Tochter zum Thema „weibliche Führung" dazu. Einige Gedanken dazu möchte ich unter dem Stichwort „Nachfolge und Führung durch weibliche Familienmitglieder" festhalten:

Mit Blick auf die Vergangenheit war es bislang selbstverständlich, daß nur die männlichen Nachfolger eine Position im Familienunternehmen übernahmen, während die weiblichen als „stille Gesellschafter" fungierten, im persönlichen Bereich die unsichtbare Stabilisierungsarbeit leisteten und äußerlich sichtbar noch Repräsentationspflichten ausführten, die von den Männern sehr gewünscht und geschätzt wurden. Dies soll jedoch nicht heißen, daß in der Vergangenheit die weiblichen Familienmitglieder keinen Einfluß auf das betriebliche Geschehen hatten. Der Einfluß war lediglich nicht offensichtlich, und man sprach vielleicht ehrfürchtig von „der Frau Chefin", die – über den engeren Rahmen von Küche und Herd hinausgehend – das große Haus des Betriebes mitgestaltete. In den letzten zwanzig Jahren hat sich da manches geändert, so daß immer häufiger auch Frauen in Führungspositionen kommen und damit die Tradition der stillen weiblichen Teilhaberschaft durchbrechen; eine Entwicklung, die zu begrüßen ist, auch wenn die davon ausgehende Irritation erst einmal eine Phase der Unruhe bringt.

Es ist interessant zu beobachten, wie sich das Klima der Unternehmensführung verändert, sobald Frauen Top-Management-Positionen bekleiden. Eine wirklich günstige Auswirkung ergibt sich jedoch erst, wenn die ursprünglich „männlich" konzipierte Position und Aufgabenbeschreibung dem Wesen und Stil der Frau entsprechend gestaltet wird und nicht nur einfach Mann gegen Frau ausgetauscht wird. In einem solchen Fall zieht sich die Frau den männlichen Schuh an, der hinten und vorne nicht paßt und in dem sie sich nicht wohlfühlen wird. Eines muß ich hier offen sagen: die Überzeugung der Unterschiedlichkeit im Wesen von Mann und Frau ist die Grundlage solcher Aussagen. Mein Bemühen geht dahin, die spezifischen Stärken beider Geschlechter zu sehen und für das Familienunternehmen zu nutzen. Daraus wird in erster Linie die bessere Entfaltung der weiblichen Gesellschafter folgen, die die von Männerstrukturen erlaubte Entwicklungsmöglichkeit als nur „mütterliche Frau" hinter sich läßt.

Wenn auch Frauen ganz offen und vermehrt Verantwortung tragen hinsichtlich Produktpalette, Mitarbeiterschaft, Kundenbeziehungen, wird die Zukunft zeigen, daß weibliche Natur ebenfalls so notwendig ist wie die männliche Struktur. Und wenn beide Kräfte Hand in Hand zusammenarbeiten, werden sie zum Wohle des Ganzen das Beste erbringen.

Eine ganz andere Form, wie eine Frau plötzlich Chefin wird, möchte ich mit meinem letzten Fall aus der psychologischen Firmenberatung schildern: Der Chef ist tot. Plötzlich und unerwartet ein Herzschlag im häuslichen Swimmingpool. Die Chefin muß plötzlich und unerwartet den Betrieb übernehmen. Von einer Nachfolgeregelung keine Spur. Nicht einmal eine „letzte Weisung" in der Schublade. Ein Sohn und zwei Töchter sind noch im Schulalter. In den letzten Jahren hat sie den Prokuristen und Leiter des Verkaufs, den sie zunächst gebeten hat, das Allernotwendigste im Betrieb zu tun, nur flüchtig bei einzelnen Repräsentationsanlässen kennengelernt. Wie soll sie seine betrieblichen Leistungen und Fähigkeiten beurteilen können? Überhaupt: wem kann sie trauen? Die Firma steht glücklicherweise gut da. Noch. Das kann sich schnell ändern, denn das Image und die Kreditwürdigkeit hingen von der Persönlichkeit ihres Mannes ab. Werden einzelne Mitarbeiter die Orientierungslosigkeit für eigennützige Ziele verwenden? Wie reagieren die Kunden? Und die Bank?

Wie wurde der Fall bearbeitet? In Gesprächen, in denen in angemessener Weise auf den menschlichen Verlust und die persönliche Trauer Rücksicht genommen wurde, zeigte sich, daß der Prokurist zu einer Interimslösung bereit war, verantwortlich die Geschäfte zu führen. Jedoch gerade hier, wo der Sohn und die zwei Töchter heranwachsen und durch den frühen Tod des Vaters und Firmenchefs nun unter dem zusätzlichen Druck stehen, einmal die Führung des Betriebes zu übernehmen, muß darauf hingewiesen werden, daß dies Gefahren in sich birgt. Vor allem eine zu frühe Überforderung, die die persönliche Entwicklung sehr hemmen kann. Die Erwartungen der Familie hinsichtlich der Nachfolge können für die Kinder und Jugendlichen sehr belastend sein. Solche Erwartungen und die damit verbundenen Belastungen müssen nicht unbedingt in das Bewußtsein dringen, sie können aber in allerlei psychosomatischen Beschwerden zum Ausdruck kommen.

Man muß sich ja einmal die Situation aus der Sicht eines Kindes vergegenwärtigen. Der innere Dialog eines elfjährigen Firmensohns könnte etwa so lauten:

„Da habe ich eine Mama und einen Papa, doch die lieben die Fabrik mehr als mich. Immer, wenn ich sie brauche, sagen sie: ‚Gleich mein Schatz, ich muß nur noch …' Und dann haben sie vergessen, was ich wollte. Diese blöde Fabrik nimmt mir noch ganz meinen Papa weg. Da jammern sie die ganze Zeit, wieviel sie zu tun haben. Und jetzt kommt das Schärfste: die wollen, daß ich mein ganzes Leben in dieser Fabrik schuften soll. Dabei sagt der Papa so oft, ich könnte den ganzen Laden am liebsten hinschmeißen. Wie lange hat er mir schon versprochen, daß wir endlich den großen Trip mit dem Campingauto durch Amerika machen. Niagarafälle, Manhattan, Kalifornien und so. Was war? Wochenendausflug nach Davos. Schön langweilig. Und jetzt der Oberhammer: die wollen mich wirklich in diese andere Schule stecken. Das wär' eine bessere Vorbereitung für mich als Nachfolger von Papa, sagen sie. Die können mich mal! Ich werd' Konditor."

Die Wiedergabe dieses inneren Dialoges soll deutlich machen, daß es für den Nachfolger zwei schier unvereinbare, gegenläufige Bewegungen gibt, die in ihm einen Zwiespalt auslösen: Auf der einen Seite seine Erfahrungen aus der Kindheit, daß der Betrieb ihm seine Eltern wegnimmt und auf der anderen Seite die Erwartungen an ihn, er solle genau diesem Betrieb sein Leben opfern.

Um dem individuellen Familienmitglied gerecht zu werden, und damit sind nicht nur die heranwachsenden Kinder der nachfolgenden Generation gemeint, sondern alle Individuen in einer Unternehmerfamilie, ist es hilfreich, die Einzelperson aus dem Familienverband herausgelöst zu betrachten. In Ergänzung zur ersten Grafik läßt sich dies wie im folgenden Bild darstellen.

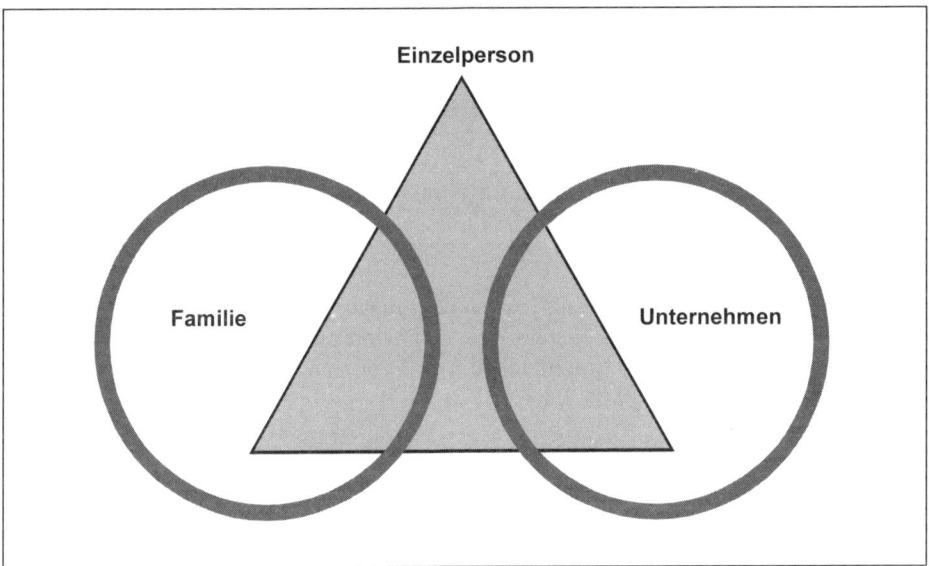

Das Bild macht auch deutlich, wie die Einzelperson eingepfercht sein kann zwischen Familienverpflichtungen und Unternehmensnotwendigkeiten. Die „Einlösung" der Einzelperson vom Zwang, im Unternehmen unbedingt mitzuarbeiten, kann in einzelnen Fällen sogar das Beratungsziel sein. Denn es muß auch in einer Unternehmerfamilie gewährleistet bleiben, daß die legitimen Bedürfnisse der Einzelpersönlichkeit nach Freiheit und Entfaltungsmöglichkeiten genügend verwirklicht werden können. Die Einzelperson darf nicht unter dem dauernden Druck stehen, sich in die Familiengepflogenheiten unbedingt einpassen zu müssen, wenn es ihrer individuellen Art nicht entspricht. Damit ist das bedeutsame Ziel der Individuation angesprochen, so wie es der Psychologe C. G. Jung formuliert. Wenn diese Individuation, die vor allem in der zweiten Lebenshälfte zu leisten ist, innerhalb eines zu starren Familienverbandes nicht möglich ist, bringt die Herauslösung aus dem kollektiven „Wir" der Unternehmerfamilie die richtige Lösung; dies ist zwar zu Beginn ein schmerzhafter Prozeß und bringt viele Überraschungen mit sich. Letztlich kommt die gewonnene Befreiung wieder dem Unternehmen zugute, denn es entwickeln sich wirkliche Persönlichkeiten.

Wenn der einzelne in der Familie im Konflikt steht zwischen Loyalität gegenüber Familie und Unternehmen einerseits und dem Bedürfnis nach persönlicher Freiheit und Entwicklung andererseits, stellen wir im psychologischen Gespräch einige Fragen, deren Beantwortung zur Standortbestimmung hilfreich ist. Nachfolgend wurden diese Fragen in die „Ich-Form" umformuliert, so daß der Leser sich diese Fragen an die Mitglieder der nachfolgenden Generation einmal in Ruhe stellen kann:

– Was sind meine persönlichen Lebensziele? Will ich wirklich in das Unternehmen eintreten? Habe ich die Möglichkeit, „Nein, danke" zu sagen? Was passiert bei einem „Nein"?

– Kann ich mich auszahlen lassen? Sind darüber offene Gespräche möglich, oder bestehen diesbezüglich „Selbstverständlichkeiten", die man nicht hinterfragen darf?

– Gibt es bei uns eigentlich eine Nachfolgeplanung? Wie sah das in früheren Generationen aus?

– Werde ich im Unternehmen einmal die Nummer 1 sein? Oder die Nummer 2? Oder ein Mitbesitzer unter vielen? Wird es mir gelingen, so wie mein Vater einmal die „Seele des Unternehmens" zu sein?

– Will ich mich lieber einmal ganz selbständig machen und etwas Eigenes aufbauen? Will ich also, wie mein Großvater (Vater), ein Unternehmensgründer sein, oder will ich lieber das bestehende Unternehmen fortführen und weiter ausbauen? Soll ich es quantitativ ausbauen und/oder qualitativ verbessern?

– Habe ich die notwendigen fachlichen Qualifikationen? Und habe ich eigentlich die Talente, diese zu erwerben? Wird mir diese Aufgabe Freude machen?

– Sollte ich in unserer eigenen Firma von der „Pike" auf lernen? Oder sollte ich vor dem Eintreten erst in einem anderen Unternehmen eine Ausbildung machen?

Bei der Analyse der oben aufgelisteten Fragen muß natürlich sehr genau auf den Einzelfall eingegangen werden. So wird deshalb zum Beispiel – wie oben schon angeführt – eine potentielle weibliche Nachfolgerin andere Bedürfnisse haben als ein männlicher Nachfolger.

Die Gründe, eine Führungsnachfolge anzutreten, sind sehr vielfältig. Da die Familienmitglieder einer Firma oft sehr unterschiedlich in ihrer Persönlichkeit sind, hat das Unternehmen für den einzelnen sehr unterschiedliche Bedeutungen. Nachfolgend einige Motive, die Betriebsnachfolge anzutreten:

Dem einen ist es auf physisch-materieller Ebene bloße Einkommensquelle; das heißt die Sicherung seiner Existenz. Vielleicht nimmt er aus diesem Grunde eine Führungsnachfolge an, ohne wirklich dafür geeignet zu sein. Ein anderer genießt die ihm übertragene Macht, der er/sie jedoch nicht mit dem entsprechenden Verantwortungsbewußtsein gegenübersteht. Somit ist auf der Gefühlsebene das Unternehmen ein Machtmittel, um gesellschaftliches Geltungsbedürfnis auszuleben.

Ein hohes Verantwortungsbewußtsein kommt in einer ganz anderen Motivlage zum Ausdruck, wenn ein Familienmitglied die Verpflichtung gegenüber dem Gründer sieht, der das Unternehmen auch aus einem Herzensantrieb heraus aufgebaut hat und immer auch eine Mitverantwortung gegenüber den Mitarbeitern und deren Familien sieht. Ein solcher Nachfolger wird seine Entscheidungen und Handlungen so setzen, daß es für alle Beteiligten deutlich wird: hier wächst einer über sich hinaus und steckt persönliche Interessen zurück.

Wo liegen die Hemmschwellen für die Nachfolgeregelung? Über die Frage, warum Senioren nicht abtreten, wird viel gesprochen, in einzelnen konkreten Fällen wird darüber öffentlich gerätselt und in Boulevardblättern spekuliert. Es ist auch tatsächlich schwer zu begreifen, daß ein Unternehmer, der seinen Betrieb mit großen persönlichen Opfern aufgebaut hat, diesen auch selbst wieder ruiniert. Und dies aufgrund von Alterungsprozessen, die zum Beispiel zu Fehleinschätzungen hinsichtlich der veränderten Marktsituation führen. Es ist kein Wunder, wenn das Umfeld den Eindruck hat, daß der Inhaber das Unternehmen als Lebensbatterie und als Machtquelle mißbraucht.

Zu dem nicht abtretenden Unternehmer kann man einen Vergleich anstellen: Er ist wie eine Mutter, die ihr einziges Kind nicht frei gibt. In der Psychologie kennt man das Urbild von der nährenden und verschlingenden Mutter; und dieses läßt sich übertragen auf den Unternehmer, der seinen Betrieb aufgebaut hat und ihn selbst auch wieder zerstört. Sicher spielt als Hemmschwelle für die Nachfolgeregelung die natürliche Angst vor Veränderungen eine wichtige Rolle. Diese Angst ist in der ganzen Organisation vorhanden und in dem einen oder anderen Familienmitglied besonders verkörpert. Und doch muß es mehr sein.

Wenn dem Senior jedenfalls nur einfach vorgeworfen wird, er solle doch endlich abgeben, wird noch zu wenig auf die menschliche Hintergrundproblematik eingegangen. Denn um die Frage nach dem Abgeben und die Nachfolgeregelung wirklich befriedigend zu beantworten, darf man sich nicht scheuen, auch philosophische Überlegungen anzustellen: Der Senior steht bei der Nachfolgeplanung nicht nur vor sachlichen Fragen. Er ist darüber hinaus, existentiell gesprochen, auch mit der Frage seiner eigenen Endlichkeit, dem Tod konfrontiert. Dies ist vermutlich mit ein Grund, daß die Nachfolgeplanung ein Stiefkind im Familienunternehmen ist und im Todesfall die Erben vor großen fachlichen und menschlichen Schwierigkeiten stehen. Und dies geschieht immer wieder, obwohl alle Unternehmer wissen, daß eine schlechte Nachfolgeregelung immer noch besser ist als gar keine.

Für eine gute Regelung ist der erste Schritt der, sich in aller Stille und Ehrlichkeit das Verhältnis zum eigenen Tod bewußt zu machen und dann zu fragen: Was geschieht mit dem Unternehmen nach mir? Das Ergebnis dieser inneren Befragung kann sein, daß die schon immer vorgebrachten sachlichen Vorbehalte gegenüber einer Nachfolgeregelung gar nicht mehr so wichtig sind und sich mit zusätzlicher fachlicher Unterstützung eine befriedigende Lösung ergibt. Die Unterstützung braucht sich nicht nur auf Rechtsanwalt oder Steuerberater zu beschränken, sondern schließt auch die psychologische Beratung ein, die das Augenmerk auf das menschliche Moment legt, in dem auch die eigentlichen Barrieren für die Nachfolgeregelung liegen.

■ Fazit

Der Unternehmer sollte sich deutlich machen, daß die Übergabe des Unternehmens eine ganz entscheidende Zäsur in seinem Leben darstellt, die nicht nur durch menschlich verständliche Ängste, sondern ebenso durch äußerst nachvollziehbare persönliche Wünsche und Erwartungen geprägt ist. Hierzu zählt auch die oben angesprochene Präferenz hinsichtlich eines als Nachfolger bevorzugten Kindes. Wesentlich ist jedoch, daß der Unternehmer immer im Auge behält, daß das alleine entscheidende Kriterium sein darf, ob der ins Auge gefaßte Nachfolger in der Lage ist, das Unternehmen erfolgreich zu führen. Hierzu ist es erforderlich, kontinuierlich und vorurteilsfrei die notwendigen Überlegungen anzustellen und sich nicht zu scheuen, eine einmal getroffene Entscheidung gegebenenfalls zu revidieren. Dies ist für alle Beteiligten die beste Lösung und ein wesentlicher Beitrag zur Sicherung des Unternehmens.

■ Beispiel ■

Für einen erfolgreichen Unternehmer aus der Kunststoffindustrie war es, wie für die meisten seiner Unternehmerkollegen, gar keine Frage, daß sein ältester Sohn einmal das Unternehmen übernimmt. Im geschäftlichen Umfeld wurde dies ebenso frühzeitig bekanntgegeben wie im örtlichen Golfclub. Es war also alles bestens geregelt. Aus Sicht des Unternehmers war nur noch die Gestaltung der steueroptimalen Übertragung der Gesellschaftsanteile notwendig. In deren Vorbereitung kristallisierte sich durch intensive Gespräche jedoch heraus, daß der Sohn keinerlei Interesse an der Unternehmerrolle hatte. Vielmehr hatte ihn die von dem Vater gehegte Erwartung schon immer extrem belastet. Viel lieber wollte sich der hochtalentierte Musiker ganz auf eine Ausbildung als Konzertpianist konzentrieren. Einen Widerspruch gegen den mit einer starken Persönlichkeit ausgestatteten Vater meint er sich nicht erlauben zu können.

Für den Vater war dies verständlicherweise zunächst eine große Enttäuschung. Im weiteren Verlauf akzeptierte er jedoch, daß es im Interesse des Unternehmens die beste Lösung ist, wenn frühzeitig eine falsche personelle Weichenstellung vermieden wird. Interessanterweise stellte sich während der im Familienrat geführten Gespräche das unternehmerische Engagement der bereits schon immer am Betrieb interessierten und in der Firma bereits seit längerem tätigen jüngsten Tochter heraus. Nach anfänglicher Skepsis seitens des Unternehmers wächst nunmehr die Tochter langsam in die Geschäftsführung hinein. Alle Beteiligten sind mit der gefundenen Lösung hoch zufrieden. Insbesondere der Sohn fühlt nach eigenem Bekunden eine Zentnerlast von sich genommen.

Die personelle Suche nach dem geeigneten Nachfolger muß gründlich vorbereitet und geplant werden. Aber selbst dann ist man nicht immer vor Überraschungen sicher. Zur Minimierung etwaiger Risiken ist es durchaus positiv, wenn man sich die bestehenden Handlungsoptionen bewußt macht und einige Varianten, die insbesondere familienfremde Lösungen betreffen, zumindest gedanklich durchspielt.

Drei Varianten kommen in Betracht:

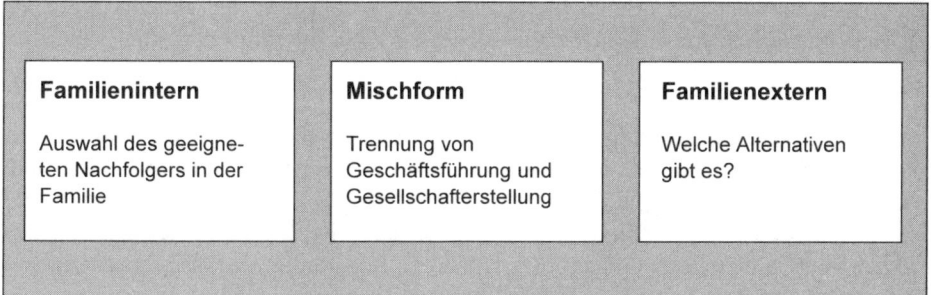

Familienintern	**Mischform**	**Familienextern**
Auswahl des geeigneten Nachfolgers in der Familie	Trennung von Geschäftsführung und Gesellschafterstellung	Welche Alternativen gibt es?

3.1 Gar nicht so einfach: die familieninterne Übergabe

Fast 90 Prozent der Unternehmer haben Kinder. Gleichwohl ist die familieninterne Betriebsübergabe nicht die selbstverständlichste bzw. naheliegendste Variante. Nach einer Umfrage wird nur noch in knapp der Hälfte der Unternehmerfamilien eine familieninterne Lösung angestrebt. Die Gründe hierfür sind vielfältig. Sicherlich spielt dabei der geänderte Wertewandel in der Gesellschaft eine Rolle. Der 15-Stunden-Arbeitstag des Unternehmers mit einer 6-Tagewoche und dreiwöchigem Gesamtjahresurlaub erscheint nicht jedem Unternehmerspößling unbedingt erstrebenswert. Zumal wenn dieser die Vorteile eines geregelten Ingenieurjobs bei der DaimlerChrysler AG sowie deren betriebliche Altersversorgung zu schätzen gelernt hat.

Aber auch die nüchterne und realistische Abwägung der wirtschaftlichen Gegebenheiten führt eventuell zu einem für den Senior-Unternehmer schmerzlichen Ergebnis: den Nichteinstieg des Sohnes oder Tochter in das Unternehmen.

▨ Beispiel ▨

Ein in früheren Jahren äußerst erfolgreicher Unternehmer aus der Nahrungsmittelbranche führte seinen Betrieb in der Rechtsform eines Einzelunternehmens. Eine klare Trennung der privaten und betrieblichen Vermögenssphäre bestand – wie in vielen traditionell geführten Firmen nicht. Damit konnte sich der Seniorunternehmer in der Illusion wiegen, daß das Unternehmen sich zwar in etwas rauheren finanziellen Gewässern bewegt, aber nach wie vor eine tragfähige wirtschaftliche Basis aufweist. Dabei zeigte die Bestandsaufnahme, die der Junior glücklicherweise vor seinem geplanten Einstieg vornahm, schnell, daß das Unternehmen eigentlich seit längerem insolvenzreif war. Die wirtschaftlichen Löcher wurden durch entsprechende Darlehen aus dem Privatbereich, zusätzliche Bürgschaften, Besicherung von Immobilien und Veräußerung des betrieblichen Tafelsilbers kaschiert. Als GmbH hätte längst der Insolvenzantrag gestellt werden müssen. Der Junior verzichtete auf die Betriebsübergabe. Nur der Senior verschließt nach wie vor den Blick vor den Realitäten. Unter Berücksichtigung der zwischenzeitlich eingetretenen vollständigen Verhaftung des Privatvermögens im Betrieb bleibt ihm aber auch gar nichts anderes übrig als weiterzumachen und auf ein Wunder zu hoffen. Aber die sind bekanntlich selten.

Vor einer geplanten familieninternen Übergabe muß deshalb in jedem Fall eine realistische Bewertung des Betriebes und seiner Zukunftsfähigkeit stehen. Bei der Analyse muß auch eine etwaige finanzielle Altersversorgung des Seniorunternehmers, die ganz oder teilweise aus dem Unternehmen heraus zu realisieren ist, berücksichtigt werden. Der Betrieb muß plötzlich zwei Familien ernähren. Der Junior darf sich nicht auf ein finanzielles Abenteuer einlassen. Die Entscheidung des Familiennachfolgers sollte nicht aus falsch verstandener Familiensolidarität heraus getroffen werden.

Bei einer angestrebten familieninternen Übergabe ist des weiteren zu beachten, daß die Unternehmensübergabe nicht nur zwischen Unternehmer und Nachfolger erfolgt, was problematisch genug sein kann. Gleichzeitig stehen sich Eltern und Kinder gegenüber. Die klassischen Generationskonflikte werden um ein weiteres Spielfeld erweitert. Diesen Aspekt sollte man unbedingt berücksichtigen. Es ist der Grund, weshalb die Übergabe des Unternehmens zwischen Beteiligten, die sich als neutrale Dritte gegenüber stehen, oftmals weniger konfliktträchtig ablaufen als familieninterne Betriebsübergaben.

Die Senioren sollte sehr nachdenklich stimmen, daß nach einer Befragung von Unternehmerkindern, die die Nachfolge bereits angetreten hatten, die fortdauernde Anwesenheit des Unternehmers und dessen betriebliche Einflußnahmeversuche als größtes Problem anläßlich der Betriebsübergabe empfunden wurde. Dieser Aspekt wurde mit weitem Abstand am häufigsten als Übergabeproblematik genannt.

Der Senior-Unternehmer hat das Privileg entscheiden zu können, wann und wie das Unternehmen übertragen wird. Er sollte jedoch sehr verantwortungsbewußt mit dieser Aufgabe umgehen. Insbesondere sollte er den aus der Beratungspraxis abgeleiteten Ratschlag beherzigen, nicht zu spät den Betrieb zu übertragen. Viele Betriebe sind daran gescheitert, daß der Senior mit Anfang 70 immer noch nicht das unternehmerische Zepter an die nachfolgende Generation weitergereicht hat. Bisweilen gewinnt man den Eindruck, daß sich einige Senioren zwar nicht für unsterblich, aber für unersetzlich halten. Es sollte für viele Firmeninhaber zumindest nachdenkenswert sein, daß bei der Bertelsmann AG eine rigorose Altersbegrenzung gilt, wonach mit spätestens 60 Jahren auch der Top-Manager den Vorstandssessel räumen muß.

Viele Unternehmer haben die Befürchtung, daß die Betriebsübergabe in einem einzigen Schritt vollzogen wird und sie damit von Heute auf Morgen nichts mehr mit der Firma zu tun haben. Vor dieser Vorstellung haben viele Unternehmer zumindest unbewußt Angst. Nur wenige Firmeninhaber formulieren es so offen wie der Haribo-Inhaber Hans Riegel: „Ohne die Firma würde ich krank. Mein Leben hätte dann keinen Sinn mehr." Sinnvollerweise erfolgt die Betriebsübergabe in Etappen, die jedoch im Rahmen eines miteinander erarbeiteten „Übergabefahrplanes" verbindlich festgelegt sind. Am Schlußpunkt der Betriebsübergabe steht vielleicht der Eintritt in den Beirat der Firma, mit dem nach wie vor die Verbundenheit des Seniors mit dem Betrieb dokumentiert wird. In den meisten Fällen überträgt der Senior schrittweise die unternehmerische Verantwortung, wobei die Übertragung der operativen Geschäftsführung in Familienunternehmen erfahrungsgemäß wichtiger ist (und meist schwerer fällt), als die eigentumsrechtliche Übertragung von Gesellschaftsanteilen. In den auf Konsens ausgerichteten Familienunternehmen ist es meist unerheblich, ob ein Gesellschafter 10 oder 75 Prozent der Gesellschaftsanteile hält. Die Entscheidungen in Familienfirmen werden weniger durch Stimmrechte beeinflußt als durch unternehmerische Kompetenz und persönliche Autorität des Unternehmers. Falls es doch einmal zu einer Kampfabstimmung im Gesellschafterkreis kommen sollte und die gesellschaftsvertraglichen Regularien zur Anwendung kommen, ist dies meist Ausdruck eines den Bestand des Unternehmens gefährdenden strukturellen, und tiefgreifenden Konflikts der Gesellschafter untereinander, und dann ist es unerheblich, ob man sich vielleicht als Mehrheitsgesellschafter gegen seine Mitgesellschafter in der konkreten Einzelfrage durchgesetzt hat. Die schrittweise, aber verbindliche Übertragung nach Maßgabe einer genau miteinander festgelegten Vorgehensweise erleichtert erfahrungsgemäß den Loslösungsprozeß.

Sobald sich der Unternehmer entschieden hat, ganz oder teilweise Geschäftsführungsbefugnisse oder Gesellschaftsanteile zu übertragen, sollte er die Übertragungen auch konsequent und ohne Offenhalten eines Hintertürchens vollziehen. Es ist dringend vor den oft anzutreffenden Übergabeverträgen zu warnen, die detailliert und umfangreich regeln, wann der Betrieb auf den Senior rückübertragen werden muß. Diese Rückübertragungsklauseln dienen jedoch allenfalls zur Linderung des Loslösungsschmerzes des Seniors und sind wenig realitätsnah. Denn selbst wenn zwölf Jahre nach Betriebsübergabe eine Rückübertragungskonstellation eintreten sollte, wäre es absurd, wenn sich der Senior mit dann vielleicht 77 Lebensjahren wieder in die Unternehmerrolle begibt. Wenn ich als Senior Zweifel an den unternehmerischen Befähigungen des ausgewählten Nachfolgers habe, nützt die beste Rückfallklausel nichts, sondern ich unterlasse die Unternehmensübergabe auf ihn und mache mir über Alternativgestaltungen Gedanken. Es gilt der Grundsatz: Der Unternehmer muß sich über die Qualifikation seines Nachfolgers sicher sein. Sobald eine Entscheidung getroffen wurde, muß die Unternehmensübergabe konsequent im Rahmen eines verbindlichen ,,Übergabefahrplanes" umgesetzt werden.

Die Junioren würden es sich jedoch zu einfach machen, wenn der Eindruck entstünde, die Ursachen für den schwierigen familieninternen Übergang seien ausschließlich bei den Senioren zu suchen. Ein großes Problem stellt bisweilen die Selbstüberschätzung der Kinder dar. In einem stringenten beruflichen Werdegang, einschließlich eines Besuchs der wirtschaftswissenschaftlichen Kaderschmiede der eidgenössischen Hochschule St. Gallen, auf die spätere Aufgabe vorbereitet, wird bisweilen von den Söhnen und Töchtern verkannt, daß einen Unternehmer Merkmale auszeichnen, die sich durch irgendwelche sündhaft teuren ,,Management-by-...-Seminare" nicht erlernen lassen. Nichts ist jedoch für ein Unternehmen schädlicher als ein Junior im Betrieb, der seine Autorität gegenüber den Mitarbeitern einzig und allein durch sein Glück im genetischen Roulette legitimiert und im betrieblichen Alltag hochnäsig die neuesten betriebswirtschaftlichen Erkenntnisse doziert.

Bezeichnenderweise haben große Unternehmerpersönlichkeiten, wie etwa Reinhard Mohn oder Rudolf August Oetker, in der Vorbereitung ihrer eigenen Unternehmensnachfolge streng darauf geachtet, daß ihre Kinder nicht automatisch in die unternehmerische Verantwortung treten. Sie müssen sich vielmehr erst für die Geschäftsführung qualifizieren und bewähren. Durch Einsetzung von Testamentsvollstreckern oder Beiräten mit genau festgeschriebenen Kompetenzen wird auf die Einhaltung und Respektierung dieses Wunsches geachtet. Gleichzeitig ist eine gründliche Ausbildung der Unternehmerkinder erforderlich. Sie vollzieht sich sowohl außerhalb des angestammten Familienbetriebes wie innerhalb des Betriebes auf möglichst vielen Hierarchiestufen. Hierin steckt ein äußerst sinnvolles Ausbildungsprinzip, das ein wesentlicher Bestandteil einer breit angelegten und gut vorbereiteten Übergabe der unternehmerischen Verantwortung auf die nachfolgenden unternehmerischen Führungskräfte ist. Der Unternehmernachwuchs sollte sich nicht zu schade sein, einmal bei dem Mitkonkurrenten in der „Nicht-Junior-Chef-Rolle" unmittelbare Erfahrungen im beruflichen Alltag zu sammeln und vielleicht in den mehrmonatigen Semesterferien auch im Auslieferungslager oder am Band gearbeitet zu haben. Dies schärft den immanent wichtigen umfassenden Blick für betriebliche Realitäten. Nach Durchlauf dieser Ausbildung gibt es genug Beurteilungskriterien und persönliche Urteile hinsichtlich der unternehmerischen Fähigkeiten des Filius. Reinhard Mohn begründet diese Vorgehensweise unter anderem mit der sozialen Verpflichtung, die die Führung eines Unternehmens beinhaltet, denn schließlich sei ein Unternehmen kein Privatvergnügen, sondern es hängt das Schicksal von mitunter Tausenden von Arbeitnehmern davon ab.

Als Einstiegs- und Testprogramm für den potentiellen Nachfolger hat sich die Beachtung der vier großen „F" bewährt:

- Freischwimmen vom Einfluß des Seniors,
- Fachwissen erwerben,
- Führungsqualität entwickeln,
- Fehler und Erfahrungen außerhalb der eigenen Firma machen.

Natürlich ist es ein schwieriger familiärer Erkenntnis- und Entscheidungsprozeß, sich einzugestehen, daß der Sohn oder die Tochter nicht die geeignete Unternehmerpersönlichkeit ist. Hilfreich ist insoweit die Unterstützung von außenstehenden Dritten, die das Vertrauen aller Beteiligten genießen und die die unternehmerischen Qualifikationen des Sprößlings nicht verklärt durch die elterliche Brille sehen. So schmerzhaft die Entscheidung hinsichtlich einer außerfamiliären Lösung ist, muß sie gleichwohl rechtzeitig und konsequent getroffen werden.

Im Falle einer innerfamiliären Nachfolgeregelung sind jedoch weitere Gestaltungsempfehlungen zu beachten. Eine häufig in Familienunternehmen anzutreffende Konstellation betrifft eine Lösung, deren Motiv (gerechte Teilung des Familienvermögens) zwar äußerst ehrenwert ist, die jedoch mit erheblichen Risiken behaftet ist. Es sind dies die berühmt berüchtigten „50:50-Modelle", bei denen die Kinder ohne irgendwelche weiteren flankierenden Maßnahmen gleichberechtigt am Unternehmen beteiligt sind und, um die Schwierigkeiten zu potenzieren, gleichberechtigt die Geschäftsführung ausüben. Bei dieser Konstellation ist der Ärger vorprogrammiert.

Es ist der dringende Rat zu geben, diese Situation tunlichst zu vermeiden. Die Beratungspraxis zeigt, daß diese Konstellation in den besten Fällen einige Jahre gut geht. Es kommt jedoch die Entscheidung, wo einer der Brüder risikobereit in neue Geschäftsfelder investieren möchte, während sein Bruder und Mitgesellschafter einen konsolidierenden Kurs im angestammten Geschäftsbereich bevorzugt. Eine Entscheidung ist nicht möglich, da sich die Brüder paritätisch gegenüberstehen und sich damit gegenseitig blockieren. Diese Entscheidungsunfähigkeit geht immer zu Lasten des Unternehmens. Es gilt der Grundsatz: Besser überhaupt eine Entscheidung als gar keine. Das „Politbüro-Prinzip", das heißt, solange zu diskutieren, bis alle Beteiligten die Entscheidung mittragen und nicht überstimmt werden müssen, läßt sich in der Wirtschaft allenfalls auf die Vorstandsebene einer Groß-(Deutschen)Bank übertragen. Für ein kleines und mittelständisches Unternehmen, das schnell und flexibel reagieren muß, sind solch langwierigen Entscheidungsprozesse jedoch völlig unbrauchbar.

Deshalb die ganz klare Empfehlung, möglichst einem Kind die unternehmerische Verantwortung auf Managementebene übertragen. Falls eines der Geschwister ebenfalls tätig werden soll, sind vorher unbedingt klare Absprachen und Kompetenzregelungen vorzusehen. Eines der Kinder muß das alleinige oder letztgültige Sagen haben. Dies bedeutet selbstverständlich nicht, daß die nicht die Geschäftsführung ausübenden Kinder ganz aus dem Unternehmen ausscheiden müssen. Aber auch auf Gesellschafterebene muß sichergestellt werden, daß die notwendigen Entscheidungen getroffen werden können, ohne das es zu unkalkulierbaren Fraktionszusammenschlüssen, wie etwa bei der Familie Dornier, kommt. Der nachvollziehbare Wunsch des Unternehmers, daß alle Kinder wirtschaftlich gleichmäßig von dem Unternehmen profitieren sollen, schließt die gleichzeitige Festschreibung einer eindeutigen und alleinigen Verantwortlichkeit eines der Kinder für die Geschäftspolitik des Unternehmens nicht aus. Denn im Gesellschaftsvertrag kann jederzeit problemlos ein Auseinanderfallen von Stimmrechten, die für die Festlegung der Geschäftspolitik relevant sind, und ein Gewinnanspruch vorgesehen werden, so daß sämtliche Familienangehörige Anspruch auf die gleiche Dividende haben. Es sei die These erlaubt, daß der Wunsch der Unternehmereltern hinsichtlich einer gerechten Beteiligung aller Kinder an der Firma in Form einer paritätischen gesellschaftsrechtlichen Beteiligung aller am Unternehmen, primär dem Motiv einer gerechten Partizipation am wirtschaftlichen Ertrag des Unternehmens entspringt, sprich: alle sollen aus Gerechtigkeitsgründen die gleiche Dividende erhalten. Ein Einfluß auf das tagesoperative Geschäft oder die strategische Geschäftspolitik soll damit nicht verbunden sein. Aber deshalb braucht man „das Kinde nicht mit dem Bade auszuschütten" und die Sprößlinge auf allen Bereichen und Ebenen paritätisch am Unternehmen beteiligen.

Die Erfahrung hat gezeigt, daß durch eine entsprechend offene Kommunikation innerhalb der Familie eine Gesellschafter- und Managementkonstellation, die eine klare unternehmerische Führung gewährleistet, gegenüber den zurücktretenden Familienmitgliedern durchaus vermittelbar ist und dies nach anfänglichem Murren auch aus geteilter Einsicht schnell akzeptiert wird. Sollte ein Familienmitglied insoweit nicht einsichtig sein, so braucht man kein großer Prophet zu sein, um zu prognostizieren, daß dieser im Falle einer entsprechenden Gesellschafterstellung bei nächstpassender Gelegenheit versuchen würde, seinen unternehmerischen Anspruch und Vorstellungen ohne große Kompromißbereitschaft gegenüber den anderen Mitgesellschaftern durchzusetzen. Damit würde jedoch ein gefährliches Konfliktpotential innerhalb der Firma entstehen, das im Vorfeld vermieden werden kann und insbesondere dieser Konfliktherd außerhalb des Betriebes gehalten werden kann. Sollte eine Einigung nicht möglich und das Unternehmen groß genug sein, sollte ansonsten durchaus eine Teilung des bisherigen einheitlichen Firmenvermögens und die jeweilige Übertragung zu Alleineigentum ins Kalkül gezogen werden. Daß dies nicht immer die schlechteste Lösung ist, zeigt das Beispiel der Gebrüder Albrecht („Aldi").

Wie bereits erwähnt, werden diese „50 : 50-Konstellationen" von einigen Unternehmern aus einem falsch verstandenen Gerechtigkeitsgedanken heraus ganz bewußt geplant. Man sollte sich jedoch darüber im klaren sein, daß die eben beschriebene Gesellschafterkonstellation mit allen damit verbundenen negativen Konsequenzen häufig ohne Willen der Beteiligten wegen des Fehlens eines Unternehmertestamentes eintritt. Falls zwei Kinder alleinige Nachkommen sind, werden diese gleichberechtigte Erben zu gleichen Teilen. Wenn diese sich nicht zusammenraufen, ist das Chaos vorprogrammiert. Deshalb ist auch unter diesem Gesichtspunkt eine vernünftige Erbregelung dringend erforderlich.

Auch wenn der Wunsch nach der Fortführung des unternehmerischen Lebenswerkes durch die eigenen Kinder sehr stark ausgeprägt ist, können sich viele Unternehmer in einem Zwischenschritt vorstellen, daß zunächst die Ehefrau das Unternehmen weiterführt. Dies ist eine überraschende Erkenntnis der schon erwähnten Aral/Autohaus-Studie zur betrieblichen Nachfolgethematik. In dieser Aussage der Unternehmer dokumentiert sich sicherlich die wohlverdiente Anerkennung für das, was die Unternehmer-Ehefrauen meist im Hintergrund für den betrieblichen Erfolg geleistet haben. Gleichwohl muß jedoch ohne „Chauvigedanken" konstatiert werden, daß dies lediglich die Vertagung des Problems darstellt, denn die Unternehmerehefrau gehört meist der gleichen Altersgeneration wie der Unternehmer selbst an. Wenn dann noch entsprechende Gesellschaftsanteile auf die Ehefrau übertragen werden, freut sich nur der Fiskus, da abzusehen ist, daß relativ schnell eine erneute, meist steuerpflichtige Übertragung der Gesellschaftsanteile auf die nachfolgenden Kinder erforderlich wird. Dies läßt sich durch eine strukturierte Vorgehensweise problemlos vermeiden.

Als weiterer, bedauerlicherweise oft anzutreffender und gravierender Fehler erweist sich, wenn ebenfalls aus falsch verstandenem Gerechtigkeitsempfinden des Senior-Unternehmers „nicht-tätige" Familienmitglieder am Unternehmen beteiligt werden. In den meisten Unternehmerfamilien repräsentiert das Firmenvermögen zumindest nominal den höheren Wert gegenüber dem Privatvermögen. Hieraus zieht der Unternehmer-Senior oftmals den Schluß, daß in irgendeiner Form der Unternehmensnachfolger einen Ausgleich an die Geschwister zu leisten hat. Die Gestaltungswünsche sind dabei vielfältig. Entweder wird daran gedacht eine Minderheitsgesellschafterposition zu übertragen, eine stille Beteiligung einzuräumen, das väterliche Darlehen bzw. die nicht entnommenen Gewinne erhält die Schwester oder der Nachfolger wird verpflichtet einen Ausgleichsbetrag an seine Geschwister zu entrichten.

Bei dieser oft anzutreffenden Sichtweise, die jedoch rein arithmetische Gesichtspunkte berücksichtigt, wird jedoch der qualitativ unterschiedliche Charakter des Vermögens übersehen. Bei Unternehmensvermögen handelt es sich grundsätzlich um risikobehaftetes und gebundenes Vermögen. Unabhängig von der Rechtsform des Unternehmens steht allein schon aus dem Besicherungsinteresse der kreditfinanzierenden Banken das Unternehmensvermögen im haftungsrechtlichen Feuer. Für den Kontokorrent des Betriebes muß der Firmeninhaber persönliche Bürgschaften abgeben. Der vermeintliche Wert ist rein abstrakt, da eine Verwertung realistischerweise nicht möglich ist. Das werthaltige Firmengrundstück kann beispielsweise ohne Liquidierung des Betriebes und gleichzeitigem Zugriff durch die Banken oder Anrechnung auf die Sozialplandotierung für die gekündigten Mitarbeiter nicht verkauft werden.

Das Privatvermögen repräsentiert hingegen meist gesichertes und fungibles Vermögen. Ein schuldenfreies Mehrfamilienhaus ist für den nicht in das Unternehmen eintretenden Sohn neben seinen sonstigen Einkünften eine attraktive und risikolose Einkunftsquelle. Mit dem übertragenen Geldvermögen kann der eigene Hausbau finanziert werden. Im familieninternen Monopoly der Vermögenszuordnung auf die verschiedenen Kinder im Rahmen einer testamentarischen Regelung oder anläßlich einer geplanten Vermögensübertragung zu Lebzeiten kommen die vermeintlich ,,Nichts" (sprich: Privatvermögen) erhaltenden Kinder bei einer realistischen Betrachtungsweise meist gar nicht so schlecht weg.

Neben diesem auf reine Werthaltigkeit bezogenen Gesichtspunkt beinhaltet die Beteiligung von ,,nicht-tätigen Kindern" am unternehmensbezogenen Vermögen eine strukturell fehlerhafte Weichenstellung. Denn schnell können sich Interessensgegensätze oder Konstellationen ergeben, die den Bestand des Unternehmens gefährden. Der Bruder kündigt sein dem Betrieb gegebenes Darlehen im Rahmen der gesetzlichen Kündigungsfrist und entzieht damit dem Unternehmen kurzfristig dringend benötigte Liquidität. Ein in die betrieblichen Gegebenheiten nicht involvierter Minderheitsgesellschafter wird eher an einer kontinuierlichen und hohen Gewinnausschüttung interessiert sein, als an einer zu Lasten des Gewinnanspruchs, aber die Zukunftsfähigkeit des Betriebes sichernden Investitionspolitik.

Erschreckende Fälle aus der Praxis zeigen, daß bei Beteiligung von ,,nicht-tätigen" Kindern am Betrieb oftmals nicht nur die gewünschte ,,gerechte Lösung" verfehlt wird, sondern sogar kontraproduktive Ergebnisse erzielt werden.

▩ Beispiel ▩

Ein schwäbischer Maschinenbau-Unternehmer übertrug seinem Sohn 70 Prozent seiner GmbH & Co. KG. Die restlichen Gesellschaftsanteile erhielt aus ,,Gerechtigkeitsgründen" seine als Ärztin arbeitende Tochter. Durch eine starke Branchenrezession rutschte die bisher sehr erfolgreiche Firma in die Verlustzone. Infolge zu hoher Entnahmen, teilweise bedingt durch die Errichtung einer Arztpraxis, wiesen die Kapitalkonten der Gesellschafter einen Negativsaldo auf. Die Banken verlangten nunmehr auch von der Tochter als ,,Mitunternehmerin" eine persönliche Bürgschaft, ansonsten würden die Kredite fällig gestellt. Im Interesse der Sicherung ihres sonstigen Vermögens und mit dem Argument ,,doch eigentlich nichts mit der Firma zu tun zu haben" lehnte sie dies ab, und man kam familienintern überein, den Gesellschaftsanteil auf den Bruder zu übertragen, der durch die von ihm abgegebene Bürgschaft bereits im Haftungsobligo stand. Zivilrechtlich wäre die Anteilsübertragung möglich gewesen, steuerlich jedoch mit katastrophalen Konsequenzen. Denn die Übertragung eines Gesellschaftsanteils unter Einschluß eines negativen Kapitalkontos führt zu einem einkommensteuerlichen Übertragungs„gewinn": im konkreten Fall ca. 900 000 DM. Nachdem dieser Betrag nicht zur Verfügung stand, unterschrieb die Tochter aus familiärer Verantwortung die Bürgschaft und haftet nun in vollem Umfang für die betrieblichen Risiken.

Deshalb: Nur der unmittelbare Unternehmensnachfolger soll allein alle Chancen, aber auch alle Risiken übertragen bekommen. Der Senior und sein Ehepartner sollte sich nicht durch ein falsch verstandenes Gerechtigkeitsempfinden leiten lassen.

3.2 Warum nicht arbeiten lassen?

Doch was tun, wenn innerhalb der Familie niemand bereit ist, das unternehmerische Ruder in die Hand zu nehmen? Diese Frage kann man eigentlich unhöflicherweise nur mit einer Gegenfrage beantworten: Warum eigentlich nicht arbeiten lassen?

Sein oder Nichtsein im Unternehmen – das ist nicht die Frage für die Unternehmerfamilie. Die meisten Unternehmer sind der Auffassung, daß entweder die Familie durch gleichzeitige Übertragung der Geschäftsführung und der Anteilseignerstellung in die Pflicht genommen wird, oder das Unternehmen wird ohne Wenn und Aber verkauft. Diese Überlegungen verkürzen jedoch unnötigerweise die bestehenden Gestaltungsmöglichkeiten. Daß insoweit Handlungsbedarf besteht, wird eindringlich durch ein Ergebnis der „Albach-Studie" belegt, die sich erstmals intensiv mit dem Generationswechsel im Unternehmen auseinandergesetzt hat. Nach dieser Studie ist die Bereitschaft der nachfolgenden Generation, operative Verantwortung im Unternehmen zu übernehmen, deutlich gesunken. In etwa der Hälfte aller Fälle ist kein Familienmitglied der nachfolgenden Generation bereit, die Geschäftsführung des Familienunternehmens zu übernehmen.

Es gibt Interimslösungen, die sowohl zur Vorbereitung einer Nachfolgeregelung innerhalb der Familie geeignet sind, wie auch als dauerhafte Alternative im Interesse der Bewahrung der Familien- und Unternehmenskontinuität sinnvoll sind. Diese Modelle basieren alle auf der gedanklichen und tatsächlichen Trennung von Management und Kapital. Die Familie zieht sich aus der operativen Tagesgeschäftsführung vollständig zurück, bleibt jedoch entweder ganz oder zumindest mit einem wesentlichen Anteil als Gesellschafter im Unternehmen vertreten. Damit bleibt die Familienkontinuität erhalten, ohne daß gleichzeitig Klimmzüge oder Risiken hinsichtlich der Managementqualitäten der Kinder eingegangen werden müssen. Dies läßt sich natürlich in einer Kapitalgesellschaft leichter realisieren als in den nach dem gesetzlichen Leitbild nicht darauf ausgerichteten Personengesellschaften.

Große Unternehmerfamiliennamen, wie zum Beispiel Siemens und Quandt, praktizieren diesen Ansatz erfolgreich. Ebenso hat Rolf Gerling, der Sohn und Erbe des Versicherungsmagnaten Hans Gerling, selbstkritisch erkannt, daß er zur Führung des Konzerns nicht geeignet bzw. nicht bereit ist. Konsequenz daraus war, daß er einen kompetenten Vorstand eingesetzt hat, die Deutsche Bank mit 30 Prozent am Gerling-Konzern beteiligt hat und dem Unternehmen durch seine Tätigkeit als Aufsichtsrat sowie Mehrheitsgesellschafter nach wie vor eng verbunden bleibt. Ein solcher Schritt ist für jedes Unternehmen, unabhängig von der Umsatzgröße, problemlos realisierbar. Es hat zugegebenermaßen seinen speziellen Reiz, für sich arbeiten zu lassen und sich auf die Ausübung von Kontrollrechten zu beschränken. Dies schließt nicht aus, daß bei entsprechender unternehmerischer Neigung und Interesse, ein Familienangehöriger bei passender Gelegenheit wieder in die geschäftsführende Verantwortung tritt.

Der Reiz, für sich arbeiten zu lassen, verliert natürlich schnell seine Attraktivität, wenn die kontinuierliche Gewinnausschüttung nicht gewährleistet ist. Erforderlich ist es deshalb, eine qualifizierte Geschäftsführung zur langfristigen Sicherstellung des wirtschaftlichen Erfolgs für das Unternehmen zu gewinnen. Es ist kein Geheimnis, daß qualifizierte Manager, sensibilisiert durch viele abschreckende Beispiele, sich nur sehr zögerlich für den Eintritt in ein Familienunternehmen entscheiden. Es besteht die Befürchtung, daß Familienstreitigkeiten auf das Unternehmen durchschlagen und permanent unqualifiziert in die Geschäftsführung hineingeredet wird. Bezeichnenderweise dauert es nach der „Albach-Studie" in einem Familienunternehmen erheblich länger als in einer Nichtfamiliengesellschaft, bis eine kompetente Führungspersönlichkeit gefunden ist.

Wichtig ist es deshalb, die Ernsthaftigkeit des Familienrückzuges aus der Geschäftsführung zu dokumentieren. Es sind von Anfang an die Konditionen festzuschreiben, zu denen ein Familienmitglied wieder in die Geschäftsleitung einsteigen darf. Durch entsprechende Zustimmungserfordernisse seitens eines unabhängigen Beirates ist die Ernsthaftigkeit beispielsweise zu unterstreichen. Ebenso muß sichergestellt sein, daß die Geschäftsführung allein für das Management verantwortlich ist. Die Unternehmerfamilie muß, auch wenn dies anfangs sicherlich schwer fällt, der Geschäftsführung freie Hand lassen. Dies muß in der Satzung der Gesellschaft und den Anstellungsvereinbarungen vertraglich fixiert werden.

Am besten läßt sich jedoch eine qualifizierte Führungskraft durch eine attraktive Beteiligung am wirtschaftlichen Erfolg gewinnen. Denkbar ist in diesem Zusammenhang ein lukratives Gewinnbeteiligungsmodell oder eine partielle Übertragung von Gesellschaftsanteilen. In den USA ist dies ein üblicher Bestandteil jedes Managervertrages. Nicht umsonst verdient der Disney-Boß im Jahr 20 Millionen Dollar – solange es dem Micky-Maus-Konzern wirtschaftlich gut geht. Es gibt insoweit eine Fülle von Gestaltungsoptionen, die eine optimale Anpassung an die jeweilige individuelle Situation ermöglichen. Gegenüber einer Übertragung von Gesellschaftsanteilen ist aus Sichtweise der Eigentümerfamilie selbstverständlich die Vereinbarung einer situationsangepaßten Tantiemeregelung die bessere Alternative. Diese schränkt die eigenen Handlungsmöglichkeiten weniger stark ein. Denn auch ein Minderheitsgesellschafter hat ungeachtet möglicher restriktiver Regelungen im Gesellschaftsvertrag nach der Rechtsprechung einige unentziehbare Minderheitsrechte. Auch die Veräußerung des Unternehmens wird unter Umständen erschwert, wenn der Erwerber an einer 100-Prozent-Beteiligung interessiert ist.

Falls trotzdem Anteilsbeteiligung des Managers beabsichtigt ist, braucht die Unternehmerfamilie nicht zu befürchten, auf diesem Wege schleichend „enteignet" zu werden.

Selbstverständlich kann durch vertragliche Rückübertragungsklauseln sichergestellt werden, daß im Falle eines Ausscheidens aus der Geschäftsführung die Anteile wieder zurückübertragen werden müssen. Der wesentliche Aspekt dieses Ansatzpunktes ist jedoch, daß der Manager ein elementares Eigeninteresse am wirtschaftlichen Wohlergehen des Unternehmens entwickelt. Dies schafft natürlich Sicherheit für die Unternehmerfamilie.

Naheliegenderweise sind diese Modelle immer auch mit einer Portion Risiko verbunden. Erforderlich ist es, ein ausgewogenes Verhältnis zwischen den zwangsläufig auftretenden Interessenunterschieden der Beteiligten von vornherein sicherzustellen. Selbstverständlich leuchtet der eher an einer hohen Dividendenausschüttung interessierten Eigentümerfamilie nicht immer sofort die Notwendigkeit der hohen Investition ein, die von dem Management zur langfristigen Sicherung des Unternehmens für zwingend erforderlich erachtet wird.

Diese zwangsläufig auftretenden Konfliktpotentiale müssen, soweit möglich, bereits im Vorfeld durch klare und vertraglich fixierte Absprachen entschärft werden. So ist es beispielsweise problemlos möglich, die Höhe der Gewinnausschüttung an vorher festgelegte betriebswirtschaftliche Leistungskennziffern zu koppeln. Beiräte oder kompetente außenstehende Dritte, wie etwa Steuerberater oder Wirtschaftsprüfer, können hier eine wichtige Vermittlungsrolle spielen. Auch das an anderer Stelle noch näher darzustellende ,,AG-Modell" bietet eine gute Möglichkeit, um ein qualifiziertes Fremdmanagement in dem nach wie vor von einem familiären Eigentümerkreis getragenen Unternehmen zu etablieren. Die der Aktiengesellschaft immanente strikte Trennung von Gesellschafterkreis und Geschäftsführung sowie die Kompetenzordnung zwischen den verschiedenen Gesellschaftsorganen bietet einen hervorragenden Rahmen für die Umsetzung der beschriebenen Zielsetzung.

Im Endergebnis lassen sich immer Lösungen finden, die maßgerecht auf die bestehende Situation zugeschnitten sind und die Interessen der Beteiligten optimal berücksichtigen. Diese situationsabhängige Begrenzung des familiären Einflusses auf Gesellschafterebene entspricht einer Auffasung, die in Unternehmerkreisen immer stärker zunimmt. Danach bewerten viele Unternehmer die Firmenkontinuität höher als die Bewahrung des familiären Einflusses im Unternehmen. Viele Unternehmer teilen den Grundsatz: ,,Firma vor Familie". Es setzt sich die Einsicht durch, daß bei Erhalt der Firmensubstanz auch der Familie am besten gedient ist. Denn für die meisten Familien bleibt das Unternehmen die wirtschaftliche Basis. Deshalb ist, solange es der Firma gut geht, die Familie auch über Generationen wirtschaftlich abgesichert, und dies ist die höchste Anerkennung des unternehmerischen Lebenswerkes.

Die bisher dargestellten Szenarien sind selbstverständlich sehr stark auf die Struktur des klassischen Familienunternehmens ausgerichtet. Es wird stillschweigend davon ausgegangen, daß die Familie auch weiterhin Interesse daran hat, ihren familiären Bezug zum Unternehmen fortzuführen. In der Praxis ist diese Annahme jedoch nicht so selbstverständlich. Es stellt sich dann ganz akut das Problem, welche Möglichkeiten bestehen, wenn keine Nachfolgelösung, auch nicht in Form einer Fremdgeschäftsführer-Lösung in Sicht ist.

Eine naheliegende Lösung ist die Veräußerung des Betriebes. Es gibt immer mehr Familien, die durch den Verkauf ihres Unternehmens im positiven Sinne „Kasse machen" möchten. Der Unternehmensverkauf darf dabei nicht als eine Art „letzter Ausweg" abqualifiziert werden. Es gibt vielmehr Situationen, in denen die Trennung vom Unternehmen die richtige unternehmerische und persönliche Entscheidung ist. Hierfür ist die Familie Schweißfurth ein sehr positives Beispiel. Nachdem der Vater erkannt hat, daß wegen andersgelagerter Interessen keines seiner Kinder bereit war, das äußerst erfolgreiche und ertragreiche Unternehmen (Herta-Wurst) weiterzuführen, wurde es lukrativ verkauft. Interessanterweise erfolgen nunmehr die familiäre Zusammenarbeit und das Zusammenwirken von Junioren und Senior auf anderer Ebene und unter umgekehrten Vorzeichen. Die Kinder konnten den Vater für die Idee des ökologischen Landbaus und den Schutz der Umwelt begeistern. Ein Großteil des Verkaufserlöses floß deshalb in eine Stiftung, die dem Umweltschutz verpflichtet ist, sowie in ein landwirtschaftliches Musterprojekt in Oberbayern, in dem die Familie nun gemeinsam tätig ist.

Die Gründe für einen vollständigen Ausstieg aus dem Unternehmen sind vielschichtig. Sicherlich spielt hier ebenfalls der bereits oben beschriebene Wertewandel eine Rolle, wonach zwischenzeitlich von der jüngeren Generation sehr genau hinterfragt wird, ob man persönlich bereit ist, die Verantwortlichkeit und den Aufwand, mit dem ein Unternehmen unabhängig von der ausgeübten Funktion immer verbunden ist, dauerhaft zu tragen. Der Wettbewerb wird immer härter und kapitalintensiver. Wer zukünftig bestehen will, muß bereit sein, auch mal auf die Gewinnausschüttung zu verzichten und unter Inkaufnahme persönlicher finanzieller Risiken in die Wettbewerbsfähigkeit des Unternehmens zu investieren. Hierzu sind viele nicht mehr bereit.

Und selbstverständlich gibt es die nicht kleine Gruppe der Unternehmer, für die eine innerfamiliäre Nachfolge ausscheidet. Dies betrifft die kinderlosen Unternehmer ebenso wie Unternehmerfamilien, bei denen eine Fortsetzung des familiären Einflusses nicht möglich oder gewünscht ist. „Denver" und „Dallas" mit ihren Familienstreitigkeiten lassen sich auch in Hamburg und Nürnberg antreffen. Es stellt sich dann natürlich die Frage, auf wen kann ich denn eigentlich mein Unternehmen außerhalb der Familie übertragen?

3.3 Wenn das Gute liegt so nah ... Der unternehmerisch ambitionierte Mitarbeiter als Nachfolger

Die naheliegendste Überlegung betrifft sicherlich eine unternehmensinterne Lösung. In jedem Unternehmen sind ohne Zweifel genug qualifizierte Mitarbeiter, die das Zeug zum Unternehmer haben. Neudeutsch nennt man die Übernahme des Betriebes durch in dem Unternehmen beschäftigte Mitarbeiter „Management-Buy-Out" (MBO). Man sollte sich von dieser Begrifflichkeit nicht weiter beeindrucken lassen. Aber motiviert durch die unreflektierte „Wall-Street-Manie" der 80er Jahre wird es in Wirtschaftskreisen als Ausdruck höchster Kompetenz angesehen, wenn selbstverständliche Sachverhalte mit einem anglophilen Ausdruck belegt werden. Die neueste Stilblüte in diesem Zusammenhang ist der ernsthaft(!) verwendete „Fach"-Ausdruck „Management by walking around", wenn der Chef ab und an mal durch die Büros und Werkhallen geht und nach dem Rechten schaut.

Die Betriebsübernahme durch einen langjährigen Mitarbeiter ist nichts Neues, sondern war schon immer traditioneller Bestandteil des Wirtschaftslebens. So war Hauptmotiv für die Entwicklung der Kommanditgesellschaft als Rechtsform im vergangenen Jahrhundert unter anderem die Ermöglichung des schrittweisen Hineinwachsens von Mitarbeitern neben dem Firmenpatriarchen in das Unternehmen. Man sieht also, vieles, was wissenschaftlich aufgeplustert und in sündhaft teuren Managementseminaren als die neuesten betriebswirtschaftlichen Erkenntnisse verkauft wird, ist schon längst bekannt und Schnee von gestern.

Gleichwohl hat die betriebsinterne Mitarbeiterlösung brennende Aktualität. Der dem Unternehmen seit Jahren verbundene Manager kennt das Unternehmen bestens. Er ist am ehesten Garant für die Firmenkontinuität. Durch die jahrelange Zusammenarbeit hat sich eine Vertrauensbasis gebildet, die ein wichtiger Bestandteil jeder Übertragungstransaktion bildet oder besser: bilden sollte. Schwierigkeiten bereitet jedoch häufig die Auswahl des in Betracht kommenden zukünftigen Unternehmers. Der treue Adlatus des Firmeninhabers, der mit ihm sämtliche Höhen und Tiefen durchschritten hat, scheidet als zukunftsträchtiger Nachfolger häufig aus. Er ist meist im gleichen Alter wie der Unternehmer, und sein eigener Ausstieg aus dem Betrieb ist bereits abzusehen. Die Übertragung sollte deshalb auf einen Mitarbeiter erfolgen, der zwar schon die notwendige berufliche Erfahrung gesammelt hat, aber vom Ruhestandsalter noch weit genug entfernt ist.

Dieser Grundsatz gilt für das mittelständische Unternehmen genauso wie für den Handwerksbetrieb. Selbstverständlich ist es bisweilen mit Enttäuschungen und Irritationen verbunden, wenn nicht der altgediente Meister mit der längsten Betriebszugehörigkeit in die unternehmerischen Fußstapfen tritt, sondern der junge und ehrgeizige Mitarbeiter, der gerade erst die Meisterprüfung abgeschlossen hat. Von großer Bedeutung ist es deshalb, den Entscheidungsprozeß möglichst offen zu kommunizieren. Dies gilt nicht nur gegenüber dem unmittelbaren Betroffenen, sondern auch gegenüber den übrigen Mitarbeitern im Betrieb. Die Erfahrung zeigt nämlich, daß auf allen Unternehmensstufen sehr aufmerksam registriert wird, was sich an der Firmenspitze tut. Zur Vermeidung von Verunsicherungen in der Belegschaft ist eine frühzeitige und offene Mitteilung gegenüber den Beschäftigten deshalb sinnvoll.

Auch in diesem Zusammenhang gilt die Empfehlung, daß in jedem Fall eine klare unternehmerische Führung und Entscheidungskompetenz gewährleistet sein muß. Deshalb sind Modelle, bei denen mehrere Manager das Unternehmen gemeinsam übernehmen möchten, besonders gründlich zu planen. Insbesondere sollte bereits im Vorfeld die Illusion fallengelassen werden, daß die bisherige kollegiale Zusammenarbeit sich in der neuen Unternehmerfunktion problemlos fortsetzen läßt. Die Rolle des Unternehmers hat eine andere Qualität, die zwangsläufig auch Auswirkungen auf das eigene Berufsverständnis und wirtschaftliche Handeln hat.

Der Gewinnverwendungsbeschluß bekommt auf einmal eine ganz andere Dimension, da er sich unmittelbar auf dem eigenen Bankkonto niederschlägt. Hier ist auf einmal ein zusätzlicher Entscheidungsbereich entstanden, der bisher mit den Kollegen in dieser Form noch nicht erörtert werden mußte. Bisher war man sich in der ablehnenden Haltung hinsichtlich der überzogenen Dividendenerwartung der Eigentümerfamilie mit seinen Geschäftsführerkollegen einig. Doch nun sieht man die Fragestellung aus einer ganz anderen Sichtweise. Dies ist ein nicht zu unterschätzender Aspekt.

Doch oftmals ist die Übernahme der Firma durch mehrere Mitarbeiter die einzige Möglichkeit, um ein vernünftiges betriebsinternes Übernahmekonzept zu realisieren. Denn die große Hürde jeden ,,MBO"'s ist deren Finanzierbarkeit. Verständlicherweise ist in den seltensten Fällen eine Realisierung des Übernahmepreises aus Eigenmitteln möglich. Es müssen deshalb realistische Finanzierungsmodelle entwickelt werden, wobei die Verteilung der finanziellen Last auf mehrere Schultern die Übernahme verständlicherweise erleichtert.

Die Banken profilieren sich erfahrungsgemäß, entgegen den vollmundigen Ankündigungen in ihren Hochglanzbroschüren, meist als Bremser und sind wenig phantasiereich in der Strukturierung von individuellen Finanzierungskonzepten. Aussichtsreicher ist in diesem Zusammenhang dann schon eher die direkte Kontaktaufnahme mit speziell von den Banken für diesen Zweck gegründeten Tochtergesellschaften. Diese Bankenableger haben noch die nötige Flexibilität, beispielsweise im Rahmen von Fonds-Lösungen oder sogenannte ,,Venture-capital"-Programmen, mit denen gezielt unternehmerische Existenzgründungen unterstützt werden sollen, vernünftige und seriöse Finanzierungen anzubieten. Auch die an späterer Stelle in diesem Buch vorgestellten Beteiligungsgesellschaften bieten in diesem Zusammenhang eine attraktive Alternative.

Eine andere Möglichkeit besteht in der Einschaltung der staatlich getragenen ,,Deutschen Ausgleichsbank", die für diejenigen, die ins kalte (Unternehmer-)Wasser springen, zinsgünstige Finanzierungen offerieren. Ebenso gibt es auch von diversen anderen öffentlichen Institutionen auf Bundes- und Landesebene Finanzierungshilfen für Existenzgründer. Man darf sich von diesen Programmen keine Wunderdinge erwarten, aber in einem umfassenden und ausgewogenen Finanzierungskonzept können sie sehr wohl eine Rolle spielen. Interessant ist insbesondere, daß Landeskreditbanken bis zu 80 Prozent der von den Hausbanken auszuzahlenden Darlehnssumme durch Ausfallbürgschaften absichern. Damit läßt sich manch zögernde Hausbank überzeugen und Finanzierungslücken können so überwunden werden.

Basis jeder Übernahme muß die vorherige Abklärung der finanziellen Konditionen sowie deren Finanzierbarkeit sein. Es nützt nichts, wenn sich der Nachfolger finanziell überhebt oder so knapp kalkuliert, daß die erste Zinserhöhung den gesamten Finanzierungsplan ins Wanken bringt. Damit ist keinem der Beteiligten gedient. Insbesondere die ursprünglichen Überlegungen, die Firmenkontinuität zu gewährleisten, wird dann in ihr Gegenteil verkehrt, wenn zur Finanzierung der Übernahme das Unternehmen scheibchenweise zerlegt werden muß.

Zur ,,Lösung" von Finanzierungslücken sind Modelle weitverbreitet, die unter dem schlagwortartigen Oberbegriff der ,,Verpachtung" laufen. Entweder wird die Gesamtfirma einschließlich der Immobilien verpachtet oder in Form einer Zweiteilung wird der Betrieb unter Übertragung des Umlauf- und Anlagevermögens auf den Nachfolger übertragen, wobei jedoch das Grundstück im Eigentum des Übergebenden verbleibt und an den neuen Betriebsübernehmer vermietet wird. Beide Varianten haben jedoch ihre speziellen Tücken. Die Quittung erfolgt meist erst zu einem späteren Zeitpunkt.

Allein schon unter steuerlichen Gesichtspunkten kann es schnell zu Komplikationen kommen. So ist beispielsweise eine steuergünstige Umwandlung nach dem gesetzlich normierten Umwandlungsrecht äußerst problematisch, wenn die wesentlichen betrieblichen Grundlagen (sprich: das Betriebsgrundstück) von dem Umwandlungsvorgang ausgeschlossen bleiben.

Das Auseinanderreißen des Übertragungsgegenstandes widerspricht aber vor allem dem sinnvollen Grundsatz, daß die Übertragung des Unternehmens möglichst in einem einzigen Schritt und umfassend erfolgen sollte. Ansonsten wird der Nachfolger in seinen unternehmerischen Aktivitäten unnötig eingeschränkt und der Ausscheidende bleibt mit dem betrieblichen Schicksal involviert. Welche Schwierigkeiten erwachsen können, sei an einem einfachen Beispiel illustriert. Der Nachfolger möchte weiter expandieren und benötigt deshalb eine wegen der speziellen Ausstattung sehr teuere neue Produktionshalle. Soll das neue Gebäude mit den damit verbundenen finanziellen Belastungen von dem ausgeschiedenen Seniorunternehmer als Grundstückseigentümer errichtet werden oder durch den Nachfolger, wobei es hier zu äußerst schwierig zu lösenden eigentumsrechtlichen und steuerlichen Problemen kommt?

Ein klarer Schnitt dient hingegen sowohl dem Nachfolger wie dem Ausscheidenden. Eine Hängepartie mit unsicheren steuerlichen Auswirkungen wird damit vermieden, und die eigenen unternehmerischen Vorstellungen können ohne Einschränkungen oder sonst vorhandenen Rücksichtnahmen realisiert werden. Das es gegenüber diesen unsicheren ,,Verpachtungsmodellen" problemlosere Alternativen insbesondere unter Finanzierungsgesichtspunkten gibt, wird beispielhaft in dem nachfolgenden Abschnitt dieses Buches dargelegt. Exemplarisch wird dabei auf das Beteiligungsgesellschaft-Modell eingegangen und welche Bedeutung ihm in einem wohlstrukturierten Unternehmens- und Finanzierungskonzept zukommen kann.

Aus Sicht des veräußernden Unternehmers ist ebenso größte Vorsicht angezeigt, wenn der Verkaufspreis aus dem wirtschaftlichen Ertrag des Unternehmens realisiert werden soll. Konkret betrifft dies sowohl die immer noch weitverbreiteten ,,Leibrenten- oder sonstigen Versorgungsleistungsmodelle" wie auch die Vereinbarung von kontinuierlichen Zahlungen an Hand von vorher festgelegten betrieblichen Kennzahlen. Denn dann macht sich der ausscheidende Unternehmer von dem wirtschaftlichen Erfolg seines Nachfolgers abhängig, ohne daß er die Geschäftspolitik selbst aktiv beeinflussen kann. Er hätte dann besser gleich selbst die Zügel in der Hand behalten sollen. Im familiären Bereich mag die Zahlung von Rentenleistungen noch akzeptabel sein, da hier die soziale Verpflichtung eine große Rolle spielt. Außerhalb der Familie ist jedoch größte Skepsis angezeigt. Wer weiß schon, wie sich das Unternehmen in fünf Jahren darstellt. Unternehmensabhängige Übernahmezahlungen können höchstens als Teilsegment eines einheitlichen Kaufpreises empfohlen werden. Es sollte dabei jedoch darauf geachtet werden, daß ein etwaiger Ausfall dieser Zahlungen nicht die gesamte Altersversorgung gefährdet. Wenn schon nicht eine abschließende Einmalzahlung als Übernahmepreis durchgesetzt werden kann, so sollte zumindest eine Aufteilung in einen mit Übergabe zu zahlenden Festbetrag und eine kontinuierliche monatliche Zahlung vereinbart werden. So hat der Unternehmer zumindest einen Teilbetrag schon vorab im sicheren Hafen. Ansonsten kann es zu tragischen Konsequenzen kommen, wenn das Unternehmen in der weiteren Zukunft in Schieflage gerät. Die Ursache hierfür muß dabei nicht zwangsläufig in dem fehlenden unternehmerischen Geschick des Nachfolgers liegen, sondern die Krise des Betriebes kann durch einen Konjunktureinbruch oder durch strukturelle Branchenschwierigkeiten, für die der Nachfolger nichts kann, hervorgerufen worden sein.

▨ Beispiel ▨

Ein erfolgreicher Unternehmer aus dem Wurstwarensektor hatte seinen wirtschaftlich gut strukturierten Betrieb an einen Mitwettbewerber verkauft. Die Beteiligten gingen von einem Gesamtverkaufspreis von etwa 10 Millionen DM aus. Neben einer Abfindungssumme wurde die Zahlung einer lebenslänglichen monatlichen Rente für das Unternehmerehepaar vereinbart. Berechnungsbasis sollte dabei der durchschnittliche Jahresertrag der nächsten fünf Jahre nach Übergabe des Unternehmens sein. Auf dem Papier sahen die angestellten Rechenbeispiele für den Unternehmer überaus attraktiv aus, da der Betrieb in den Jahren zuvor ordentlich verdient hatte und der Unternehmer aufgrund seiner Markterfahrung die Marktentwicklung einschätzen zu können glaubte. Aus Sicht des Unternehmers wurde das Risiko noch dadurch weiter minimiert, weil er für die nächsten Jahre noch weiterhin die Geschäftsführung ausüben sollte und er dadurch Einfluß auf die wirtschaftliche Entwicklung hat. Im übrigen kannte man sich und vertraute sich.

Doch dies war eine fatale Fehleinschätzung. In dem ersten Jahr nach der Übernahme wurde noch ganz ordentlich verdient. In den darauffolgenden Jahren änderte sich dies jedoch schlagartig, denn der neue Eigentümer gliederte die profitabelsten Bereiche, wie zum Beispiel das Filialnetz und die Belieferung von Großkunden, in sein eigenes Unternehmen ein. An dem nach wie vor rechtlich selbständig übernommenen Unternehmen blieben im wesentlich die Verlustbringer hängen. Nach der Textierung des Kaufvertrages war dies nicht untersagt.

Konsequenz des Verkaufs war, daß der Unternehmer mehr arbeitete denn je, denn schließlich ging es um die Berechnungsgrundlage seiner Altersversorgung. Er verdiente jedoch erheblich weniger als früher, denn fatalerweise hatte er sich auf eine prozentual hohe Gewinnantieme für seine Geschäftsführungstätigkeit eingelassen, die jedoch wegen der schlechten Geschäftsentwicklung überhaupt nicht zum Tragen kam. Das Negativste war jedoch, daß die Berechnungsgrundlage für die Rentenzahlung wie die Butter in der Sonne dahinschmolz.

Erst in einem langwierigen und risikoreichen Gerichtsverfahren konnte vergleichsweise eine einigermaßen vernünftige Regelung erzielt werden. Zur Vermeidung von Mißverständnissen sei betont, daß der zunächst angestrebte Gesamtkaufpreis bei weitem nicht erzielt werden konnte. Aber zumindest war die Altersabsicherung halbwegs gewährleistet.

Dieser drastische Fall macht auf dramatische Art und Weise die dringende Notwendigkeit einer gründlichen Planung eines Unternehmensverkaufs deutlich. Insgesamt ist jedoch zu betonen, daß bei einer „Mitarbeiter-Lösung" die solide Finanzierung der Betriebsübergabe die größte Herausforderung darstellt.

3.4 Das Beteiligungsgesellschaftsmodell

Eine überlegenswerte Alternative zu einem Unternehmensverkauf ist die Hereinnahme eines erfahrenen und kompetenten Partners in das Unternehmen, etwa in Form eines Beteiligungsgesellschaftsmodells. Man braucht sich keiner Illusion hinzugeben. Die Hereinnahme eines Gesellschafters in das Unternehmen oder der Verkauf der Firma beinhaltet hinsichtlich der Zuverlässigkeit und Seriosität des Partners immer ein nicht auszuschließendes Restrisiko. Durch eine gründliche Vorbereitung kann dieses Risiko zwar minimiert werden, aber letzte Sicherheit gibt es nicht.

Für den häufig durch negative Beispiele aus dem Kollegenkreis verunsicherten Unternehmer bietet sich jedoch eine Option an, die bedauerlicherweise in der Bundesrepublik noch nicht den Stellenwert und die Selbstverständlichkeit genießt, wie dies insbesonders in den USA und England der Fall ist. Jedoch entdecken auch hierzulande immer mehr Unternehmer die Attraktivität von Beteiligungsgesellschaften. Die Aktzeptanz im Wirtschaftsleben wächst allgemein. Bezeichnenderweise sind nunmehr zwei internationale Beteiligungsgesellschaften an der Firma adidas beteiligt. Beteiligungsgesellschaften werden jedoch auch gerade von Mittelständlern im zunehmenden Maße als neutrale und verläßliche Partner im Unternehmen geschätzt. Die Akzeptanz wächst.

Die seriösen Beteiligungsgesellschaften sind häufig Tochterunternehmen großer Banken, wie zum Beispiel die „Deutsche Beteiligungsgesellschaft" (DGB) von der Deutschen Bank, wobei glaubhaft sehr großer Wert auf die unternehmerische Unabhängigkeit von den Muttergesellschaften gelegt wird. Aber auch unabhängige Beteiligungsgesellschaften, die meist mit starken Finanzpartnern als Gesellschaftern verbunden sind, bieten sich als attraktive Teilhaber an. Der Markt in der Bundesrepublik ist noch so überschaubar, daß man sehr schnell die windigen Geschäftsmacher herausfiltern kann, die ihre Angebote mit „garantierten lukrativen Konditionen" in einer einspaltigen Anzeige im Wirtschaftsteil offerieren.

Beteiligungsgesellschaften sind darauf spezialisiert, sich kapitalmäßig an Unternehmen zu beteiligen. Deutsche Beteiligungsfirmen investierten allein 1999 bundesweit zwei Milliarden DM Eigenkapital oder kapitalähnliche Mittel in Mittelstandsunternehmen, wobei die klassischen „Start-ups", also Neugründungen, hier nicht eingerechnet sind. Dies passiert selbstverständlich nicht aus purer Selbstlosigkeit. Natürlich erwarten die Beteiligungsgesellschaften eine Verzinsung ihres zur Verfügung gestellten Kapitals. Die insoweit von den Beteiligungsgesellschaften verfolgten Strategien sind jedoch unterschiedlich. Wichtig ist es für den Unternehmer, diese Strategien zu kennen, da sich daran die Zielrichtung des Engagements der Beteiligungsfirmen offenbart. Die Beteiligungsgesellschaften machen kein Geheimnis aus ihren verfolgten Zielen und ihrer unternehmerischen Ausrichtung, so daß sehr schnell der individuell passende Partner gefunden werden kann.

Einige von ihnen sind primär an einer kontinuierlichen ordentlichen Dividendenausschüttung interessiert, andere hoffen auf eine hohe Rendite anläßlich eines späteren Verkaufs der eingegangenen Beteiligung. Andere wiederum versuchen in strategisch wichtigen Wirtschaftszweigen mehrere mittelständische Firmen in Form einer Holding zu bündeln, um diese zu einem günstigen Zeitpunkt an die Börse zu bringen und so über den Aktienmarkt ihren Gewinn zu realisieren.

Der Unternehmer braucht jedoch nicht die Befürchtung zu haben, daß ein solcher Partner nur auf die schnelle Mark aus ist und dementsprechend eine kurzfristige Gewinnmaximierung um jeden Preis im Unternehmen durchzusetzen versucht. Die seriösen Beteiligungsgesellschaften wissen genau, daß man die Kuh, die Milch gibt, nicht schlachtet. Im übrigen würde sich so ein Geschäftsgebaren schnell herumsprechen, und es würde bei diesem „Einmal-Kasse-Machen" bleiben, da man zukünftig keine Chance mehr am Markt hätte.

Das, was alle Beteiligungsgesellschaften verbindet, ist, daß sie ihr Engagement zeitlich befristet verstehen. Die Zeitspanne ist dabei jedoch sehr weit aufgefächert. Es gibt Beteiligungsgesellschaften, die ungern länger als fünf Jahre in ein Unternehmen gehen. Es gibt aber auch Engagements, die, obwohl ursprünglich als kurzfristige Zwischenlösung gedacht, im besten beiderseitigen Einvernehmen bereits seit über 30 Jahren bestehen. Auch insoweit kommt es ganz entscheidend auf den Typus der Beteiligungsgesellschaft an. Durch eine kompetente Beratung läßt sich jedoch schnell der richtige Partner finden. Aufgrund dieser zeitlichen Befristung sind Beteiligungsgesellschaften der ideale Partner, wenn eine Nachfolgeregelung noch nicht gefunden ist oder erst vorbereitet werden muß.

■ Beispiel ■

Durch den überraschenden Tod des Unternehmers konnte nicht wie beabsichtigt systematisch die Übertragung der Firma auf einen von außen kommenden Dritten vorbereitet werden. Eine familiäre Lösung kam nicht in Betracht. Deshalb sollte durch eine gezielte Suche ein qualifizierter Nachfolger gefunden werden.

In dieser Situation sprang eine Beteiligungsgesellschaft ein, da sich die Familie mit einem alleinigen unternehmerischen Engagement aus einsichtigen Gründen überfordert fühlte. Nach einer kurzen, aber gründlichen wirtschaftlichen Bestandsaufnahme entschloß sich die Beteiligungsgesellschaft zum Eintritt als Gesellschafter. Nachdem ein Nachfolger gefunden worden war, übertrug die Beteiligungsgesellschaft absprachegemäß ihre Anteile. Für alle Beteiligten war diese Lösung der beste Weg in dieser unvorhersehbaren Situation.

Es kann jedoch auch noch aus weiteren Gründen hilfreich sein, in bestimmten Phasen der Unternehmensentwicklung einen erfahrenen und kompetenten Mitgesellschafter zu haben, der sogar noch kapitalkräftig ist. Gerade in Phasen der Umstrukturierung oder der wirtschaftlichen Turbulenzen kann das bei den Beteiligungsgesellschaften vorhandene betriebswirtschaftliche Know-how äußerst hilfreich sein. Zwar mischen sich die meisten Beteiligungsgesellschaften gemäß ihrem eigenen Selbstverständnis in das Tagesgeschäft nicht ein, jedoch verstehen sie sich auch nicht als bloße Geldgeber.

Durch ihre Präsenz in dem Firmenbeirat achten sie beispielsweise auf ein effektives Rechnungswesen und betriebliches Controlling sowie auf die Beteiligung an allen strategischen Zukunftsentscheidungen. Die Erfahrung zeigt, daß dies von dem Unternehmer nicht als Gängelung oder Einengung seiner unternehmerischen Betätigung empfunden, sondern als hilfreiche Unterstützung von erfahrenen Partnern gerne akzeptiert wird. Es ist ja auch ganz angenehm, sich bei wichtigen Unternehmensentscheidungen beraten zu können und nicht alles immer alleine entscheiden zu müssen.

Das unternehmerische Engagement der Beteiligungsgesellschaft hängt natürlich ganz entscheidend davon ab, welchen Typus von Beteiligungsgesellschaft man sich in das Unternehmen holt. Die Beteiligungsgesellschaften unterscheiden sich nicht nur in ihrer Gewinnerzielungsstrategie, sondern vor allem in dem Umfang ihrer angestrebten Gesellschaftsanteilsgröße, die jeweils Ausdruck einer unterschiedlichen unternehmerischen Ausrichtung und Zielrichtung sind. Grundsätzlich sind zwei Arten von Beteiligungsgesellschaften zu unterscheiden:

Finanz-Beteiligungs-gesellschaften	**Unternehmens-Beteiligungs-gesellschaften**
⇨ lediglich Finanzinteresse	⇨ strebt unternehmerische Führung an

Der wesentliche Unterschied zwischen diesen beiden Erscheinungsformen ist, daß eine Finanzbeteiligungsgesellschaft ihren Unternehmenseinstieg primär unter Renditegesichtspunkten sieht. Diese Beteiligungsgesellschaften, wie zum Beispiel die ,,Deutsche Beteiligungsgesellschaft", streben deshalb keine Mehrheit in dem Unternehmen an. Die üblichen Beteiligungsgrößen am Gesellschaftskapital liegen zwischen 25 Prozent und 49 Prozent. Deshalb steht auch außer jeder Frage, daß die Geschäftsführung und das unternehmerische Sagen ausschließlich beim Unternehmer liegt.

Anders jedoch bei Beteiligungsgesellschaften, deren Ziel die unternehmerische Federführung ist. Für sie kommt nur eine ,,50 Prozent + eine Stimme"-Gesellschafterstellung in Betracht, die den unternehmerischen Einfluß garantiert. Noch lieber ist ihnen jedoch eine 75-Prozent-Beteiligung. Der Grund hierfür ist, daß diese Beteiligungsgesellschaften häufig mehrere Firmen der gleichen Branche zusammenfügen möchten, um dadurch wirtschaftlich sinnvolle Synergieeffekte zu erzielen und durch gewichtigeres Auftreten am Markt sich andere Marktpotentiale zu erschließen. Hinzu kommt als Perspektive die Börse. Durch die Veräußerung des Firmenverbundes am Aktienmarkt lassen sich bessere Verkaufspreise erzielen.

Der Unternehmer braucht vor diesem scheinbaren Rigorismus nicht zu erschrecken, denn gerade wenn kein Nachfolger in Sicht ist, eröffnet diese Zielrichtung der Beteiligungsgesellschaft eine attraktive Verkaufsperspektive. Ebenso wenn der Unternehmer beabsichtigt, sich nur schrittweise aus dem Unternehmen zurückzuziehen, ist dies oftmals eine interessante Option, da viele Erwerber ansonsten häufig an einem klaren Schnitt und damit am vollständigen und sofortigen Rückzug des Unternehmers interessiert sind. Die Finanz-Beteiligungsgesellschaften sehen es hingegen gerne, wenn der Unternehmer für einen bestimmten Zeitraum nach wie vor die Geschäftsführung ausübt. Die auf diese Form der Beteiligung spezialisierten Unternehmen sind innovativ genug, um ein auf die individuelle Situation abgestimmtes Konzept zu entwickeln.

3.5 Der Unternehmensverkauf: auch eine Lösung der Nachfolgefrage

Der Unternehmer hat die größte Erfahrung im Absatz seiner von ihm hergestellten Produkte und Erzeugnisse. Der Herausforderung, sein Unternehmen zu verkaufen, stellt ihn jedoch vor große Probleme. Dies ist verständlich, denn meist ist dies eine einmalige und nie wiederkehrende Situation im Unternehmerleben. Gleichzeitig darf man sich möglichst keinen Fehler erlauben, denn dies kann teuer werden. Können Fehler im familiären Bereich bisweilen noch korrigiert werden, ist dies bei einem Rechtsgeschäft mit fremden Dritten meist ausgeschlossen. Der Unternehmensverkauf ist deshalb eine ganz besonders sensibel zu handhabende Herausforderung.

Die Schwierigkeiten fangen bereits damit an, ohne viel Aufhebens einen potentiellen Interessenten zu suchen, ohne daß die Mitarbeiter und die Konkurrenten die wildesten Spekulationen über die wirtschaftliche Situation des Unternehmens anstellen und damit

Irritationen am Markt auslösen, die die Geschäftschancen schmälern. Insoweit bieten die bereits vorgestellten Unternehmensbörsen wie beispielsweise von der HypoVereinsbank AG oder auch von anderen Institutionen wie der IHK eine erste Kontaktmöglichkeit. Eine weitere gute Option für die gezielte Auswahl und Ansprache von Übernahmeinteressenten ist die Einschaltung von spezialisierten Beratungsgesellschaften. Bei der Auswahl der Beratungsgesellschaft sollte der Unternehmer jedoch sehr vorsichtig sein, denn bedauerlicherweise bewegen sich in diesem Bereich nicht wenige schwarze Schafe, die sich schnelles Geld versprechen und gerne die mangelnde Erfahrung des Firmeninhabers ausnutzen möchten. Insbesondere sollte der Unternehmer vermeiden Verträge abzuschliessen, die langlaufende Exklusivbindungen und hohe Fixvergütungsbeträge beinhalten.

Kompetente und erfahrene M & A-Berater können dem Unternehmer neben der Identifizierung von Kaufinteressenten auch bei der zwingend erforderlichen Zusammenstellung und Aufbereitung der Informationen und Unterlagen unterstützen. Die Erfahrung hat gezeigt, daß die professionelle Vorbereitung und Durchführung der Verkaufsverhandlungen positive Auswirkungen auf den erzielbaren Kaufpreis hat, denn der Übernahmeinteressent unterstellt zumindest unbewußt, daß das Unternehmen auf ähnlich professionelle Weise geführt worden sein muß. Ein weiteres Argument: Aus steuerlichen Gründen tendieren mittelständische Unternehmen dazu, Bilanzgewinne möglichst niedrig auszuweisen. Beim Verkauf, bei dem die Käuferseite in aller Regel die Ertragswert-Methode ihrer Bewertung zugrunde legen wird, sind niedrig ausgewiesene Gewinne der Vergangenheit – besonders wenn nur Steuerbilanzen vorliegen – natürlich nachteilig. Ein qualifizierter Berater ist in der Lage, die meist wesentlich höhere wirkliche „nachhaltige Ertragskraft" des Unternehmens überzeugend darzustellen, mit der Folge einer attraktiveren Unternehmensbewertung und damit eines höheren Verkaufspreises.

Von entscheidender Bedeutung ist jedoch nach wie vor, welcher Kaufpreis erzielt werden kann. Wer kennt schon den Wert seines Unternehmens, der anläßlich eines Verkaufes zu erzielen ist? Ein schwacher Trost dürfte dabei für den Unternehmer sein, daß es keine alleingültige und verbindliche Unternehmensbewertungsmethode gibt, auf die die Experten in jedem Fall allgemein akzeptiert zurückgreifen. Es gibt eine Vielzahl von anerkannten Bewertungsmethoden. Sie werden je nach Interessenslage ins Spiel gebracht, das heißt je nachdem, ob man auf Käufer- oder Verkäuferseite am Verhandlungstisch sitzt. Seit Jahrzehnten diskutieren die meist selbsternannten Experten so scheinbar objektiv klingende Begriffe wie: Substanzwertmethode, Ertragswertmethode, Mittelwertmethode, Multiplikatormethode, Bruttomethode, Nettomethode ... Ein verbindliches Ergebnis, welche der Methoden nun die „Richtige" sei, wurde aber bisher noch nicht erzielt.

Schlußendlich handelt es sich bei der Unternehmensbewertung um eine moderne Form der Kaffeesatzleserei, und es setzt sich wie im orientalischen Basar derjenige durch, der am geschicktesten verhandelt. Die schicken, „toughen" Jungs mit Gel im Haar, die sich neuerdings „M & A-Experten" nennen und meinen das Rad neu erfunden zu haben, machen nichts anderes, was Jahrhunderte vor ihnen bereits Generationen von Kaufleuten schon immer gemacht haben: möglichst günstig zu kaufen und verkaufen – in diesem Fall eben Unternehmen. Dies bedeutet nicht, daß eine professionelle M & A-Beratung

(Mergers & Acquisitions = Unternehmensverschmelzungen, -käufe und -verkäufe) überflüssig ist. Im Gegenteil. Sie sollte jedoch mit dem notwendigen Realismus und Seriosität betrieben werden und sich vor allem bemühen, die Kirche im Dorf zu lassen und sich damit auf die wesentlichen Kernaspekte jeder Unternehmenstransaktion konzentrieren.

Allen angewandten Bewertungsmethoden liegt zwar eine sehr kompliziert aussehende mathematische Formel zugrunde, die eine scheinbare Objektivität und damit Sicherheit suggeriert.In jeder Formel ist jedoch ein Faktor enthalten, der einen Beurteilungs- und Bewertungsspielraum eröffnet. Und dies ist auch gut so, denn kein Unternehmen ist wie das andere, jedes Unternehmen hat unterschiedliche Marktpotentiale, und keine Branche ist beliebig austauschbar. Deshalb muß ein bestimmtes Mindestmaß an Flexibilität in jeder Bewertungsmethode enthalten sein, ohne daß dies der Seriosität schadet.

Der Unternehmer sollte sich jedoch unbedingt klarmachen, daß der anhand von anerkannten Bewertungsmethoden ermittelte Unternehmenswert zunächst nur einen vorläufigen Näherungswert darstellt und genügend Verhandlungsspielraum verbleibt, um einen noch höheren Preis zu erzielen. Dies läßt sich jedoch erfahrungsgemäß nur durch eine gut vorbereitete Verkaufsstrategie erreichen. Im Endergebnis sind eine genaue Unternehmensanalyse, die die vorhandenen Chancen- und Risikopotentiale zum Gegenstand hat sowie die auf Käuferseite vorhandenen strategischen Akquisitionsinteressen die maßgeblich preisbildenden Faktoren. Diese kurzen Anmerkungen werden sicherlich hinreichend deutlich gemacht haben, weshalb die Preisfindung bei einem Unternehmensverkauf zu einer der heikelsten und schwierigsten Aufgaben zählt.

Bereits aus diesem Grund sollte deshalb ein übereilter und überhasteter Verkauf unbedingt vermieden werden, denn dies kostet immer Geld. Ebenso lassen sich effektive Steuervorteile erfahrungsgemäß nur bei einer langfristigen Planung sinnvoll erzielen. Der Unternehmer sollte für den Fall, daß sich eine interne Firmenfortführung nicht abzeichnet, frühzeitig durch eine entsprechende Strukturierung die Basis für einen steueroptimalen Verkauf legen.

Damit hängt auch die Frage zusammen, ob man einen Verkauf von Einzelwirtschaftsgütern („Asset-Deal") oder einen Verkauf von Gesellschaftsanteilen („Share-Deal") durchführen will. Durch eine zeit- und situationsangepaßte Änderung der Rechtsform anläßlich des Unternehmensverkaufes eröffnen sich Möglichkeiten für sogenannte „Step-up-Modelle", das heißt einer Buchwertaufstockung der Aktiva. Die sich hieraus ergebenden steuerlichen Vorteile können bei entsprechender Vorgehensweise und Darstellung gegenüber dem Käufer den Kaufpreis bisweilen nicht unerheblich erhöhen. Step-up-Gestaltungen können sehr komplex sein und müssen gründlich geplant werden. Nachdem ein Interessent „keine Steine kauft" (sprich: substanzhaltige Immobilien), sondern den Ertrag und damit seinen Kaufpreis primär an den operativen Geschäftsaussichten orientiert, kann es durchaus sinnvoll sein, rechtzeitig das Unternehmensvermögen entsprechend zu strukturieren. So können beispielsweise werthaltige Grundstücke in Grundstücksgesellschaften eingebracht werden, die nicht mit veräußert werden. Im Rahmen von langfristigen Mietverträgen werden die Immobilien der verkauften operativen Einheit zur Nutzung überlassen. Damit wird vermieden, werthaltige Immobilien unter Wert zu verkaufen.

Deshalb bedarf jede Unternehmensveräußerung einer genau abgestimmten Verkaufsstrategie. Infolge der fehlenden Erfahrung und zur Vermeidung von Fehlern sollte, wie oben bereits hingewiesen, der Unternehmer deshalb unbedingt professionelle und seriöse Unterstützung in Anspruch nehmen.

Die beste Lösung ist erfahrungsgemäß die Bildung eines Verhandlungsteams, bestehend aus dem eigenen Steuerberater/Wirtschaftsprüfer sowie einem in Fragen des Unternehmensverkaufes erfahrenen Anwaltes sowie bei Bedarf eines zusätzlichen seriösen M & A-Experten. Gemeinsam ist frühzeitig und strukturiert der Unternehmensverkauf vorzubereiten.

3.6   Warum nicht stiften gehen?

Wie eingangs erwähnt, will das Buch den Unternehmer dazu anregen, auch zunächst nicht bedachte Lösungsansätze in seine Überlegungen einzubeziehen, um damit einen möglichst breit angelegten Entscheidungsfächer zu eröffnen. In diesem Zusammenhang gehört deshalb auch die Frage an den Unternehmer: Warum eigentlich nicht stiften gehen?

Das Rechtsinstitut der Stiftung ist jedem bekannt. Man denkt sofort an die ,,Zeiss-Stiftung" oder die ,,Bosch-Stiftung". Für jeden Mittelständler erscheint es aber völlig absurd, daß es für ihn in Betracht kommen könnte, selbst eine Stiftung zu gründen. Dies ist seiner Ansicht nach nur für solch große Vermögen wie das der Industrie-Dynastien der Krupps oder Klöckner sinnvoll. Dieser Auffassung liegt jedoch ein großes Mißverständnis zugrunde. Die Stiftung ist unabhängig von der Vermögensgröße in jedem Fall eine überlegenswerte Gestaltungsalternative. Allein ein Blick in das deutsche Stiftungsverzeichnis bestätigt diesen Eindruck. Denn dort sind zwar einerseits millionenschwere Stiftungsvermögen aufgeführt, genauso aufzufinden sind jedoch Stiftungen, deren einziger Zweck darin besteht, ein einziges Universitätsstipendium zu finanzieren. Auch bei kleinen Vermögen sind Stiftungen möglich und sinnvoll.

Was macht nun die Stiftung als Gestaltungsmöglichkeit im Zusammenhang mit der Nachfolgethematik überlegenswert? Die Antwort erscheint zunächst verblüffend. Immer dann, wenn keine Lösung (Nachfolgeregelung) in Sicht ist, macht die Stiftung Sinn.

Der Grund für diese vielleicht überraschende Antwort liegt in der Struktur der Stiftung. Jede andere Rechtsform benötigt einen Eigentümer oder Gesellschafter. Die Stiftung hingegen gehört sich selbst. Deshalb muß die Bezeichnung ,,Klöckner-Stiftung" richtig eingeordnet werden. Die Familie Klöckner hat allenfalls Einfluß auf die Geschicke der Stiftung dadurch, daß sie in den Stiftungsgremien vertreten ist und seinerzeit die Stiftungssatzung sowie den Stiftungszweck formuliert hat. Eine eigentümer- oder gesellschafterähnliche Stellung, mit allen damit verbundenen Einflußmöglichkeiten, ist für die Familie bereits durch das Wesen der Stiftung ausgeschlossen.

Aber auch wenn es dem Unternehmer darum geht, das Vermögen oder ein Teil davon langfristig für die Zukunft zu erhalten, ist die Stiftung ein interessantes Instrument. Gerade wenn eine Vielzahl von Erben vorhanden sind oder eine weite Aufsplittung in

mehrere Familienstämme zukünftig zu erwarten ist, kommt es häufig zu Interessenge-
gensätzen der Erben hinsichtlich des Erhalts des Familienvermögens. Wenn einige Erben
primär an einer hohen Auszahlung interessiert sind, ist das Ende des Familienvermögens
als dauerhaft angelegte finanzielle Versorgungsquelle abzusehen. Durch Einbringung in
eine mit entsprechenden Regularien ausgestatteten Stiftung kann dies problemlos verhindert werden. Selbstverständlich bietet sich die Stiftung auch als hervorragende Gestaltungsmöglichkeit für Unternehmerehepaare ohne Kinder an. Auch ohne Erben kann
durch eine Stiftung das Lebenswerk über Generationen erhalten bleiben. Wesentlich ist
nur eine klare und langfristige Zwecksetzung der Stiftung.

Die Stiftung als praktizierte Rechtsform und Gestaltungsinstrument erlebt eine Renaissance. Dies läßt sich allein an der zwischenzeitlich langen Dauer der Stiftungsgenehmi-
gungsverfahren ablesen. Es ist gleichzeitig ein ausdrucksstarkes Zeichen dafür, daß
derzeit in der Bundesrepublik erhebliche Vermögenswerte zur Übergabe anstehen und
aus den unterschiedlichsten Gründen eine unmittelbare familiäre Übertragung ausscheidet.

Dabei ist es nicht zwangsläufig oder erforderlich, daß das gesamte Vermögen in eine
Stiftung einfließt. Einige Stifter lassen sich dadurch motivieren, daß sie nur einen Teil
ihres Vermögens in eine Stiftung einbringen. Durch einen genau festgelegten Stiftungszweck, der dem Stifter schon immer ein großes Anliegen war, wie zum Beispiel die
Förderung junger Künstler, kann das Lebenswerk auch über die nachfolgenden Generationen hinaus perpetuiert und dokumentiert werden. Außer durch die Phantasie des
Stifters sind der Festlegung des Stiftungszwecks nahezu keine Grenzen gesetzt. Der
übrige Vermögensteil steht weiterhin uneingeschränkt der Familie zur Verfügung. Die
Dokumentation des geschaffenen Lebenswerkes durch eine dauerhafte Manifestation ist
ein legitimer Wunsch des Unternehmers. Nichts eignet sich besser hierzu als eine
Stiftung, denn diese ist immun gegen Erbstreitigkeiten.

▨ Beispiel ▨

> Der seiner alten Universität schon immer eng verbundene, nunmehr in Ehren ergraute
> Seniorchef eines Unternehmens hat anläßlich seines 75. Geburtstages eine Stiftung
> ins Leben gerufen, deren Aufgabe die Vergabe von Stipendien an aus sozial schwa-
> chen Familien kommende, begabte Physikstudenten ist. Seine größte Anerkennung
> erlebt dieser Unternehmer jedes Jahr, wenn anläßlich einer Feierstunde in der Uni-
> versitäts-Aula die Stipendien überreicht werden.

Die Grundstruktur einer Stiftung ist durch zwei gegenläufige Merkmale gekennzeichnet.
Die Stiftung ist zunächst vor allem Ausdruck von Stetigkeit und Seriosität. Nachdem die
Stifter das Stiftungskapital erbracht und die Stiftungssatzung sowie insbesondere den
Stiftungszweck festgelegt haben, besteht für die Stifter nur noch im Rahmen der Stif-
tungssatzung Einflußmöglichkeit auf das Wirken der Stiftung und damit auf das in der
Stiftung gebundene Vermögen. Man muß sich deshalb im Vorfeld genau im klaren sein,
was die Stiftung leisten soll. Dann jedoch bietet die Stiftung eine große Gewähr dafür,
daß das Familienvermögen langfristig über mehrere Generationen bewahrt wird. Ein

geldgieriger Erbe hat keine Chancen, das Familienvermögen durchzubringen. Die ältesten Familienstiftungen gibt es bezeichnenderweise schon mehrere hundert Jahre.

Erkauft wird diese Stetigkeit mit einem eingeschränktem Maß an Flexibilität. Dies ist die Kehrseite der (Stiftungs-)Medaille. Änderungen in der Stiftungszwecksetzung oder in der Vermögensbindung können nur eingeschränkt und nur unter Absprache mit den Stiftungsbehörden durchgeführt werden. Das in der Stiftung gebundene Vermögen entzieht sich der direkten Kontrolle und Einflußnahme der Familie. Dies kann zur Bewahrung eines Familienvermögens jedoch durchaus positiv sein. Bei einer sorgfältigen Vorbereitung kann die Stiftung jedoch so ausgestaltet werden, daß es zu keinen unangenehmen Überraschungen und zur Handlungsunfähigkeit kommen kann.

Der wesentliche Effekt einer Stiftung ist jedoch, daß das aufgebaute Familienvermögen nicht im Laufe der Zeit und Generationen langsam und spurlos zerrinnt. Vielmehr wird durch die Stiftung der Name und das Lebenswerk des Unternehmers, der das Vermögen aufgebaut hat, langfristig erhalten. Für den Unternehmer besteht gleichzeitig die Möglichkeit, die schon immer von ihm geschätzten Interessen und Neigungen dauerhaft zu unterstützen, ohne daß damit gleichzeitig die finanzielle Unterstützung der Familie eingeschränkt wird. Ein weiterer positiver Effekt ist sicherlich, daß die Stiftung in der Öffentlichkeit mit einem hohen Prestige ausgestattet ist, das auf den Stifter ausstrahlt.

Die Stiftung ist eine sehr flexibel ausgestaltbare Rechtsform. Das Gesetz schreibt nur weniges zwingend vor. Damit kann eine Stiftung maßgeschneidert auf die persönliche Situation strukturiert werden. Die konkrete Struktur einer unternehmensbezogenen Stiftung und die Art der Dotierung des Stiftungskapitals ist völlig offen gestaltbar. Sie reicht von der Führung des Gesamtunternehmens in der Rechtsform als Stiftung (Beispiel: Zeiss), der Beteiligung der Stiftung als Gesellschafter am Unternehmen (Beispiel: Bosch) bis zur bloßen Verpflichtung, einen bestimmten Teil des Jahresertrages an die Stiftung abzuführen (Beispiel: Krupp).

Wer Einfluß auf das Stiftungsvermögen hat, wird durch die Stiftungssatzung bestimmt. In ihr werden gleichzeitig die Organe der Stiftung festgelegt. Auch insoweit gibt es praktisch keine gesetzlichen Reglementierungen. Häufig anzutreffen sind zweigliedrige Organstrukturen. Ein Stiftungsvorstand übt die Geschäftsführung aus, während ein Stiftungsrat, ähnlich einem Aufsichtsrat, als Kontroll- und Beratungsgremium fungiert. Der Stifter ist jedoch in der konkreten Ausgestaltung völlig offen. Gerade bei kleineren Stiftungsvermögen ist es problemlos möglich, daß zur Vermeidung einer kostenaufwendigen Stiftungsverwaltung die Leitung der Stiftung einer einzigen Person übertragen wird. Häufig wird auf den langjährigen Hausanwalt oder vertrauten Freund zurückgegriffen.

In der Stiftungssatzung wird gleichzeitig statuiert, ob und unter welchen Voraussetzungen finanzielle Zuwendungen aus dem Stiftungsvermögen erfolgen. Insbesondere die Modalitäten der Zahlungen an Familienangehörige zu Versorgungszwecken werden hier festgeschrieben. Spätere Generationen haben sich an diesen vom Stifter selbst formulierten Willen strikt zu halten. Insoweit wirkt der Stifterwille dauerhaft fort. Als Bestandteil eines Nachfolgekonzeptes sind vom Grundsatz zwei Stiftungsformen relevant:

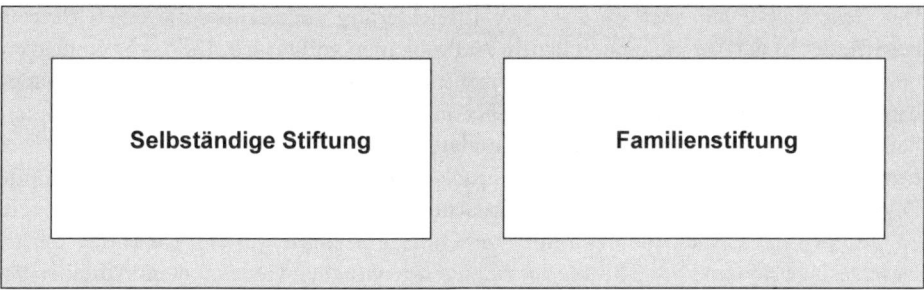

Hauptmotiv der meisten Stifter ist selbstverständlich, das in der Stiftung gebundene Vermögen zur Versorgung der Familie zu verwenden. Insoweit ist jeder Unternehmer daran interessiert, eine Familienstiftung zu gründen. Der Unternehmer sollte sich jedoch hüten, eine ,,Familienstiftung" im rechtlichen Sinn zu gründen. Der beabsichtigte Zweck läßt sich in anderen Stiftungsformen viel besser erreichen.

Das Gesetz definiert den Begriff ,,Familienstiftung" in einem ganz speziellen Sinn und knüpft daran erhebliche unangenehme steuerliche Konsequenzen. Im steuerrechtlichen Verständnis ist die Unterscheidung zwischen einer ,,Familienstiftung" und einer ,,Selbständigen Stiftung" ganz erheblich und hat vor allem finanzielle Konsequenzen.

Die ,,Familienstiftung" wird steuerrechtlich definiert als eine überwiegend auf das Wohl der Familie oder mehrerer Familien ausgerichtete Stiftung. Entscheidend ist, daß das Vermögen ,,im wesentlichen dem Interesse einer Familie" dient. Viele Unternehmer werden denken, dies ist genau das, was ich will. Die so strukturierte ,,Familienstiftung" ist jedoch nach einer Änderung des ErbStG uninteressant geworden. Das Gesetz unterstellt nunmehr fiktiv alle 30 Jahre einen Erbfall. Konsequenz daraus ist, daß alle 30 Jahre das gesamte Stiftungsvermögen zu versteuern ist. Man kann sich ausrechnen, wann das Stiftungsvermögen auf den Fiskus übergegangen ist. Von der ,,Familienstiftung" im gesetzlichen Sinn ist deshalb dringend abzuraten oder nur in Kombination mit einer ,,Selbständigen Stiftung" zu realisieren. Das Ziel des Stifters läßt sich im faktischen Ergebnis besser mit einer steuerbegünstigten ,,gemeinnützigen selbständigen Stiftung" realisieren. Die steuerbegünstigte selbständige Stiftung muß auf die Förderung des Gemeinwohls ausgerichtet sein. Verständlicherweise fällt die eigene Familie nicht darunter. Aber ansonsten ist der Fächer breit gestreut. Die Finanzverwaltungen erkennen als Gemeinnützigen Zweck beispielsweise an: Förderung junger Künstler, Umweltschutz, Kinder- und Jugendarbeit, Denkmalpflege, Lehrlingsausbildung.

Unabhängig von der Förderung des Gemeinwohls bleibt noch genügend Spielraum, um aus dem Stiftungsvermögen sich oder die Familie zu versorgen. Die Steuergesetze gestatten nunmehr, daß ein nicht unerheblicher Teil der wirtschaftlichen Erträgnisse einer gemeinwohlorientierten Stiftung zur eigenen finanziellen Versorgung oder der von Angehörigen eingesetzt werden kann. Gleichzeitig entfällt jedoch in einer gemeinwohlorientierten Stiftung die kontinuierliche, alle 30 Jahre zu wiederholende Besteuerung des Stiftungsvermögens.

Der Gesetzgeber hat noch eine weitere Erleichterung vorgesehen, die einen Bereich betrifft, der in der Vergangenheit häufig zu Problemen geführt hat. Da das Stiftungsvermögen zweckgebunden ist und nur begrenzt Rücklagen gebildet werden konnten, war es häufig Stiftungen, deren Stiftungsvermögen in der direkten Beteiligung an einem Unternehmen bestand, meist unmöglich, bei Kapitalerhöhungen im Unternehmen mitzuziehen. Damit reduzierte sich allmählich die Gesellschafterstellung und der daran geknüpfte Dividendenanspruch. Diese mißliche Konsequenz ist durch die erweiterte Möglichkeit, zu diesem Zweck Rücklagen zu bilden, erheblich entschärft worden. Durch diese neue Gesetzeslage gewinnt die Stiftung im richtigen rechtlichen Gewand neue Attraktivität, und die vom Unternehmer angestrebte ,,Familienstiftung" kann von der inhaltlichen Wunschvorstellung doch noch realisiert werden. Die Stiftung ist bei entsprechender Strukturierung geeignet, die Vorstellung des Stifters in Familie und Unternehmen über Generationen hinweg weiterleben zu lassen und das Vermögen vor Zersplitterung zu bewahren. Deshalb lohnt es sich bisweilen ,,stiften zu gehen".

CHECKLISTE

■ Haben Sie sich schon entschieden, wer Nachfolger werden soll?

■ Haben Sie mit demjenigen die Vorgehensweise besprochen und vertraglich fixiert?

■ Welche Alternativen gibt es, falls unvorhergesehen eine Änderung eintritt?

■ Wieviel ist Ihr Unternehmen wert?

■ An wen könnte das Unternehmen verkauft werden?

■ Muß die Altersabsicherung aus dem Unternehmen realisiert werden?

■ Hat Ihr Steuerberater und Anwalt Erfahrung im Unternehmensverkauf?

■ _____

  _____

  _____

■ _____

  _____

  _____

■ _____

  _____

  _____

4. Die persönliche Strategie zur Steueroptimierung

Besser die Erbschaft steuern als Erbschaftsteuern

Die Ausführungen des 3. Kapitels betrafen die notwendigen Überlegungen hinsichtlich der in Betracht kommenden neuen Unternehmensträger und der möglichen grundsätzlichen Gestaltungsoptionen, auf wen das Unternehmen übergehen soll. Wenn dies entschieden ist, folgt hierauf zwangsläufig der zweite Schritt. Die gefundene Lösung muß richtig umgesetzt werden. Der unmittelbare Übertragungsvorgang muß optimal vorbereitet und gestaltet werden. Hier geht es um bares Geld für den Unternehmer und seine Familie. Auf dieser Stufe werden die finanziellen Konditionen und Modalitäten der Übertragung relevant. Damit rückt einer der zentralen Aspekte in den Mittelpunkt der Überlegungen, denn die wenigsten Unternehmer können sich einen altruistischen und unentgeltlichen Übergang des Unternehmens leisten. Auf einige äußerst wichtige Punkte, auf die bei der Festlegung der finanziellen Übergabemodalitäten zwingend geachtet werden muß, wurde bereits in den vorherigen Ausführungen des vorangegangenen Abschnitts im Zusammenhang mit der Übertragung des Unternehmens auf Mitarbeiter hingewiesen. Stichworte sind insoweit die Problematik von ,,Verpachtungslösungen" und die grundsätzlichen Risiken von ,,Verrentungsmodellen".

In sehr vielen Fällen wurde es in jungen Jahren bedauerlicherweise unterlassen, eine vernünftige und damit unternehmensunabhängige Altersversorgung aufzubauen. Dies rächt sich nun bitter, denn mit der Übergabe des Unternehmens muß nunmehr gleichzeitig die finanzielle Altersversorgung des Seniorunternehmers und seines Ehepartners sichergestellt werden. Die Beratungspraxis zeigt jedoch, daß dies nicht immer einfach ist. Die Nachlässigkeiten der Vergangenheit lassen sich bisweilen nur sehr unzureichend kompensieren. Deshalb müssen wenigstens die sich bietenden Gestaltungsspielräume optimal ausgenutzt werden. Im familiären Bereich muß ein vernünftiger Ausgleich zwischen dem legitimen Absicherungsinteresse des Ausscheidenden und der wirtschaftlichen Ertragskraft des Betriebes hergestellt werden, während bei einem Unternehmensverkauf ein möglichst optimaler Kaufpreis erzielt werden muß.

Doch wie vermeidet man es als Seniorunternehmer, leichtfertig Geld aus dem Fenster zu werfen? Erfahrungen fehlen meist, da man in den allermeisten Fällen nur einmal in seinem Leben einen Betrieb überträgt. Fehler haben hier gravierende Folgen und können wegen der Einmaligkeit sowie mit der damit meist verbundenen Endgültigkeit des Vorganges nicht korrigiert werden. Betroffen hiervon ist die Übertragung im familiären Bereich ebenso wie die Veräußerung des Unternehmens an einen fremden Dritten. Beide Konstellationen sind jedoch durch spezifische Besonderheiten geprägt und müssen demzufolge unterschieden werden.

Die Übertragung des Unternehmens innerhalb der Familie läßt sich bei entsprechend kompetenter Planung meist ohne größere Probleme sinnvoll strukturieren. Wenn erst einmal die grundsätzlichen Weichen in Richtung einer Übergabe des Betriebes von den

Eltern auf die Kinder gestellt sind, ist erfahrungsgemäß ein hohes Maß an Konsensbereitschaft bei allen unmittelbar beteiligten Familienmitgliedern hinsichtlich der von den Beratern für notwendig erachteten operativen Umsetzungsmaßnahmen anzutreffen. Bei einer familieninternen Übertragung läßt sich eine vernünftige Steuerplanung leichter gestalten und umsetzen, da die Beteiligten aufgrund ihrer familiären Verbundenheit eher gegenüber einer kooperativen und allseitig ausgleichenden Lösung offen sind. Die bisweilen sehr aufwendigen Verkaufsverhandlungen und Kaufpreisfestlegungen mit außenstehenden Dritten entfallen. All dies erleichtert den familieninternen Übergabevorgang.

Aber auch die Übertragung innerhalb der Familie sollte nicht auf die leichte Schulter genommen werden. Insbesondere sollte Berücksichtigung finden, daß sich trotz oder gerade wegen der familiären Nähe auch insoweit grundsätzlich zwei unterschiedliche Interessenkonstellationen gegenüberstehen, die nicht immer in Einklang zu bringen sind. Auch hier stehen sich zunächst Übernehmer und Übergeber gegenüber, und jeder von ihnen hat verständlicherweise eine andere Ausgangsbasis. Dies sollte auch nicht in einem falsch verstandenen Harmoniebestreben unter den Teppich gekehrt werden. Der Senior verweist stolz auf sein Lebenswerk und hat ein legitimes Interesse an einer soliden Altersabsicherung. Bisweilen werden jedoch von dem ausscheidenden Unternehmer in Verklärung des eigenen unternehmerischen Wirkens die wirtschaftlichen Realitäten verkannt. Denn zu berücksichtigen ist, daß der nachfolgende Juniorunternehmer aus den Erträgen der Firma nicht nur wie der Vorgänger seinen eigenen Lebensunterhalt verdienen muß, sondern gleichzeitig eine zusätzliche Belastung in Form der Altersversorgung des Seniors zu tragen hat. Ob die Substanz des Unternehmens hierzu immer ausreicht, ist nicht immer gewährleistet. Damit wird der Nachfolger zwangsläufig und unmittelbar mit den Versäumnissen des Unternehmervorgängers hinsichtlich einer betriebsunabhängigen Altersversorgung konfrontiert.

Dem Senior muß klar sein, daß eine Überwälzung dieses Problems auf den Nachfolger nur im Rahmen der wirtschaftlichen Ertragssubstanz des Unternehmens möglich ist. Auch für den familiären Nachfolger muß die Betriebsübergabe einem Drittvergleich standhalten, das heißt, zu welchen Konditionen wäre ein familienfremder Dritter bereit, den Betrieb zu übernehmen. Auch wenn dies eine traurige Entscheidung ist, muß der Seniorunternehmer unter Berücksichtigung der wirtschaftlichen Realitäten gegebenenfalls Abstriche von seinen finanziellen Vorstellungen machen. Nicht selten sind finanzielle Alterszusagen für Unternehmereltern anzutreffen, die ein fremder Dritter nie übernommen hätte. In der faktischen Konsequenz wird damit der Filius finanziell an die Wand gedrückt und ihm verbleibt kein Spielraum für eine betriebswirtschaftlich vertretbare Weiterentwicklung der Firma. Zwingendes Erfordernis für jeden übernahmewilligen Unternehmersproß ist es deshalb, zunächst eine Rentabilitätsberechnung hinsichtlich des gesamten Übernahmeprojektes anzustellen. Der Senior sollte dies nicht als Mißtrauen oder Ungehörigkeit empfinden, sondern als Ausdruck der unternehmerischen Qualitäten des Nachfolgers.

Gleichzeitig machen diese Überlegungen deutlich, wie wichtig eine betriebsunabhängige Altersversorgung ist. Die Abhängigkeit des finanziell gesicherten Lebensabends von der unmittelbaren Übergabe ist fatal, zumal wenn vielleicht zum geplanten Übergabetermin der Konjunkturwind etwas rauher weht. Eine betriebsunabhängige Altersversorgung erfordert jedoch einen frühzeitigen Beginn in den Anfangsunternehmerjahren. Die Altersversorgung ist ein klassisches Beispiel dafür, daß die gesamte Nachfolgeproblematik kein Thema des Alters ist, sondern eine Daueraufgabenstellung, die sich durch das gesamte Unternehmerleben zieht. Sie beginnt in dem Augenblick, wo sich der Unternehmer in jungen Jahren erstmals auf den Chefsessel setzt.

Jede zweite Unternehmensübergabe scheitert. Die meisten Unternehmer ziehen daraus den sofortigen Schluß, daß die Ursache für dieses erschreckende Ergebnis die hohe Erbschaft - und Schenkungsteuerbelastung anläßlich der Betriebsübergabe sei. Dies ist jedoch ein Trugschluß, der allein durch einen Blick über die Grenzen untermauert wird. In Großbritannien ist die Betriebsübergabe steuerfrei gestellt. Gleichwohl scheitern auch dort fast die Hälfte der Generationswechsel. Die einseitige Fixierung auf den steuerlichen Aspekt verkürzt demzufolge das Problem gefährlich.

Gleichwohl kommt einer optimierten Steuerplanung im Rahmen eines Übergabekonzeptes ein zentraler Stellenwert zu. Und die diesbezüglichen Anforderungen an den Unternehmer und seinen Berater steigen. Ende der neunziger Jahre betrug das Erbschaft- und Schenkungsteueraufkommen lediglich ca. fünf Milliarden DM und stand damit in der Rangliste der Steuereinnahmequellen erst an elfter Stelle, noch hinter der Versicherungs- oder Branntweinsteuer, aber immerhin knapp vor der Biersteuer. Jedoch wird in Zeiten des immer größeren staatlichen Geldbedarfs und der steuerpolitischen Fixierung auf die laufende Einkommens- und Ertragsbesteuerung die Erbschaft- und Schenkungsteuer zunehmend als noch nicht gemolkene „fiskalische Kuh" entdeckt. Moralische Rückendeckung erhält man durch die in weiten Bevölkerungskreisen populäre Ansicht, daß jemand, der ein betriebliches Nachlaßvermögen von zehn Millionen DM erbt, ruhig zwei oder drei Millionen DM Erbschaftsteuer zahlen kann. Es bleibt ja mehr als genug zum Leben übrig. Dabei wird völlig übersehen, daß es sich bei den zehn Millionen DM um eine abstrakte Summe handelt, denn es handelt sich um in Grundstücken und Maschinen gebundenes Vermögen. Zwei oder drei Millionen DM liegen eben nicht mal einfach auf dem Girokonto herum. Vielmehr muß in letzter Konsequenz zur Begleichung der Erbschaftsteuer der Betrieb verkauft werden.

Welche dramatischen Auswirkungen die Erbschaftsteuerbelastung auf den Bestand eines gesunden und soliden Unternehmens haben kann, läßt sich sehr eindrucksvoll am Beispiel des Betriebes des DIHT-Präsidenten und damit obersten Wirtschaftsrepräsentanten Hans-Peter Stihl zeigen. Es wurde fiktiv errechnet, welche erbschaftsteuerlichen Belastungen im Falle des Versterbens der jetzigen Gesellschafter auf die Erben zu kommen. Erschreckendes Erlebnis: Es hätten über 30 Prozent des auf Verkehrswertbasis ermittelten Unternehmensvermögens zur Begleichung der Erbschaftsteuerschuld gegenüber dem Finanzamt aufgebracht werden müssen. Auf Basis des aktuellen Jahresergebnisses zum Zeitpunkt der Erstellung der Berechnung und dessen Fortschreibung müßten die nächsten 20 Jahresüberschüsse an den Fiskus überwiesen werden. Dies sind erschreckende Beispiele, die aber sehr eindringlich deutlich machen, daß ohne eine strukturierte Übertragungs- und Steuerplanung die Familie wegen horrender Erbschaft- und Schenkungsteuerbelastung schnell gezwungen sein kann, aus dem Unternehmen auszusteigen.

Der Unternehmer sollte jedoch seinen Kopf nicht frustriert in den Sand stecken und meinen, das Beste wäre wohl, den Betrieb einfach zu schließen. Aber selbst dies kann unter Umständen sehr teuer werden. Denn anläßlich der Beendigung der gewerblichen Betätigung und der damit verbundenen Umqualifizierung der Wirtschaftsgüter als steuerliches Privatvermögen sind die aufgelaufenen erheblichen stillen Reserven auf einmal zu versteuern. In diesem Zusammenhang braucht man nur an die hohen Werte des seit langen Jahren im Betriebsvermögen verhafteten Firmengrundstückes denken. Zur Verhinderung unangenehmer steuerlicher Überraschungen erfordert deshalb auch eine Betriebsbeendigung eine vorbereitende Planung.

Die Erfahrung hat jedoch gezeigt, daß es eine Fülle von Gestaltungsmöglichkeiten zur Reduzierung der erbschaft- und schenkungsteuerlichen Belastungen gibt. Dies bezieht sich sowohl auf den erbrechtlichen Bereich mit dem Erfordernis eines auch steuerlich optimierten Unternehmertestamentes, wie auch im Rahmen eines Übertragungskonzeptes zu Lebzeiten. Dies ist oftmals einfacher als man denkt. Es muß nicht immer das hochkomplizierte Steuer-Modell sein. Daß gerade wegen der vielen unterlassenen Wahrnehmungen durch die Unternehmer und der damit einhergehenden unfreiwilligen Geschenke an den Staat die einschlägige steuerliche Grundlage ,,Erbschaft- und Schenkungsteuergesetz" heißt, entbehrt zwar nicht einer gewissen Ironie, ist aber nicht der Grund für den zweiten Wortbestandteil der Gesetzesbezeichnung. Sachlicher Hintergrund ist vielmehr, daß für die Vermögensübertragung zu Lebzeiten (,,Vorweggenommene Erbfolge") wie die Übertragung von Todes wegen die gleichen steuerlichen Regelungen gelten. Dies gilt insbesondere für die Steuersätze und die Freibeträge. Diese sind bei Vererbung und Schenkung gleich. Von entscheidender Bedeutung ist jedoch, daß nur bei einer Vermögensübertragung zu Lebzeiten die steuerlichen Bemessungsgrundlagen optimiert gestaltet und gesenkt werden können. Der Wert des zu übertragenden Vermögensgegenstandes ist nicht statisch. Der Wert eines GmbH-Anteils kann durch eine gezielte Bilanzpolitik auf den Übergabestichtag reduziert werden. Durch die Belastung der Firmenimmobilie mit einer Hypothek vor der Übertragung kann deren Wert gesenkt werden und bei sorgfältiger Vorgehensweise sogar ein für die Übertragung weiterer Vermögenswerte nutzbarer negativer Steuerüberhang geschaffen werden. Die Vermögensübertragung zu Lebzeiten ist unter Steuergesichtspunkten die beste Lösung.

Dies sollte jedoch nicht dazu verführen, jegliche Gestaltung allein nach steuerlichen Gesichtspunkten zu beurteilen und das Thema des Generationswechsels ausschließlich durch steuerliche Scheuklappen zu sehen. Neben der Steueroptimierung gilt es noch weitere Faktoren zu berücksichtigen, die mindestens genauso wichtig sind. So beispielsweise sich nie in ein falsch verstandenes Abhängigkeitsverhältnis gegenüber seinen Vermögensnachfolgern zu begeben. Die Übergabe der Firma sollte im Interesse der Unternehmenssicherung stringent und frühzeitig erfolgen. Das sonstige Privatvermögen dient aber in erster Linie zur Sicherstellung eines gesicherten Lebensabends nach eigenen Vorstellungen. Der Senior sollte nie in die Verlegenheit kommen, ,,Bitteschön" oder ,,Dankeschön" gegenüber seinen Kindern sagen zu müssen. Die finanzielle Unabhängigkeit ist wichtiger als jede Steuerersparnis.

Grundannahme des deutschen Erbschaft- und Schenkungsteuerrechts ist, je näher der Verwandtschaftsgrad und je geringer das Vermögen ist, desto geringer ist die zu entrichtende Erbschaftsteuer. Dies ergibt sich aus dem Zusammenspiel von Steuersätzen, Steuerklassen sowie den Freibeträgen. Des weiteren privilegiert der Gesetzgeber die Übertragung von Betriebsvermögen sowie von Grundvermögen, wobei jedoch die früher bestehenden erheblichen steuerlichen Vorteile einer Immobilienübertragung immer mehr schwinden. Das zwischenzeitlich geltende grundstücksbezogene Bewertungsverfahren nähert sich mit großen Schritten einer Verkehrswertbetrachtung.

Auch wenn die gesetzgeberischen Vorgaben restriktiver werden, besteht nach wie vor ein großes Instrumentarium an phantasievollen Möglichkeiten zur Senkung der steuerlichen Werte. Aber bedauerlicherweise werden immer nur die gleichen altbekannten Gestaltungen vorgeschlagen, die bei genaueren Hinsehen gar nicht so attraktiv sind. Als ein „Wundermittel" wird gerne die wiederholte Ausnutzung der Freibeträge alle zehn Jahre gepriesen. Die sehr frühzeitige und umfassende Vermögensübertragung beißt sich aber vielleicht mit dem eben dargestellten Grundsatz eines möglichst hohen Maßes an eigener finanzieller Unabhängigkeit. Im Unternehmensbereich erscheint eine Zehn-Jahres-Periode für die Übertragung einer Firma als zu lang. Wenn der 60jährige Vater erste Gesellschaftsanteile überträgt, geht erst mit Anfang 70 der Komplettbetrieb auf den Sohn über. Es ist innerfamiliär zu entscheiden, ob diese strukturelle Weichenstellung einer so langfristig angelegten Betriebsübergabe durch den Steuervorteil aufgewogen wird. Auch der Steuervorteil ist bisweilen gar nicht so groß, wie es suggeriert wird. Bei einem Betrieb mit einem Steuerwert von zehn Millionen DM beträgt die Steuerersparnis bei einer Übertragung der Firma auf den Sohn in zwei Schritten in einer Zehn-Jahres-Periode zur zweimaligen Ausnutzung der Freibeträge (Kinderfreibetrag gem. § 16 ErbStG und Betriebsvermögen-Freibetrag gem. § 13 a ErbStG) gegenüber einer nur einmaligen Inanspruchnahme der Freibeträge lediglich 171 000 DM. Etwaige Progressionsvorteile sind meist zu vernachlässigen.

Im Privatvermögensbereich sollte die Entscheidungsgrundlage für den Zeitpunkt einer lebzeitigen Übertragung von Vermögen immer die Einteilung in Vermögenssegmente und deren Gewichtung unter persönlichen Gesichtspunkten sein. Bei einer umfassenden persönlichen Bestandsaufnahme wird sich vielleicht herausstellen, daß durchaus einige Vermögenswerte vorhanden sind, die der Senior bereits zum jetzigen Zeitpunkt problemlos auf die nächste Generation übertragen kann, ohne daß sein persönlicher Lebensstandard dadurch im geringsten tangiert wird. Diese mit einer weniger hohen Priorität versehenen Vermögenswerte können unter wiederholter Ausnutzung der Freibeträge auf die nachfolgende Generation übertragen werden, aber nicht die selbst benötigten Vermögensgegenstände. So ist es problemlos möglich, die aus reinem Finanzanlageinteresse gekaufte Einzimmer-Eigentumswohnung frühzeitig auf die Tochter zu übertragen, während das Einfamilienhaus, in dem man selbst wohnt, erst nach dem Tod auf die Erben übergehen sollte. Aber auch im Privatbereich sollte vor einer Übertragung der tatsächlich erzielbare Steuereffekt kritisch hinterfragt werden. Bei einem Barvermögen von einer Million DM läßt sich durch die zweimalige Inanspruchnahme des Freibetrages lediglich ein Steuervorteil von 44 000 DM erzielen.

Noch weit zurückhaltender sollte der häufig empfohlene „Generationensprung" eingeschätzt werden, also die Übertragung des werthaltigen Miethauses direkt auf den Enkel. Doch wie verantwortungsvoll wird der Enkel bei Volljährigkeit mit dem Vermögenswert umgehen? Die zur Verhinderung von jugendlichen Eskapaden flankierend vorgeschlagenen Verfügungsbeschränkungen treffen oft nicht den reglungsbedürftigen Fall, und außerdem erkennt die Finanzverwaltung bei zu starker Einschränkung des jugendlichen Hauseigentümers die Übertragung nicht als vollzogene Schenkung an, da auf ihn ungeachtet der Grundbuchänderung nicht das wirtschaftliche Eigentum übergegangen ist.

Ausgangspunkt jeglicher Planungsüberlegung muß die Erstellung eines persönlichen Erbschaftsteuerstatus sein. Es ist zu ermitteln, welche Erbschaftsteuerbelastung auf die Familie zukommt, falls dem Unternehmer etwas passiert. Motto: ,,Was wäre, wenn ...". In den wenigsten Unternehmerfamilien liegt ein solcher Erbschaftsteuerstatus vor. Es gibt lediglich ein durch keinerlei sachliche Fakten belegtes unbestimmtes Gefühl, daß die Erbschaftsteuer ,,sicherlich recht hoch sein wird". Damit ist der Unternehmer einem Geisterfahrer vergleichbar, der im Nebel auf der Autobahn mit Höchstgeschwindigkeit fährt. Eine entsprechende Anregung für den Unternehmer seitens des Steuerberaters einen solchen Erbschaftsteuerstatus zu erstellen unterbleibt erstaunlicherweise in den meisten Fällen.

Erst auf dieser Grundlage kann überhaupt eine vernünftige Steuer- und Liquiditätsplanung erfolgen. Und vielleicht stellt sich heraus, daß die Belastungen gar nicht so hoch wie angenommen sind. Denn bei der Ermittlung der steuerlichen Bemessungsgrundlagen sind selbstverständlich die eingegangenen Schulden anläßlich des Fabrikneubaus als Abzugsposition zu berücksichtigen. Tendenziell läßt sich die Aussage treffen, daß hohe steuerliche Werte immer dann vorliegen, wenn werthaltige Grundstücke zu berücksichtigen sind und hohe Gewinne in der Rechtsform einer Kapitalgesellschaft erwirtschaftet werden. Bei einer Personengesellschaft – und immerhin werden 80 Prozent der deutschen Unternehmen als Personengesellschaft betrieben – spielt die Ertragssituation zur Ermittlung des erbschaftsteuerlichen Wertes keinerlei Rolle, denn insoweit ist zunächst der sogenannte Einheitswert des Betriebsvermögens maßgeblich, der im wesentlichen dem Eigenkapital entspricht. Bei Personengesellschaften wird es erst dann kritisch, wenn Betriebsgrundstücke vorliegen. Ein hohes Ertragsniveau hat wegen dem bei Kapitalgesellschaften bei der Wertermittlung zur Anwendung kommenden ,,Stuttgarter Verfahren" nur bei der GmbH oder AG Bedeutung. Aus diesem Grund ist bei ertragsstarken Kapitalgesellschaften und zur Senkung der erbschaftsteuerlichen Bemessungsgrundlagen zwingend eine auf den Übergabezeitpunkt abgestimmte Gewinnpolitik zu konzipieren.

Die Gestaltungsinstrumente zur Minimierung möglicher erbschaftsteuerlicher Belastungen sind bisweilen frappierend einfach. Gleichwohl werden sie nicht umgesetzt. So sollte beispielsweise jeder Unternehmer als Liquiditätsreserve eine Risikolebensversicherung abschließen. Deren einziger Zweck ist, im Erbschaftsfall aus den dann ausgeschütteten Beträgen die Erbschaftsteuer zu begleichen. Diese Gestaltungsempfehlung richtet sich insbesondere an den Junior-Unternehmer und illustriert eindrücklich, weshalb bereits in frühen Unternehmerjahren erste Weichenstellungen hinsichtlich der vielleicht erst in weiter Zukunft liegenden eigenen Unternehmensübergabe getroffen werden müssen. Die Liquiditätsreserve wird jedoch vielleicht früher gebraucht als gedacht. Beispiel: Der Betrieb mit einem Steuerwert von zehn Millionen DM wurde vom Vater auf den Sohn übertragen. Die daraus resultierende Schenkungsteuer von 1,9 Millionen DM wurde mit größter Anstrengung gerade so aufgebracht. Falls der Nachfolger zwei Jahre nach der Betriebsübergabe plötzlich tödlich verunglückt, erwächst für seine Ehefrau als Erbin erneut in gleicher Höhe Erbschaftsteuer. Hier hilft nur eine Risikolebensversicherung als Liquiditätsreserve.

Ein wichtiges Gestaltungsinstrument jedes steueroptimierten Übertragungskonzeptes ist die Umsetzung einer situationsangepaßten Bilanzpolitik auf den Übergabestichtag. Der Wert der einzelnen Positionen der Bilanz entscheidet maßgeblich über die Höhe der anfallenden Steuer. Das heißt nichts anderes als aus Sichtweise der Unternehmerfamilie die Braut – sprich: das Unternehmen – für die Übergabe schön zumachen. Bei der Erbschaft- und Schenkungsteuer handelt es sich um einen stichtagsbezogene Steuer. Entscheidend ist demnach, welche steuerliche Bemessungsgrundlage und damit welcher Wert des Vermögens zum Tag der Übergabe gegeben ist. Dies läßt sich steuern. Selbstverständlich jedoch nur bei einer Übertragung zu Lebzeiten, denn der eigene Todeszeitpunkt ist nicht vorhersehbar. Eine steueroptimierte Übertragung läßt sich nur bei einer Übertragung zu Lebzeiten realisieren.

Zu einer maßgeschneiderten Bilanzpolitik gehört beispielsweise die optimale Ausnutzung von Rückstellungsmöglichkeiten. Aber bedauerlicherweise reduziert sich ausweislich vieler Jahresabschlüsse die Rückstellungsphantasie auf den nicht genommenen Urlaub des Geschäftsführers und die voraussichtlichen Kosten für die Erstellung des Jahresabschlusses. Vielleicht hat die Wasserwirtschaftsbehörde den geschäftsführenden GmbH-Gesellschafter bereits zur Sanierung seines im Rahmen einer Betriebsaufspaltung angemieteten umweltbelasteten Grundstückes aufgefordert. Als verantwortungsbewußter und vorsichtiger Kaufmann holt der Unternehmer selbstverständlich verschiedene Angebote über die voraussichtlichen Sanierungskosten ein und wird natürlich das höchste Angebot im Jahresabschluß der Betriebs-GmbH, die mietvertraglich zur Sanierung verpflichtet ist, berücksichtigen. Die Rückstellung senkt selbstverständlich den Steuerwert. Ob dann tatsächlich das höchste Angebot den Zuschlag erhält und damit in einem späteren Geschäftsjahr nach der zwischenzeitlich erfolgten Übertragung der GmbH die Rückstellungsposition aufzulösen ist, hat keinerlei Auswirkungen auf die stichtagsbezogene Ermittlung der erbschaft- und schenkungsteuerlich relevanten (hier: durch die Rückstellung wertgeminderter) Positionen der Bilanz.

▦ Beispiel ▦

Der Gesellschafter einer Personengesellschaft hat den ihm zustehenden Gewinn nie vollständig entnommen, sondern aus Gründen der Innenfinanzierung in der Firma belassen. Erbschaft- und schenkungsteuerlich erhöht dies den Wert des Unternehmens. Deshalb ist es durchaus denkbar, daß vor Übertragung des Unternehmens, der bereits versteuerte Gewinn an den Senior-Gesellschafter ausgezahlt wird. Dies schließt nicht aus, daß nach der erfolgten Übergabe der Senior dem Betrieb den entnommenen Betrag als Darlehen wieder zur Verfügung stellt. Bei einem auf einem variablen Kapitalkonto gutgeschriebenen, aber nicht ausgeschüttete Gewinn in Höhe von fünf Millionen DM läßt sich mit dieser Vorgehensweise knapp 600 000 DM Schenkungsteuer sparen.

Eine effektive Bilanzpolitik läßt sich natürlich nicht kurzfristig umsetzen, sondern bedarf unter Einbeziehung des Steuerberaters und der Hausbank eines mittelfristig angelegten Planungszeitraumes von drei bis fünf Jahren. Wichtig ist es, die Berater frühzeitig über die geplante Unternehmensübergabe zu informieren. Auch der beste Steuerberater kann keine Vorschläge zur Minimierung der Steuerbelastung entwickeln, wenn er nicht frühzeitig über die geplante Unternehmensübergabe informiert ist. Der Steuerberater kann nur so gut sein, wie er von dem Unternehmer informiert wird. Der wichtigste Ratschlag lautet jedoch: Steuervorteile lassen sich nur im Rahmen einer lebzeitigen und damit planbaren Unternehmensübergabe realisieren.

Ein weiteres steuerliches Optimierungspotential eröffnet die erbschaft- und schenkungsteuerliche Privilegierung von steuerlichem Betriebsvermögen gegenüber steuerlichem Privatvermögen. Zwar hat der deutsche Gesetzgeber anders wie beispielsweise in Österreich oder Großbritannien die Übertragung von Unternehmensvermögen nicht vollständig steuerlich freigestellt, aber doch einige Vorteile eingeräumt. Derjenige der steuerliches Betriebsvermögen überträgt, erhält gem. § 13a ErbStG einen zusätzlichen Freibetrag in Höhe von 500 000 DM sowie, und dies ist von viel entscheidender Bedeutung, einen zusätzlichen Wertabschlag von 40 Prozent auf das betriebliche Vermögen. Diese grundsätzliche Besserstellung von steuerlichem Betriebsvermögen sollte zum Anlaß genommen werden, darüber nachzudenken, ob der lange gepflegte Grundsatz, insbesondere Grundstücke unbedingt im steuerlichen Privatvermögen zu halten, nach wie vor richtig ist.

Welche weitreichenden steuerlichen Auswirkungen mit der Thematik verbunden sind, illustriert der folgende Vergleich: Die Übertragung einer Immobilie mit einem Steuerwert von 1,6 Millionen DM aus dem steuerlichen Privatvermögen auf die Tochter führt zu einer Erbschaftsteuer von knapp 230 000 DM. Falls die gleiche Immobilie als steuerliches Betriebsvermögen übertragen wird, kostet dies die Tochter nur 28 000 DM Erbschaftsteuer. Die Verhaftung von werthaltigen Immobilien im steuerlichen Betriebsvermögen ist unter Übertragungsgesichtspunkten äußerst interessant. Dagegen ist selbstverständlich abzuwägen, daß eine steuerfreie Veräußerung der Immobilie, anders als bei der Verhaftung im steuerlichen Privatvermögen, nicht mehr möglich ist. Mögliche Nachteile in der laufenden Ertragsbesteuerung lassen sich durch eine vernünftige Strukturierung vermeiden bzw. insoweit ergeben sich sogar zwischenzeitlich Vorteile gegenüber der reinen Vermietung und Verpachtung. Als Gestaltungsempfehlung sollte deshalb gelten: Die Übertragung von Immobilien in das steuerliche Betriebsvermögen ist immer dann interessant, wenn die betroffenen Immobilien als Vermögensanlage oder Firmengrundstück langfristig im Familienvermögen verbleiben soll. Bei einer kurzfristigen Verkaufsabsicht sollten die noch geltenden Vorteile der grundsätzlichen steuerfreien Veräußerungsmöglichkeit von Wirtschaftsgütern des steuerlichen Privatvermögens genutzt werden.

Aber für immer mehr Familien wird die Überführung von bisher im steuerlichen Privatvermögen gehaltenen werthaltigen Grundstücken in das steuerliche Betriebsvermögen interessant. Dies geschieht beispielsweise durch die Gründung sogenannter gewerblich geprägter Familiengrundstücksgesellschaften in der Rechtsform einer GmbH & Co. KG. In einem Beratungsmandat konnten dadurch Schenkungsteuern in Höhe von zwölf

Millionen DM gespart werden. Es handelte sich im wesentlichen um Immobilien, die in guten Innenstadtlagen fremdvermietet waren und die langfristig als renditesichere Vermögensanlagen in der Familie gehalten werden sollen. Als weiterer positiver Aspekt kam hinzu, daß im Rahmen der gegründeten „Immobilien-Familien GmbH & Co. KG" mehrere Kinder problemlos am Immobilienvermögen beteiligt werden konnten. Mögliche sonst schnell Streit und die Vermögenszerschlagung provozierende sowie im Rahmen einer Miteigentumsgemeinschaft rechtlich nur schwer zu regelnde Konstellationen der alleinigen Verwaltung, Veräußerungs- oder Vererbungsmöglichkeit der Immobilien konnte in dem Gesellschaftsvertrag der GmbH & Co. KG situations- und bestandssichernd vereinbart werden. Die „Familien-Immobilien-Gesellschaft" ist deshalb nicht nur steuerlich interessant, sondern auch unter dem Gesichtspunkt des Zusammenhalts und der Beteiligung mehrerer Familienmitglieder am Immobilienvermögen.

Aber auch bei Verhaftung von Vermögenswerten im steuerlichen Privatvermögen lassen sich durch eine vernünftige Planung Steuervorteile erzielen. Vielleicht hat der inzwischen in Ehren ergraute Senior in jungen Jahren zur Altersabsicherung eine Lebensversicherung abgeschlossen, die demnächst fällig wird und wegen der erfreulichen sonstigen Vermögensentwicklung nicht mehr zur Altersabsicherung benötigt wird. Es wäre dann verfehlt, wenn sich der Senior nach Ablauf die Lebensversicherung auszahlen läßt und erst anschließend den Geldbetrag seiner Tochter schenkt. Denn dann richtet sich der Steuerwert nach dem nominalen Schenkungsbetrag. Viel sinnvoller wäre es, wenn der Senior die Lebensversicherung rechtzeitig vor Ablauf seiner Tochter schenkt. Maßgebliche steuerliche Bemessungsgrundlage ist dann nur zwei Drittel des Prämienaufwandes oder falls niedriger der Rückkaufwert der Police. Hieraus erwachsen schnell Schenkungsteuervorteile in sechsstelliger Größenordnung. Ähnliche Effekte lassen sich mit sogenannten „mittelbaren Grundstücksschenkungen" erzielen. Hier wird ein Geldbetrag nicht isoliert auf ein Kind übertragen, sondern mit der inhaltlichen Maßgabe ein bestimmtes Grundstück zu erwerben. Steuerlicher Effekt: Der Schenkungswert richtet sich nicht nach dem nominalen Geldbetrag, sondern nach dem noch erbschaftsteuerlich privilegierten Grundstückswert.

Kreative Lösungen lassen sich auch zwischen Ehepartnern finden. Im Wege einer sogenannten „ehebedingten Zuwendung" läßt sich unabhängig von dem Wert oder Freibetragsgrenzen das eigengenutzte Privathaus komplett steuerfrei übertragen. Wenn das Ehepaar häufiger die gekaufte Eigentumswohnung wechselt, kann auch öfter eine „ehebedingte Zuwendung" an den Ehegatten erfolgen. Noch größere Effekte lassen sich durch einen selbstbestimmten Wechsel des Ehegüterstandes erzielen. Die Vorteile des § 5 ErbStG (steuerfreie Übertragung des Zugewinnausgleichsanspruches) kommen nicht nur im Todesfall zur Anwendung, sondern auch dann, wenn die Eheleute freiwillig und außerhalb eines Scheidungsverfahrens entscheiden, den Zugewinn (= Vermögenszuwachs während der Ehe) zwischen den Eheleuten auszugleichen. Sie können bei Beachtung bestimmter Vorgaben dann sogar im Ehegüterstand der Zugewinngemeinschaft ihre Ehe fortführen. In einem konkreten Beratungsmandat konnte mit dieser Vorgehensweise ein Betrag in Höhe von zwölf Millionen DM steuerfrei von dem Ehemann auf die Ehefrau übertragen werden. Die Vermögensverlagerung auf den Ehepartner ist nicht nur aus steuerlichen Gründen sinnvoll, sondern auch aus Haftungsgründen. Durch die Übertragung von Vermögenswerten auf den nicht mit latenten betrieblichen Haftungs- und Insolvenzrisiken konfrontierten Ehepartner (der hoffentlich keine Bürgschaften abgegeben hat), läßt sich auch legitimerweise mal etwas von den in harter Arbeit aufgebauten Vermögenswerten in den sicheren Privatvermögenshafen transferieren.

Die Erzielung steuerlicher Vorteile ist keine komplizierte Geheimwissenschaft. Entscheidend ist vielmehr eine vorausschauende und umfassende Planung, die weder einseitig den juristischen noch den steuerlichen Aspekt berücksichtigen darf. Der saubere zivilrechtliche Übertragungsvertrag muß immer auf seine steuerliche Relevanz überprüft werden. Die nur unter Steueroptimierungsgesichtspunkten durchgeführte Vermögensübertragung muß mögliche nachwirkende Pflichtteilsergänzungsansprüche anderer Familienmitglieder berücksichtigen. Steuern und Recht gehören zusammen. Damit gehören sowohl der Steuerberater wie auch der Anwalt/Notar anläßlich dieser wichtigen, denn immerhin das hart erarbeitete Lebenswerk betreffenden, Aufgabe in das Beratungsteam.

Ebenso ist eine umfassende Information notwendig. Die bedauerlicherweise bei beratenden Berufen immer noch anzutreffende antiquierte und auf wenige Gesprächstermine reduzierte Beratung am Kanzleischreibtisch ist gefährlich. Die Beratungserfahrung zeigt, daß man oftmals erst bei einem Besuch vor Ort wichtige Informationen erhält – bisweilen in einem Halbsatz. Beispiel: Ein großer Elektromarkt wurde in attraktiver Innenstadtlage im Rahmen einer Betriebsaufspaltung geführt und sollte auf den Sohn übertragen werden. Beiläufig erwähnte der Senior-Unternehmer, daß man vor der Vermögensübertragung beabsichtige, die von der Betriebs- an die Besitzgesellschaft zu entrichtende Miete von jährlich bisher 800 000 DM auf 1,2 Millionen DM zu erhöhen. Dies wäre jedoch ein fataler Fehler gewesen, denn dann hätte sich die Schenkungsteuer um über eine halbe Million DM erhöht, da der schenkungsteuerliche Wert der Immobilie nach dem an der Miethöhe orientierten Ertragswertverfahren ermittelt wird. Durch die Gestaltungsempfehlung, die Miete erst nach der Übertragung zu erhöhen, konnten also erhebliche wirtschaftliche Vorteile erzielt werden.

Eine kompetente Steuerplanung darf sich jedoch nicht nur einseitig auf die Erbschaft- und Schenkungsteuer konzentrieren. Jede geplante Gestaltung ist auch auf ihre einkommensteuerliche Auswirkung hin zu überprüfen. Dies betrifft die testamentarische Regelung ebenso wie eine lebzeitige Übertragung. Falls in einem Testament vorgesehen ist, daß der Sohn den Betrieb allein fortführen soll und an seine Schwester eine ,,Abfindung/Ausgleich" zu zahlen hat, dann schlägt der Fiskus bei einer fehlerhaften Formulierung des Testamentes unter Umständen zweimal zu. Die Gefahr einer fehlerhaften und steuerlich teuren Formulierung besteht immer dann, wenn der Betrieb dem Sohn nicht als Alleinerbe oder im Wege eines Vorausvermächtnisses zugewiesen wurde, sondern, was meist der Fall ist, durch eine steuerlich ungünstige Teilungsanordnung. Nach der gefestigten Rechtsprechung des BFH (Bundesfinanzhof) fällt zunächst selbstverständlich ganz regulär Erbschaftsteuer an. Aber nach Ansicht der höchsten deutschen Finanzrichter liegt je nach inhaltlicher Ausgestaltung des letzten Willens zusätzlich eine entgeltliche Übertragung von Gesellschaftsanteilen zwischen der Schwester und dem Bruder vor und auf die ,,Abfindung/Ausgleich" ist zusätzlich Einkommensteuer zu zahlen. Die Rechtsprechung differenziert strikt zwischen dem unmittelbaren Erbfall sowie der sich anschließenden Nachlaßauseinandersetzung und unterwirft beide Vorgänge einer eigenständigen und isolierten steuerlichen Bewertung. Es ist dabei völlig unerheblich, daß die Erbeinsetzung und Vermögenszuordnung, das heißt welches Familienmitglied welchen Vermögensgegenstand bekommt bzw. auszugleichen hat, in einer einheitlichen Urkunde niedergelegt ist oder sich die Familie von Anfang an über die Nachlaßauseinandersetzung einig ist. Dieser latenten doppelten Steuerfalle kann man nur durch eine exakte Formulierung der Testamente entgehen, die diese diffizile steuerliche Sichtweise der Finanzgerichte berücksichtigt.

Einkommensteuerliche Risiken lauern aber auch in anderen Übertragungskonstellationen. Der Vater möchte aus Gründen der finanziellen Altersversorgung oder weil er vielleicht seinem Nachfolger doch noch nicht so ganz traut und deshalb gerne noch ein kleines Druckmittel in der Hand behalten möchte, zunächst nur die operative GmbH übertragen, aber nicht die betrieblich genutzte Immobilie. Damit wird eventuell eine Betriebsaufspaltungskonstellation auseinandergerissen oder das Grundstück wird aus dem steuerlichen Betriebsvermögen entnommen mit der Konsequenz der Versteuerung der stillen Reserven. Aber auch die nicht vorhandene oder fehlerhafte Abstimmung von Testament und Gesellschaftsvertrag kann fatal sein. Beispiel: Der Gesellschafter einer OHG vermietet der Firma ein Betriebsgrundstück. Im Gesellschaftsvertrag gibt es keine sogenannte „einfache Nachfolgeklausel" durch die der Gesellschaftsanteil frei vererblich gestellt wird. Falls der Gesellschafter ohne Testament verstirbt, erben zwar die Familiemitglieder als gesetzliche Erben das Betriebsgrundstück, nicht aber den Gesellschaftsanteil. Wegen der fehlenden „Nachfolgeklausel" führen die Mitgesellschafter die OHG alleine fort. Denn es gilt der Grundsatz, wonach das Gesellschaftsrecht dem Erbrecht vorgeht. Das beste Testament nutzt deshalb nichts, wenn nicht der Gesellschaftsvertrag darauf abgestimmt ist. Deshalb wäre im konkreten Fall der unterschiedliche personelle Übergang von Grundstück und Gesellschaftsvermögen auch nicht durch die Abfassung eines Testamentes zu verhindern gewesen. Dies hätte nur durch einen situationsgerechten Gesellschaftsvertrag erreicht werden können. Fatale steuerliche Konsequenz im konkreten Fall neben dem Nichteintritt in die OHG für die Familie: Das Betriebsgrundstück wird dem steuerlichen Sonderbetriebsvermögen entnommen und es fällt neben der Erbschaftsteuer ein einkommensteuerlicher Entnahmegewinn an.

Es wurde eben bereits die Zahlung von Versorgungsleistungen angesprochen. Dies ist eine sehr beliebte und weitverbreitete Variante. Das Unternehmen wird dabei gegen Zahlung von Versorgungsleistungen an den Unternehmer und seine Ehefrau übertragen. Die Zahlung von Versorgungsleistungen wirft einkommensteuerrechtlich keine größeren Probleme auf. Falls beabsichtigt ist, auf der Basis einer kontinuierlichen Versorgungsleistung zu übertragen, sollte bei Abfassung des Übergabevertrages lediglich darauf geachtet werden, daß eine Formulierung gewählt wird, die steuerrechtlich nicht als „Kaufpreisraten-Vereinbarung" ausgelegt werden kann, da es ansonsten zu einkommensteuerrechtlichen Schwierigkeiten kommen kann. Dies ist zum Beispiel immer der Fall, wenn eine inhaltlich genau festgelegte und begrenzte Gegenleistung für die Hingabe eines Vermögenswertes vereinbart wird. Beispiel: Veräußerung einer Firma gegen eine auf zehn Jahre limitierte Verpflichtung zur „Rentenzahlung" von monatlich 10 000 DM. Bei der gewählten Formulierung kommt es trotz des textlich erwähnten Rentenbezuges infolge der zeitlichen und betragsmäßigen Begrenzung der kontinuierlichen Zahlungen schnell zu Mißverständnissen, die sich bei einer sorgfältigen Vertragsgestaltung leicht vermeiden lassen.

Möchten der Unternehmer und sein Nachfolger das Unternehmen auf Basis einer steuerlich vorteilhaften und akzeptierten Versorgungsleistung übertragen, muß entschieden werden, ob diese als sogenannte „Dauernde Last" oder steuerrechtlich als „Leibrente" ausgestaltet wird. Auch bei dieser Entscheidung läßt sich bei einer situationsangepaßten Strukturierung ohne viel Aufwand einiges an Geld sparen.

Der Unterschied liegt darin, daß bei Vorliegen einer „Dauernden Last" der Empfänger die Versorgungsleistung zu versteuern hat, der Unternehmensnachfolger als Zahlender aber den jeweils gezahlten Betrag nahezu vollumfänglich absetzen kann. Bei Qualifikation der Versorgungsleistung als „Leibrente" ist die steuerliche Belastung des Empfängers geringer, da lediglich der steuerrechtlich genau definierte Ertragsanteil zu versteuern ist, was aber mit einer eingeschränkten steuerlichen Abzugsfähigkeit für den Zahlenden korrespondiert. Wichtig ist diese Unterscheidung vor allem wegen der bestehenden Progressionstarife im Steuerrecht. Das, was der Senior vielleicht bei einer „Dauernden Last" an Steuern mehr zahlt, wird von der Ersparnis des Juniors infolge der vollen steuerlichen Absetzbarkeit im faktischen finanziellen Gesamtergebnis mehr als kompensiert. Generalisierende Empfehlungen sind hier nicht zu geben, da es hier stark auf den Einzelfall ankommt. Bei einem für die Gesamtfamilie anzustellenden Steuerstatus kann man jedoch auf einfachem arithmetischen Weg schnell ermitteln, welche Lösung für die Gesamtfamilie die finanziell günstigere ist. Meist dürfte die Ausgestaltung als „Dauernde Last" vorteilhaft sein.

Diese wenigen Gestaltungsbeispiele sind nicht abschließend. Vielmehr kann in jedem Einzelfall durch individuelle Maßnahmen eine finanziell optimale Lösung gefunden werden. Vielleicht läßt sich in der konkreten Situation dadurch einiges an Steuern sparen, daß der übertragende Unternehmer die anläßlich der unentgeltlichen Übergabe des Unternehmens fällig werdende Schenkungsteuer übernimmt und der fällig werdende Geldbetrag nicht von dem Junior an das Finanzamt überwiesen wird. Dies ist nach § 10 ErbStG (Erbschaftsteuergesetz), der auch für Schenkungen maßgeblich ist, ein gangbarer Weg, der ebenfalls Geld sparen kann.

Es ist hoffentlich deutlich geworden, daß auch bei einer familieninternen Übergabe, die in bester Harmonie und offener Absprache zwischen den unmittelbar Beteiligten erfolgt, eine gründliche Planung lohnend ist. Denn das einzig Zielführende ist es, das in harter Arbeit aufgebaute Familienvermögen möglichst ungeschmälert an die Kinder weiterzugeben und es nicht dem immer begehrlicher werdenden Fiskus zu überlassen. Irgendwelche krummen Wege sind hierzu überhaupt nicht erforderlich. Bedauerlicherweise besteht gerade bei vielen Unternehmern immer noch die unausrottbare Gleichsetzung: Steuern = Trickserei. Dabei eröffnet das Steuerrecht eine Fülle von legalen Gestaltungsmöglichkeiten. Sie müssen nur ergriffen werden.

CHECKLISTE

- Existiert ein aktueller Erbschaftsteuerstatus?

- Sind werthaltige Grundstücke im Vermögen enthalten?

- Wird mittelfristig eine Änderung der Rechtsform geplant?

- Existiert ein steuerungünstiger Ehevertrag auf Basis der Gütertrennung?

- Sind der Gesellschaftsvertrag und das Testament aufeinander abgestimmt?

- _____

  _____

  _____

  _____

- _____

  _____

  _____

- _____

  _____

  _____

5. Ist die Rechtsform noch zeit- und situationsgerecht?

„GmbH? Brauche ich nicht, ich bin doch versichert"

Der Betrieb wurde vor 20 Jahren gegründet. Man hat zunächst als Einzelunternehmen angefangen, da man erst einmal abwarten wollte, wie sich alles entwickelt, und hat demzufolge keinerlei großen Aufwand hinsichtlich der Firmengründung betreiben wollen. Zwischenzeitlich hat sich das Unternehmen am Markt erfolgreich durchgesetzt, und der Umsatz ist mittlerweile achtstellig. Die Rechtsform ist jedoch die gleiche geblieben. Die Firma wird nach wie vor wie ein „Tante-Emma-Laden" als Einzelunternehmen geführt. Zwar wurde immer mal wieder kurz angedacht, ob es nicht aus Haftungsgründen besser sei, die Firma als GmbH weiterzubetreiben. Eine Entscheidung ist jedoch unterblieben, da die tagesoperative Hektik angeblich keine Zeit dafür läßt und somit eine Entscheidung immer wieder verschoben wurde. Die grundsätzliche Bestandsaufnahme, die sinnvollerweise mit dem Generationswechsel verbunden sein sollte, ermöglicht nunmehr eine Überprüfung, ob die Rechtsform und die Struktur des Unternehmens noch zeitgemäß ist. Der Zeitpunkt der Übergabe auf den Nachfolger bietet eine hervorragende Möglichkeit, um die formaljuristische Organisationsform des Unternehmens den Erfordernissen der Zeit anzupassen.

Die eben beschriebene Konstellation ist eine sehr häufig anzutreffende Ausgangssituation, die naheliegenderweise mit vielen Risiken behaftet ist. Gleichzeitig wird aber vor allem ein großes Chancenpotential unausgenutzt gelassen. Der Wechsel der Rechtsform erschöpft sich nicht nur in einer mit Kosten verbundenen bloßen Abänderung des Geschäftsbriefpapiers, sondern ist mit handfesten wirtschaftlichen Konsequenzen verbunden, die sich bei der richtigen Rechtsformentscheidung in gravierenden geldwerten Vorteilen niederschlagen. Erstaunlicherweise entspricht dies einer weitverbreiteten Selbsteinschätzung der Unternehmer. Eine Befragung bundesdeutscher Unternehmer hat ergeben, daß über 20 Prozent der Befragten sich von einer Änderung der Rechtsform konkrete wirtschaftliche und unternehmerische Vorteile versprechen. Gleichwohl erfolgt ein Wechsel der Rechtsform nur zögerlich, obwohl der Umwandlungsvorgang meist steuerneutral realisiert werden kann und durch das neue Umwandlungsgesetz die Gestaltungsmöglichkeiten gewachsen sind.

Frappierend ist dies insbesondere in den Fällen, in denen das Unternehmen bereits seit mehreren Generationen ohne jede Änderung der Rechtsform betrieben wird. Die Änderung der Rechtsform soll zwar kein Selbstzweck sein, jedoch ist eine kontinuierliche Überprüfung dahingehend erforderlich, ob die Unternehmensstruktur auch künftig eine optimale Verwirklichung der unternehmerischen und persönlichen Ziele ermöglicht. Auch die Rechtsform des Unternehmens ist nichts Statisches. Schnell wird man feststellen, daß die ursprüngliche Ausgangsbasis sich zwischenzeitlich erheblich verändert hat. Man sollte die äußere Struktur seines Unternehmens diesem eingetretenen Wandel entsprechend anpassen. Die Pflege traditioneller Werte ist zwar grundsätzlich positiv zu bewerten, sie darf aber nicht den Blick für aktuelle unternehmerische Erfordernisse verstellen.

Die gewählte Unternehmensstruktur hat zwar infolge des Ausbleibens größerer Risiken bisher gehalten, es bleibt jedoch fraglich, ob die seinerzeit gewählte Rechtsform noch interessensgerecht ist und auch in der Zukunft noch hält. Hier sind große Zweifel angezeigt. Nicht nur das Umfeld hat sich höchstwahrscheinlich grundlegend geändert. Man braucht sich nur die Umsatzentwicklung des eigenen Unternehmens der letzten zehn Jahre vor Augen führen. Auch die gesetzlichen Grundlagen und richterlichen Konkretisierungen, die Rechtsformen betreffend, sind einem permanenten Wandel unterworfen. Die vielleicht vor 25 Jahren ausschlaggebende Überlegung, den Betrieb in der Rechtsform einer OHG zu führen, um so unter ausdrücklicher Inkaufnahme von Haftungsrisiken Steuern zu sparen, ist heute nicht mehr aktuell. Die früher bestehenden steuerlichen Nachteile der Kapitalgesellschaften gegenüber den Personengesellschaften sind erheblich minimiert worden beziehungsweise können durch entsprechende Gestaltungen vermieden werden.

Interessant in diesem Zusammenhang ist ein von Jacobs angestellter steuerlicher Belastungsvergleich, der die für ein „typisches" mittelständisches Unternehmen in Betracht kommenden Rechtsformen zum Gegenstand hat. Die steuergünstigste Rechtsform in der laufenden jährlichen Fiskalbelastung war danach die reinrassige GmbH vor der Betriebsaufspaltung. Am Ende rangiert die oft aus rein steuerlichen Erwägungen praktizierte GmbH & Co. KG. Die von dem Gesetzgeber angestellten Überlegungen deuten auf eine tendenziell weitere Bevorzugung der Kapitalgesellschaft hin.

Sicherlich sind die auf eine abstrakte Situation abgestellten Steuerbelastungsvergleiche auf Grund ihres schematisierenden Ansatzes nicht ganz unproblematisch. Gleichwohl läßt sich in jedem Fall eine zutreffende Tendenz ablesen, die weitverbreitete Vorstellungen relativiert. Dieses Ergebnis wird sicherlich deshalb vor allem diejenigen überraschen, die, wie viele andere, die Auffassung teilen, daß die GmbH als Rechtsform zwar durchaus Vorzüge aufweist, aber mit „Sicherheit" nicht unter steuerlichen Gesichtspunkten.

Die Einzelergebnisse der eben zitierten Untersuchung von Jacobs zeigen des weiteren, daß die steuerlichen Unterschiede zwischen den einzelnen Rechtsformen nicht überbewertet werden dürfen. Die aktuelle wirtschafts- und steuerpolitische Diskussion läßt außerdem erwarten, daß mittelfristig unter steuerlichen Gesichtspunkten eine weitere Nivellierung und Angleichung der verschiedenen Rechtsformen in der laufenden Besteuerung erfolgen wird, da die vernünftige Forderung nach einer rechtsformneutralen Besteuerung allgemein erhoben wird.

Bedauerlicherweise gibt es jedoch nach wie vor gravierende steuerliche Unterschiede zwischen den verschiedenen Rechtsformen im Rahmen des Erbschaft- und Schenkungsteuergesetzes und damit anläßlich der unentgeltlichen Übertragung von Unternehmen. Der Gesetzgeber hat zwar einige ärgerliche Mißhelligkeiten beseitigt, gleichzeitig hat er es jedoch versäumt, die sachlich durch nichts zu begründende strukturelle steuerliche Ungleichbehandlung von Kapital- und Personengesellschaft zu beseitigen. Als Ausweg verbleibt dem Unternehmer nur die Möglichkeit, durch eine vorausschauende Bilanzpolitik und durch die situationsangepaßte Anwendung des Umwandlungsgesetzes zu den gewünschten steuerlichen Ergebnissen zu kommen. Die chaotische Steuerpolitik erfreut damit zumindest mal wieder die Beraterzunft.

Die Beratungspraxis macht deutlich, daß die meisten Unternehmer, ungeachtet dieser Fakten, die Wahl der Rechtsform für das Unternehmen in erster Linie unter steuerlichen Gesichtspunkten beurteilen. Dies ist jedoch ein verkürzender und gefährlicher Ansatzpunkt. Dem Steueraspekt kommt ohne Zweifel ein hoher Stellenwert zu. Leichtfertig sollte das Geld nicht zum Fiskus getragen werden. Ausgangspunkt jeder Überlegung muß jedoch sein, welche Rechtsform die optimale Durchsetzung der persönlichen und unternehmerischen Zielvorstellungen ermöglicht. Erst daran anschließend ist eine steueroptimierende Gestaltungsvariante zu konzipieren. Provozierend ausgedrückt: Steuerüberlegungen sind zweitrangig. Bezeichnenderweise verkündete selbst der Gesetzgeber anläßlich der Körperschaftssteuerreform das Ziel, den Einfluß des Steuerrechts bei der Wahl der Rechtsform möglichst zu minimieren.

Problematisch wird es, wenn die unreflektierte Sucht, die letzte Mark Steuern zu sparen, den Blick für die unternehmerisch sinnvolle Lösung verstellt und alle anderen Überlegungen überlagert. Die weitverbreitete Steuerspar-Manie sollte auf ein gesundes Maß reduziert werden. Verantwortungsvolle Steuerberater und Wirtschaftsprüfer teilen diesen Ansatz.

▨ Beispiel ▨

Im Zuge einer umfangreichen Nachfolgeregelung war geplant, das Unternehmen in eine AG umzuwandeln, damit der bereits absehbare zukünftige hohe Kapitalbedarf teilweise über die Börse finanziert werden kann. Die Analyse der bestehenden Situation ergab, daß die Unternehmensstruktur durch eine Vielzahl von unterschiedlichen und rechtlich verselbständigten Teilsegmenten geprägt war. Auf die Frage, welche Gründe für die gewählte Organisationsstruktur ausschlaggebend waren, konnte keiner der Beteiligten, einschließlich des langjährigen Wirtschaftsprüfers, eine schlüssige Erklärung geben. Offensichtlich war lediglich, daß heute nicht mehr nachvollziehbare Steuerüberlegungen eine Rolle gespielt haben mußten.

Erschreckend war, feststellen zu müssen, daß jahrelang mit einer Unternehmensstruktur gearbeitet wurde, ohne genaue Kenntnis darüber zu haben, welche Gründe und Vorteile für die seinerzeit getroffene Entscheidung ausschlaggebend waren, geschweige denn zu überprüfen, ob sie noch zeitgemäß ist. Die gewählte Unternehmensform hat hier ein unreflektiertes Eigenleben entwickelt. Eine weitere Konsequenz: Nur relativ aufwendig konnten diese „historischen Altlasten" bereinigt werden, um doch noch zu einer attraktiven Unternehmensstruktur zu kommen, die die Erreichung der intendierten Ziele ermöglichte.

Außerdem fehlt vielen gestandenen Unternehmern das Problembewußtsein für die Notwendigkeit einer situationsangepaßten Rechtsform. Der von einem haftungsgefährdeten Einzelunternehmer in einem Beratungsgespräch geäußerte Satz: „GmbH? – Brauche ich nicht, ich bin doch versichert", wirft einen besonders drastischen Eindruck auf die vorhandene weitverbreitete Fehleinschätzung und Unkenntnis.

Grund hierfür ist, daß nicht immer in aller Klarheit bekannt ist, welche Merkmale für die verschiedenen Rechtsformen prägend sind. Um einen besseren Überblick darüber zu gewinnen, ob nicht durch eine geänderte Rechtsform eine Verbesserung der bestehenden Situation erreicht werden kann, erfolgt nachfolgend eine Gegenüberstellung der prägenden Strukturmerkmale von Personen- und Kapitalgesellschaften. Zur Anregung der Nachdenklichkeit des Unternehmers werden Rechtsformen eingehender dargestellt, die im positiven wie negativen Sinne mit Vorurteilen verbunden sind – wobei bei näherem Hinsehen die Berechtigung dieser Vorurteile sich hoffentlich als völlig grund- und gegenstandslos erweist.

Zunächst sei jedoch auf ein weiteres weitverbreitetes Mißverständnis hingewiesen: Es gibt nicht *die* klassischen Vor- und Nachteile einer speziellen Rechtsform. Vielmehr weist jede Rechtsform zunächst lediglich Merkmale auf. Was sich für das eine Unternehmen als Vorteil erweist, stellt sich für ein anderes Unternehmen als gravierender Nachteil dar.

Zur Illustrierung: Das gesetzlich fixierte Weisungsrecht der Gesellschafter gegenüber der Geschäftsführung in einer GmbH ist für den geschäftsführenden Ein-Mann-Gesellschafter der X-GmbH kein Problem. Innerhalb der schnellwachsenden und von mehreren Mitarbeitern als Gesellschaftern getragenen Y-GmbH ist jedoch aus diesem Grunde ein vernünftiges und stetiges Management bald nicht mehr möglich, da die vielen Gesellschafter in der Geschäftspolitik keine einheitliche und konsensfähige Linie verfolgen und über das gesetzlich eingeräumte Weisungsrecht Unruhe in das Unternehmen tragen.

Für das schnellwachsende, innovative Hightech-Unternehmen, an dem der Gründerunternehmer möglichst viele hochqualifizierte Mitarbeiter beteiligen will, ist die AG sicherlich eine attraktive Rechtsform, während für das in der vierten Generation betriebene landwirtschaftliche Familienunternehmen die der AG immanente Trennung zwischen Geschäftsführung und Eigentümerstellung keine Bedeutung hat.

Deshalb sind bei der Frage der richtigen Rechtsform für das Unternehmen schematisierende und standardisierte Lösungsansätze, die aus dem Schreibautomaten des Steuerberaters oder Notars erfolgen, völlig fehl am Platze. Entscheidend ist vielmehr, die Merkmale der in Betracht kommenden Rechtsformen genau zu analysieren und anschließend mit der individuellen Situation in Beziehung zu setzen. Bei genauer Betrachtung der Merkmale der AG wird es deshalb vielleicht nicht mehr überraschen, die AG an dieser Stelle als zukunftsweisende Rechtsform auch für kleinere und mittlere Unternehmen dargestellt zu finden.

CHECKLISTE

■ Seit wann wird das Unternehmen in der jetzigen Rechtsform geführt?

■ Welche Gründe waren seinerzeit für die Entscheidung ausschlaggebend?

■ Haben sich seitdem folgende Faktoren geändert?

- Der Umsatz hat sich vervielfacht
- Es sind neue Gesellschafter hinzugekommen
- Die Produktpalette ist erweitert worden
- Die Haftungsrisiken sind gewachsen
- Die internationalen Aktivitäten haben zugenommen

■ Wann wurde letztmalig der Gesellschaftsvertrag überprüft?

■ Welchen Anforderungen muß die Rechtsform zukünftig aus Ihrer Sicht genügen?

■ Ist beabsichtigt, in einem überschaubaren Zeitraum neue Gesellschafter aufzunehmen?

■ Wird im Zuge einer geplanten Nachfolgeregelung oder der sich abzeichnenden Erbsituation das Unternehmen zukünftig von mehreren Gesellschaftern weitergeführt?

■ _____

_____

_____

■ _____

_____

_____

■ _____

_____

_____

5.1 Die Merkmale der Rechtsformen – Was unterscheidet eine KG von der GmbH?

Die nachfolgende Skizze wird deutlich machen, daß für den Unternehmer eine Vielzahl von Möglichkeiten bestehen, um die für seine Situation günstigste Rechtsform zu finden. Aber wer die Wahl hat, hat auch die Qual ... oder das Problem, die optimale Lösung zu finden. Das Beispiel der ersten einheitlichen europäischen Rechtsform der EWIV (Europäische wirtschaftliche Interessenvereinigung), eine Art BGB-Gesellschaft, zeigt erschwerend für die Entscheidungsfindung, daß der Unternehmer zukünftig sogar verstärkt mit internationalen Tendenzen und Entwicklungen konfrontiert wird. Im Zuge der stetigen Internationalisierung der Märkte ein nicht zu vernachlässigender Aspekt.

Das Grundprinzip des deutschen Gesellschaftsrechts und damit sämtlicher daraus abgeleiteten Rechtsformen basiert auf der prinzipiellen Unterscheidung zwischen Personen- und Kapitalgesellschaft. (Zur Erläuterung: im Interesse der besseren Verständlichkeit und ohne Beteiligung an dem diesbezüglich unergiebigen Streit der juristischen Gelehrten wird nachfolgend das Einzelunternehmen als Personengesellschaft subsumiert.) Die gesellschaftsrechtlichen Mischformen, wie zum Beispiel die GmbH & Co. KG, versuchen insoweit eine für den Unternehmer verbindende Brücke zu schlagen. Doch Vorsicht: auch die GmbH & Co. KG ist und bleibt eine Personengesellschaft.

Die prinzipielle Unterscheidung zwischen Personen- und Kapitalgesellschaft basiert auf den Anfängen des Gesellschaftsrechtes im vergangenen Jahrhundert – und so antiquiert sind auch manche noch heute gültigen gesetzlichen Bestimmungen. Dies kann man sich sehr anschaulich an der Vererbbarkeit von Gesellschaftsanteilen beziehungsweise einer Gesellschafterstellung deutlich machen. Eine Fragestellung, der gerade im Zusammenhang mit dem Generationswechsel im Unternehmen eine zentrale Bedeutung zukommt und die mit unangenehmen Konsequenzen verbunden sein kann.

Nach dem gesetzlichen Leitbild, dem die Personengesellschaft unterliegt, ist die Gesellschafterstellung eines unbeschränkt Haftenden zum Beispiel in einer KG oder OHG vom Prinzip nicht vererbbar. Erläuternd sei hinzugefügt, daß die Kommanditanteile in der KG hiervon nicht betroffen sind. Die Juristen haben sich jedoch in einem Anflug von Realitätssinn bemüht, diese mißliche rechtliche Situation den wirtschaftlichen Erfordernissen entsprechend anzupassen. Es ist deshalb heute anerkannt, daß die Übertragung der Gesellschafterstellung in einer Personengesellschaft dann zulässig ist, wenn dies im Gesellschaftsvertrag ausdrücklich erwähnt ist oder dies die Gesellschafter durch einstimmigen Beschluß vereinbaren.

Doch hier stellen sich neue Probleme. Zwar gehört nunmehr in jeden Standard-Personengesellschaftsvertrag eine entsprechende Nachfolgeklausel genauso selbstverständlich wie die Unterschriftenleiste. Aber der Mensch, und hierzu zählt erstaunlicherweise auch der Jurist, ist bisweilen unachtsam ...

Die gedanklich naheliegende Möglichkeit, diese Unachtsamkeit durch einen entsprechenden Gesellschafterbeschluß zu heilen, ist nicht immer ganz einfach. Denn unter Umständen ist der Gesellschafterkreis infolge des Erbfalls erheblich größer geworden.

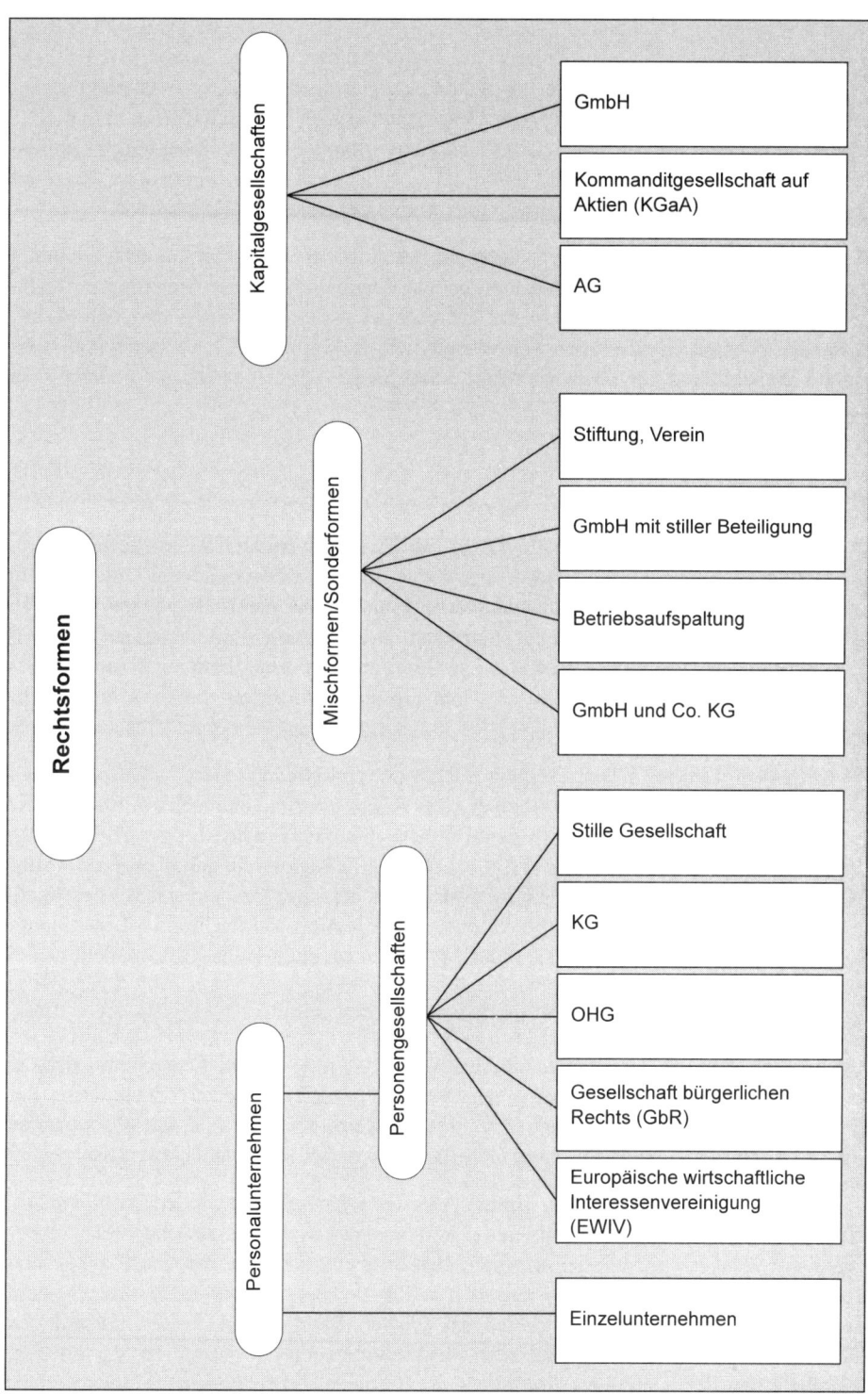

Nach der ständigen Rechtsprechung übernimmt nicht eine etwaig vorhandene Erbengemeinschaft in Gesamthandsvermögen die Gesellschafterstellung, sondern jeder Erbe wird entsprechend seiner Erbquote eigenständiger Gesellschafter. Und es ist nicht immer selbstverständlich, daß jeder Erbe bzw. Gesellschafter sich gesellschaftstreu verhält. Die Wahrscheinlichkeit, daß ein Erbe/Gesellschafter vorhanden ist, der lieber durch Liquidation der Gesellschaft schnell Geld sehen will, ist nicht aus der Luft gegriffen. Je größer der Gesellschafterkreis, desto wahrscheinlicher ist der Sprengsatz vorhanden.

Bei der Personengesellschaft ist deshalb ganz besonders dringend eine enge Abstimmung zwischen Erbregelung und Gesellschaftsvertrag vorzunehmen. Jede Änderung im Testament muß ihren Niederschlag in der Unternehmenssatzung finden und umgekehrt. Ansonsten kommt es zu großen Schwierigkeiten. Eine hoffentlich nachdenklich stimmende Konstellation, die höchstrichterlich entschieden werden mußte und beileibe kein Einzelfall darstellt:

▓ Beispiel ▓

Im 25 Jahre alten Gesellschaftsvertrag der Zwei-Personen-OHG wurde festgelegt, daß nach Tod eines Gesellschafters der verbleibende Gesellschafter das Unternehmen allein weiterführt. Der Gesellschaftsvertrag verschwand natürlich, wie das so üblich ist, im Safe und wurde nie wieder angeschaut. In einem Jahrzehnte später aufgesetzten Testament bestimmte einer der beiden Gesellschafter den Übergang seiner Gesellschafterstellung auf den Sohn. An den Gesellschaftsvertrag hatte er nicht mehr gedacht.

Nach dem Tod des Gesellschafters pochte der verbleibende Gesellschafter auf den Gesellschaftsvertrag und der Sohn auf das Testament. Wie würden Sie entscheiden? Eine rechtlich nicht einfache Situation, die bezeichnenderweise bis zum BGH (Bundesgerichtshof) ging, der dem Gesellschafter schließlich Recht gab, wobei die Abfindung des Sohns weitere Probleme aufwarf. Dies ist jedoch kein juristisches Lehrbuch, deshalb sollte dieser Problempunkt nicht weiter vertieft werden, um das Unverständnis eines unternehmerisch denkenden Menschen gegenüber den Juristen nicht weiter zu steigern.

Unabhängig von dem Ausgang des Rechtsstreits kann man sich leicht ausmalen, daß die gesamte Auseinandersetzung dem Unternehmen sicherlich nicht gut getan hat. Denn wer investiert und engagiert sich schon gern, wenn er damit rechnen muß, unter Umständen zukünftig mit einem unerwünschten Gesellschafter in der Firma leben zu müssen?

Aber auch die Vererbbarkeit von GmbH-Anteilen wirft seine speziellen Probleme auf, denn plötzlich hat man, anders als in der Personengesellschaft, eine zerstrittene Erbengemeinschaft als Gesellschafter im Unternehmen, aber zumindest bleibt nach der gesetzlichen Ausgangslage unabhängig von dem Willen der Beteiligten zunächst der Bestand der Gesellschaft gesichert. Die Problematik der Vererbbarkeit von Gesellschaftsanteilen hat damit sicherlich einen wesentlichen Strukturunterschied zwischen der Personengesellschaft und der Kapitalgesellschaft deutlich gemacht. Die Personengesellschaft ist vom Prinzip sehr stark von einem unzeitgemäßen patriarchischen Unternehmerbild geprägt. Dieses Grundmuster äußert sich noch in weiteren wesentlichen Unterscheidungsmerkmalen zwischen der Personen- und der Kapitalgesellschaft. In der Personengesellschaft hat nach der gesetzlichen Intention der persönlich haftende Gesellschafter auch die Geschäftsführung auszuüben. Eine Fremdgeschäftsführung von außen soll nach dem Gesetz vermieden werden. Dies ist verständlicherweise gerade im Zusammenhang mit einer Nachfolgeregelung, wo sich die Gesellschafter-Familie langsam aus dem Unternehmen zurückziehen will, vom Prinzip eher problematisch.

Bei den Kapitalgesellschaften sind hingegen die Ebenen der Geschäftsführung und der Kapitaleignerfunktion getrennt. Dies hat den Vorteil, daß eine Fremdgeschäftsführung, ohne Gesellschafterbeteiligung, bereits nach dem gesetzlichen Leitbild möglich ist. Diese Trennung ermöglicht häufig eine sinnvolle und schrittweise aufgebaute Nachfolgekonzeption. Der Nachfolger kann kontinuierlich in das Unternehmen hineinwachsen. Der Senior kann sich darauf beschränken, die Gesellschaftsanteile zu halten, während die Geschäftsführung gemäß eines genau festgelegten Stufenplans auf den „Kronprinzen" übergeht.

Diese der Kapitalgesellschaft immanente Trennung von Geschäftsführung und Eigentümerseite beinhaltet zwei weitere Vorzüge gegenüber der Personengesellschaft, denen gerade im Zusammenhang mit dem Generationswechsel im Unternehmen erhebliche praktische Bedeutung zukommt.

In einigen Nachfolgekonstellationen ist es zweckmäßig, eine Testamentsvollstreckung für das Unternehmen anzuordnen, da beispielsweise das übernehmende Kind noch zu unerfahren ist und erst langsam in die Aufgabe hineinwachsen soll. Die rechtliche Zulässigkeit der Anordnung einer Testamentsvollstreckung für ein Einzelunternehmen oder eine Personengesellschaft ist nach der zwischenzeitlich höchstrichterlichen Rechtsprechung zwar grundsätzlich zulässig. Sie erfordert aber nach wie vor eine aufwendigere und sorgfältiere juristische Umsetzung als innerhalb einer Kapitalgesellschaft. Begründet wird dies von der Rechtsprechung mit dem personalistischen Charakter der Personengesellschaft, der nach dem gesetzlichen Leitbild auf der persönlichen Haftung der Gesellschafter und der grundsätzlichen Unübertragbarkeit der Gesellschaftsanteile beruhe. Man kann diese Rechtsprechung antiquiert finden. Fakt ist jedoch, daß demgegenüber die auf eine GmbH oder AG bezogene Testamentsvollstreckung problemlos angeordnet werden kann. Bei der Personengesellschaft sind hingegen gegebenenfalls aufwendige und rechtlich riskante Treuhandlösungen zu konzipieren, um doch noch zu dem gewünschten Ergebnis zu kommen.

Ebenso weist die Kapitalgesellschaft Vorzüge in einem Bereich auf, der im Zusammenhang mit der finanziellen Altersversorgung des Seniorunternehmers und seiner Ehefrau Bedeutung haben kann. Im Zuge einer vorweggenommenen Erbfolge kann es zweckmäßig sein, das Unternehmen auf die Kinder zu übertragen, sich selbst aber den Nutzen, sprich: wirtschaftlichen Ertrag, aufgrund eines Nießbrauches vorzubehalten. Nach der Rechtsprechung ist eine Nießbrauchsbestellung an einer Personengesellschaftbeteiligung partiell an strengere Anforderungen geknüpft, als dies bei einer Kapitalgesellschaft der Fall ist.

Auf das Merkmal der persönlichen Haftung braucht man wohl nicht weiter einzugehen, wobei jedoch der Illusion vorgebeugt werden sollte, daß durch eine Kapitalgesellschaft die persönliche Inanspruchnahme vollständig ausgeschlossen werden kann. Da sind schon die Banken vor, die sich jeden Firmenkredit doppelt- und dreifach durch persönliche Sicherheiten des Unternehmers absichern lassen. Jedoch im Konkursfall oder beispielsweise bei Produkt- oder Umwelthaftungsrisiken ist die Haftungsbegrenzung der Kapitalgesellschaft höchst vorteilhaft. Wenn das Betriebsgelände der GmbH durch starke Bodenkontaminierungen extrem belastet ist, dann können sich die zuständigen öffentlichen Stellen wegen etwaiger, unter Umständen ins Astronomische steigenden, Sanierungskosten zunächst nur an die GmbH halten. Diese Haftungskausalität und damit eine persönliche Inanspruchnahme der Gesellschafter oder der Geschäftsführung kann nur unter Darlegung besonderer Umstände durchbrochen werden. Im Falle eines erheblichen Sach- und Personenschaden durch einen Produktionsausreißer steht der unbeschränkt haftende Komplementär voll in der Haftung, während in der GmbH ein persönlicher Durchgriff nur sehr schwer zu realisieren ist. Die Kapitalgesellschaft bietet deshalb nach wie vor einen erheblich besseren Haftungsschutz als die Personengesellschaft.

Ein beliebtes Argument, das jedoch dadurch, daß es häufig genug angeführt wird, nicht richtiger wird, lautet, die strengeren gesetzlichen Regularien für die Kapitalgesellschaften würden einen gravierenden Nachteil im Unternehmeralltag darstellen. Die Praxis zeigt jedoch, daß genau das Gegenteil der Fall ist. Abgesehen davon, daß es nur wenige unabdingbare strikt zu beachtende Gesetzesvorschriften gibt, ist der Zwang, bestimmte Regularien beachten zu müssen, im Ergebnis positiv zu bewerten. Viele Unternehmer ähneln infolge der tagesoperativen Hektik oftmals eher „freischwebenden Künstlern". Dies betrifft insbesondere die Bilanz- und Entnahmepolitik.

Um so unverständlicher ist es, wenn ein Wirtschaftsprüfer die Entscheidung, das Einzelunternehmen in eine GmbH umzuwandeln, mit dem bildhaft formulierten Argument kritisierte, damit würde der früher praktizierte „Griff in die Ladenkasse, wenn man schnell das Abendessen einkauft" unmöglich. Dieses Bild erinnert nicht von ungefähr an einen „Tante-Emma-Laden", hat aber mit einem im harten Wettbewerb stehenden mittelständischen Unternehmen nichts zu tun. Die häufig in Personengesellschaften vorzufindende undurchsichtige Gemengenlage verschiedener Konten, die eine klare Trennung des persönlichen und betrieblichen Bereichs nicht immer sauber ermöglicht, ist bei der GmbH in dieser extremen Form nicht anzutreffen. Dies ist insbesondere in wirtschaftlichen Krisenzeiten ein unschätzbarer Vorteil.

Auch der häufig unreflektiert erhobene Einwand, in einer GmbH sei die Überschuldungsgrenze schneller als in der Personengesellschaft erreicht und deshalb müsse zur Vermeidung persönlicher strafrechtlicher Konsequenzen der Insolvenzantrag frühzeitiger gestellt werden, verkennt die rechtlichen und wirtschaftlichen Realitäten. In jedem Unternehmen, das in eine so bedrohliche wirtschaftliche Schieflage geraten ist, daß eine insolvenzrelevante Überschuldung droht, ist, unabhängig von der Rechtsform, dringender Handlungsbedarf angezeigt. Eine solche Krisensituation kommt nicht aus heiterem Himmel, sondern basiert auf vorherigen Unterlassungen der Geschäftsführung. An diesem Punkt ist anzusetzen und nicht an der Pflicht zur Stellung des Insolvenzantrages, die im faktischen Ergebnis keinen substanziell relevanten Unterschied zwischen der Personen- und Kapitalgesellschaft beinhaltet. Viel entscheidender ist, daß die Geschäftsführung die Warnsignale frühzeitig erkennen muß und die notwendigen Maßnahmen rechtzeitig ergreift. Die praktische Erfahrung zeigt, daß insoweit strengere Regeln, die die wirtschaftliche Disziplin fördern, durchaus hilfreich sind.

Die Einhaltung bestimmter betriebswirtschaftlich erprobter Regularien kommt dem Unternehmen nur positiv zugute. Nicht von ungefähr wird in einer Vielzahl von Nachfolgekonzeptionen, unabhängig von der Rechtsform, ein bestimmtes Maß an Instrumentarien vorgesehen, die dem Juniorunternehmer eine als hilfreich angesehene Disziplin abnötigt. Dies reicht von Berichtspflichten gegenüber Beiräten bis hin zum ganz simplen Zwang, einen ordnungsgemäßen Entnahmebeschluß herbeizuführen.

Häufig wider besseres Wissen wird von den Skeptikern der Kapitalgesellschaft ein weiteres großes Schreckgespenst aufgebaut. Dies betrifft die gesetzlich vorgeschriebenen Publizitätspflichten gerade im Zusammenhang mit kleineren und mittleren GmbHs. Dies fällt bei dem gestandenen Mittelständler auf fruchtbaren Boden, denn nichts fürchtet dieser so sehr „wie den gläsernen Unternehmer". Auch von Fachleuten, die es eigentlich besser wissen müßten, wird das Vorurteil genährt, daß infolge der Veröffentlichungspflichten der GmbH jede Putzfrau im Betrieb weiß, was der Chef verdient. Hier werden Horrorszenarien aufgebaut, die mit der Realität nichts zu tun haben.

Zwar ist jede Kapitalgesellschaft gesetzlich verpflichtet, bestimmte Zahlen zu veröffentlichen, wobei dies zukünftig auch für Personengesellschaften gilt, an der nicht mindestens eine natürliche Person als haftender Gesellschafter beteiligt ist. Jedoch selbst der Unternehmer, der sich gesetzestreu verhält, braucht keinerlei Befürchtung haben, daß sein Konkurrent oder seine Mitarbeiter dadurch über sämtliche Betriebsinterna informiert werden. Wenn dies so wäre, ist verwunderlich, daß der diese Befürchtungen hegende Unternehmer selbst noch nicht Einsicht in die veröffentlichungspflichtigen Zahlen seines schärfsten Mitwettbewerbers genommen hat.

Allein ein Blick in das Gesetz relativiert die Gefahr. So braucht beispielsweise eine gesetzlich definierte sogenannte kleine Kapitalgesellschaft (Umsatz bis 13,44 Millionen DM, Bilanzsumme bis 6,72 Millionen DM und bis zu 50 Arbeitnehmer) lediglich einen sogenannten Kurzbericht der Bilanz sowie in Kurzform den Anhang veröffentlichen. Die viel interessantere GuV oder den Lagebericht hingegen nicht. Ebensowenig ist das Testat eines Wirtschaftsprüfers erforderlich. Nur ein Hellseher kann aus diesen rudimentären Informationen ein aussagekräftiges Bild über die tatsächlichen wirtschaftlichen Gegebenheiten des Unternehmens gewinnen.

Die wesentlichen Merkmale einer Kapitalgesellschaft gegenüber einer Personengesellschaft lassen sich verkürzt wie folgt zusammenfassen:

– Ausschluß der persönlichen Haftung
– Trennung von Geschäftsführungs- und Gesellschafterstellung
– striktere Regularien
– auf Unternehmenskontinuität angelegt
– erleichterte Übertragbarkeit der Gesellschaftsanteile

Nach der reinen Lehre des Gesetzes hat hingegen der Unternehmer, der sein Betrieb in der Rechtsform einer Personengesellschaft führt, Gesellschafter und Geschäftsführer in einem zu sein, er hat persönlich für die eingegangenen unternehmerischen Verpflichtungen geradezustehen und die Vererblichkeit des Gesellschaftsanteils ist grundsätzlich ausgeschlossen. Ob dieses patriarchische Grundprinzip noch zeitgemäß ist, erscheint zumindest fraglich. Selbst bei traditionsbewußten hanseatischen Kaufleuten, wo das Kaufmannsehrenwort noch etwas gilt, stellt sich diesbezüglich langsam ein Bewußtseinswandel ein.

Zwar läßt sich auch innerhalb einer Personengesellschaft eine zeitgemäße Unternehmensstruktur realisieren, jedoch ist dies bisweilen mit erheblichen Klimmzügen verbunden. Das früher ausschlaggebende Steuerargument ist, wie an anderer Stelle dargelegt, nicht mehr, wie in früheren Zeiten, das alles erschlagende Argument. Sicherlich gibt es Konstellationen, wo auch heute noch die Personengesellschaft unbestreitbare Vorteile hat. Erwähnt sei nur die Möglichkeit, auf einfachem Wege und ohne Vereinbarung einer Organschaft Verluste steueroptimierend zu verlagern oder die bestehenden Steuervorteile anläßlich der Übertragung von Unternehmensvermögen. Bei Personengesellschaften ist insoweit der Einheitswert des Betriebsvermögens und bei Kapitalgesellschaften der gemeine Wert maßgebend. Insbesondere bei gewinnstarken Gesellschaften führt dies dazu, daß die Übertragung von Gesellschaftsanteilen an einer Personengesellschaft steuergünstiger vollzogen werden kann als in einer Kapitalgesellschaft.

Die daraus korrespondierenden scheinbaren Nachteile der Kapitalgesellschaft gegenüber der Personengesellschaft lassen sich jedoch durch steuerliche Gestaltungsmöglichkeiten, wie die steuerliche Abzugsfähigkeit des sich als Gesellschafter selbst gezahlten Geschäftsführergehaltes in der GmbH oder Ruhegeldzusagen, meist problemlos neutralisieren und auffangen. Die Aral/Autohaus-Studie zur Nachfolgesituation im Autohaus hat deutlich gemacht, daß viele Steuervorteile, die die GmbH bietet, von dem Unternehmer noch gar nicht erkannt beziehungsweise mitgenommen werden. So nutzen nur knapp die Hälfte der GmbH-Autohaus-Unternehmer die Möglichkeit, eine Ruhegeldzusage steuermindernd in der Bilanz zu berücksichtigen. Hier verschenken viele Unternehmer aus Unkenntnis viel Geld, wobei dieser Sachverhalt für die steuerberatende Zunft kein Ruhmesblatt darstellt. Wie an anderer Stelle gezeigt wird, läßt sich auch die Übertragung von Gesellschaftsanteilen an einer Kapitalgesellschaft steuerlich optimieren, beispielsweise durch eine situationsangepaßte Bilanzpolitik zur Senkung der relevanten steuerlichen Bemessungsgrundlagen. Abgesehen von diesen steuerlichen Kompensationsmöglichkeiten innerhalb der Kapitalgesellschaft, soll an dieser Stelle nochmals der Grundsatz, der bei jeder Entscheidung, die die Rechtsform betrifft, zwingend zu beachten ist, in Erinnerung gerufen werden: Vorrang haben die außersteuerlichen unternehmerischen Gesichtspunkte, erst daran anschließend ist die gefundene Lösung steueroptimal zu realisieren.

Unter Berücksichtigung dieser Aspekte mag es vielleicht nicht überraschen, daß die GmbH laut Statistischem Bundesamt kumuliert betrachtet die umsatzstärkste Rechtsform in der Bundesrepublik ist. Immer mehr kleinere und mittlere Betriebe schätzen die GmbH wegen der klaren und überschaubaren Struktur, die gleichzeitig eine klare Trennung der verschiedenen Vermögenssphären ermöglicht. Infolge ihrer vielfältigen und problemlosen Anwendbarkeit in allen wirtschaftlichen Geschäftsfeldern bezeichnet Prof. Westermann die GmbH, die 1992 als Rechtsform ihren 100. Geburtstag feierte, als „Allzweckinstrument" der deutschen Wirtschaft. Vor einer kritiklosen Glorifizierung der Kapitalgesellschaft, die dem Unternehmer alle Sorgen abnimmt, ist jedoch zu warnen. Die bisherigen Ausführungen haben sicherlich eine gewisse Sympathie für die Kapitalgesellschaft durchscheinen lassen, die auch nicht verhehlt werden soll. Aber auch bei der Rechtsformwahl kommt es ganz stark auf den Einzelfall an. Auch die Kapitalgesellschaft hat ihre Tücken. Im Abschnitt „Unternehmensstruktur" dieses Kapitels werden einige Problemfelder noch ausführlicher dargestellt.

Die Gesamtthematik macht deutlich, wie wichtig eine situationsangepaßte Entscheidung hinsichtlich der Rechtsform ist. Nachdem viele Unternehmer aus nachvollziehbaren historischen Gründen ihr Unternehmen als Personengesellschaft gestartet haben, sollen diese Ausführungen Anregung dafür bieten, darüber nachzudenken, ob die seinerzeit gewählte Rechtsform noch zeit- und interessengerecht ist. Auch die Rechtsform des Unternehmens muß permanent weiterentwickelt und überprüft werden. Die einmal gewählte Rechtsform ist nicht für alle Ewigkeiten in Stein gemeißelt. Um das zu Anfang dieses Kapitels erwähnte Beispiel aufzugreifen, erscheint es aber fraglich, ob die Entscheidung hinsichtlich einer Rechtsform immer so bewußt getroffen worden ist, daß die Vokabel „gewählt" angebracht ist, oder ob insoweit nicht viele Zufälle beziehungsweise die Faktizität der Ereignisse bestimmend war.

Vielleicht ist für den Unternehmer zusätzlich bedenkenswert, nicht über gesellschaftsvertragliche Kraftakte die Personengesellschaft den heutigen Erfordernissen des Wirtschaftslebens entsprechend hinzubiegen. Dies ist immer mit dem Risiko verbunden, einen Gestaltungsfehler zu begehen. Die Fehlerquellen sind wie oben am Beispiel der fehlenden Nachfolgeklausel im OHG-Gesellschaftsvertrag gezeigt, bisweilen banal, aber mit schmerzhaften Konsequenzen verbunden. Es ist oft naheliegender, auf die von dem Gesetzgeber dafür konzipierte Rechtsform der Kapitalgesellschaft direkt zurückzugreifen. Auch hier ist das Original meist besser als das Plagiat.

Sollte der Unternehmer zu dem Ergebnis kommen, daß die persönliche Rechtsform nicht mehr zeitangepaßt ist, werden an späterer Stelle dieses Kapitels Möglichkeiten aufgezeigt, wie ohne größeren Aufwand und Schwierigkeiten eine andere Rechtsform für das Unternehmen realisiert werden kann. Zunächst aber einige nähere Erläuterungen zu speziellen Rechts- und Unternehmensformen.

5.2 AG – die verkannte Rechtsform

Die Assoziationskette ist schnell vorhanden: Aktiengesellschaft = Siemens (sprich: Großkonzern = Umsatzmilliarden = Börse). Für den Unternehmer eines kleinen oder mittelständischen Betriebes ergibt sich daraus sofort und zwingend der Schluß, daß für ihn die Rechtsform der Aktiengesellschaft (AG) überhaupt nicht in Betracht kommt. Einen Gedanken daran zu verschwenden erscheint als geradezu lächerlich. Es besteht das weitverbreitete Mißverständnis, daß die AG lediglich für Konzerne und große Unternehmen mit einer bestimmten Mindestumsatzgröße die richtige Rechtsform sei. Mittlerweile haben jedoch erfreulicherweise auch bereits viele kleinere Unternehmen die Chancen erkannt, die ihnen die Rechtsform der AG bietet, und die Stichhaltigkeit der oben erwähnten Assoziationskette widerlegt. Bezeichnenderweise ist eine leicht steigende Tendenz auf etwa 6 000 registrierte Aktiengesellschaften in der bundesdeutschen Wirtschaft seit neuestem feststellbar, wobei knapp 800 davon börsennotiert sind. Das noch in den 50er Jahren, aber vor allem vor dem Zweiten Weltkrieg vorhandene erheblich höhere Verbreitungsniveau ist aber noch lange nicht wieder erreicht. Diese aktuellen Zahlen lassen den berechtigten Schluß zu, daß die AG zwar eine von einem schwachen Wind getragene erfreuliche Renaissance erlebt, aber die Attraktivität und Zweckmäßigkeit der Rechtsform für Unternehmen jeglicher Umsatzgröße werden in unserer heutigen Zeit jedoch immer noch verkannt.

Bezeichnenderweise resultiert die Zunahme der AGs im wesentlichen aus ,,Start-up-Unternehmen". Im Mittelstand und bei etablierten Familienunternehmen werden die Vorteile, die die Rechtsform einer AG bieten kann, nach wie vor nicht erkannt. Dabei möchte der Gesetzgeber durch die sogenannte ,,Kleine AG" diese Rechtsform gerade für den Mittelstand attraktiv machen.

Bei der ,,Kleinen AG" handelt es sich entgegen weitverbreiteter Mißverständnisse nicht um eine neue Rechtsform. Vielmehr hat der Gesetzgeber für nicht börsennotierte AGs, bei denen gleichzeitig der Kreis der Aktionäre bekannt ist, einige formelle Erleichterungen gegenüber dem aktienrechtlichen Regelstatut vorgesehen, wie zum Beispiel keine Bekanntmachung der Einladung zur Hauptversammlung im Bundesanzeiger. Zulässigkeit von Spontan-Hauptversammlungen oder dem Wegfall der kostenverursachenden Anwesenheit des Notars in der Hauptversammlung. Im Ergebnis wird die AG damit der GmbH in der formalen Handhabung gleichgestellt. Für die Inanspruchnahme dieser rechtlichen Erleichterungen ist die Größe des Unternehmens völlig unerheblich, und die Verwendung der Bezeichnung ,,Kleine AG" ist insoweit eher mißverständlich. Eine größenbedingte Erleichterung besteht lediglich im Zusammenhang mit dem Aufsichtsrat. Denn nunmehr wurde festgelegt, daß bei AGs mit nicht mehr als 500 Mitarbeitern kein Arbeitnehmer im Aufsichtsrat vertreten sein muß. Interessant ist die Begründung, die der Gesetzgeber anläßlich der Verabschiedung der gesetzlichen Grundlagen für die ,,Kleine AG" gab. Danach sollen die gesetzlichen Erleichterungen die Attraktivität der Rechtsform der Aktiengesellschaft steigern, um den mittelständischen Familienunternehmen ein zusätzliches Instrument zur Strukturierung des erfolgreichen Generationswechsels an die Hand zu geben. Weshalb die Strukturmerkmale der AG auch anläßlich des Generationswechsels vorteilhaft sein können, wird nachfolgend erläutert.

■ Beispiel ■

Als dem Alleininhaber eines am Markt erfolgreichen Ingenieurbüros mit seinerzeit 8 Millionen DM Umsatz im Zuge einer strukturellen Neuorganisation erstmals der Vorschlag unterbreitet wurde, das Unternehmen in eine AG umzuwandeln, hielt er dies für eine völlig abwegige und größenwahnsinnige Idee. Zwischenzeitlich ist er der Auffassung, daß ohne die Entscheidung, das Unternehmen in eine AG umzuwandeln, die zwischenzeitlich im Zuge der steten Internationalisierung des Marktes notwendig gewordene wechselseitige Beteiligung mit einem ausländischen Partnerbüro sowie die Beteiligung von Mitarbeitern am Unternehmen im Zusammenhang mit dem geplanten und selbst gewünschten schrittweisen eigenen Rückzug aus der Ingenieurgesellschaft nicht so reibungslos hätte vollzogen werden können. Dieser Meinungswandel des Unternehmers erfolgte insbesondere unter dem Eindruck der Schwierigkeiten, die Mitkonkurrenten anläßlich der Lösung von gleichgelagerten Problemstellungen hatten und noch haben.

Die AG bietet gerade für innovative und schnellwachsende kleinere und mittlere Unternehmen viele Vorteile, die bei den meisten anderen Rechtsformen entweder überhaupt nicht oder nur über den Umweg aufwendiger gesellschaftsrechtlicher Konstruktionen erreicht werden können.

Die Erfahrung zeigt, daß bei der rechtzeitigen Entscheidung für die Rechtsform der AG die zwangsläufig in jeder Unternehmensentwicklung auftretenden Wachstumsschwellen und -krisen häufig viel besser gemeistert werden, als in vergleichbaren Unternehmen, die diesen Schritt nicht vollzogen haben. Die Unternehmen werden im Ergebnis weniger krisenanfällig, und die Marktakzeptanz gegenüber Kunden und Geschäftspartnern wächst. In der AG dokumentiert sich der Sprung vom Betrieb zum Unternehmen. Diese qualitative Veränderung ist unabhängig von der betriebswirtschaftlichen Größe.

Die Strukturmerkmale der AG bieten gerade im Zusammenhang mit einer Nachfolgeregelung äußerst interessante Perspektiven. Da der Generationswechsel im Unternehmen meist mit einem strukturellen Wandel und einer Neuausrichtung im Unternehmen verbunden ist, bietet sich dieser Zeitpunkt häufig für den Schritt in die AG besonders gut an. Die AG kann die optimale Rechtsform sowohl für den ,,durchstartenden" Junior sein, der mit neuen Ideen das Unternehmen weiterentwickeln möchte, wie auch für die Familie, die sich aus der Managementfunktion zurückziehen will und in Beschränkung auf ihre Eigentümerfunktion lediglich die hoffentlich stattliche Dividende genießen will. Die AG bietet insoweit eine überlegenswerte und attraktive Alternative zu den sonst üblichen Gestaltungsoptionen.

Aber auch in diesem Zusammenhang ist entscheidend, daß unter Herausarbeitung der persönlichen und unternehmerischen Zielvorstellungen überprüft wird, ob die Merkmale der Rechtsform der AG zur Zielerreichung geeignet sind. Eine schematisierende Entscheidung ist auch in diesem Zusammenhang verfehlt. Stichpunktartig zusammengefaßt sind folgende Merkmale für die AG prägend:

- klarer dreistufiger Aufbau (Aktionäre, Aufsichtsrat, Vorstand)
- strikte Trennung von Management/Kapital
- leichtere Beteiligung weiterer Gesellschafter
- Erleichterungen in der Kapitalbeschaffung
- variable Ausgestaltung von Aktien/Gesellschaftsanteilen
- Seriosität und Akzeptanz gegenüber Geschäftspartnern
- hohes internationales Ansehen

Die Führung einer AG wird nach dem gesetzlichen Leitbild nicht von den Kapitaleignern, sprich: Aktionären, wahrgenommen, sondern das Unternehmen wird eigenverantwortlich durch den Vorstand geleitet. Es ist eine klare Trennung von Kapitaleignern und Management vollzogen. Die in der Hauptversammlung vertretenen Aktionäre können nur mittelbar über die Besetzung des Aufsichtsrates auf die personelle Zusammensetzung des Vorstandes und damit auf die Geschäftspolitik Einfluß nehmen. Die Kompetenzverteilung zwischen Hauptversammlung, Vorstand und Aufsichtsrat ist durch das Gesetz konsequent und klar geregelt. Wegen diesem klar strukturierten Organisationsmuster und der gesetzlich eindeutig geregelten Kompetenzzuweisung bietet sich die AG gerade auch für Unternehmen an, in denen verschiedene Familienstämme vertreten sind oder bei denen infolge der gewählten Erbregelung sich dies bereits für die weitere Zukunft abzeichnet.

Dieses klare Strukturprinzip dokumentiert sich am offensichtlichsten in der nach dem Aktiengesetz (AktG) vollzogenen strikten Trennung von Management und Kapital. Im Gegensatz zu den Personengesellschaften ist in der GmbH diese Trennung der verschiedenen Funktionsebenen bereits ansatzweise realisiert. In der GmbH wird jedoch dieses Prinzip durch das gesetzlich eingeräumte Weisungsrecht der GmbH-Gesellschafter gegenüber der Geschäftsführung wieder relativiert. Innerhalb einer AG haben hingegen die Aktionäre keine Möglichkeit, das Tagesgeschäft zu beeinflussen und Weisungen zu erteilen. Vielmehr ist der Aufsichtsrat „dazwischengeschaltet". Er hat die Interessen der Aktionäre und des Unternehmens zu vertreten. Eine jederzeitige Eingriffsmöglichkeit in das Tagesgeschäft ist jedoch ausgeschlossen. Seine Aufgabe ist es vielmehr, den Vorstand einerseits zu kontrollieren, andererseits zu beraten. Der Aufsichtsrat bildet insoweit das notwendige Korrektiv zum Vorstand.

Vorteil dieser strikten Trennung von Management und Kapital ist beispielsweise, daß im Falle einer großen Anzahl von Gesellschaftern die Geschäftsführung nach einer vorher festgelegten und durch den Aufsichtsrat sowie die Hauptversammlung der Aktionäre abgesegneten Geschäftsstrategie konsequent und unabhängig von den möglicherweise in Einzelpunkten divergierenden Interessen der Anteilseigner das Tagesgeschäft realisieren kann. Dies schafft Kontinuität. Dadurch wächst auch die Attraktivität des Unternehmens für qualifizierte Mitarbeiter, da eine klare unternehmerische Linie verfolgt werden kann und nicht die Gefahr besteht, daß sich der Kurs des Unternehmens je nach Verlauf der zwischen den verschiedenen Gesellschaftern geführten Grabenkriege nach Lust und Laune sprunghaft ändert.

Ebenso kann wegen der vielfältigen Ausgestaltungsmöglichkeiten der Aktie die Aufnahme neuer Anteilseigner situationsgerechter vollzogen werden als in anderen Rechtsformen, die durch die gesetzlichen Vorgaben viel stärker reglementiert sind. Der gesellschaftsrechtliche Einfluß der neuen Gesellschafter kann durch eine entsprechende Aktiengestaltung flexibel gesteuert werden. Dieser Aspekt gewinnt insbesondere Bedeutung für schnell expandierende Unternehmen, die ihren Kapitalbedarf bankenunabhängig decken wollen und deshalb auf die Hereinnahme eines finanzstarken Partners angewiesen sind. Oder wenn die Beteiligung von Mitarbeitern beabsichtigt ist.

Die Trennung der beiden Funktionsebenen ist ein entscheidender Schritt in der Öffnung des Unternehmens. Diese Öffnung macht sich erfahrungsgemäß äußerst positiv bemerkbar, da sich dem Unternehmer und seiner Familie weitere Handlungsoptionen eröffnen. Bedenken braucht der Unternehmer keine zu haben, denn es hängt allein von ihm ab, wie weit das Unternehmen geöffnet werden soll.

Auf die wichtige Funktion, die der Aufsichtsrat im Unternehmen einnehmen kann, wird an anderer Stelle noch ausführlicher eingegangen. Wesentlich ist zunächst der Hinweis, daß die Einrichtung eines Aufsichtsrates innerhalb der AG gesetzlich vorgeschrieben ist, wobei bei der „Kleinen AG" die Berufung eines Arbeitnehmervertreters in den Aufsichtsrat nach den gesetzlichen Bestimmungen nicht notwendig ist.

Interessant ist des weiteren, daß der Unternehmenswert vergleichbarer Unternehmen von der Personengesellschaft über die GmbH bis zur AG steigt. Die Spannen sind trotz gleicher Substanz- und Ertragslage signifikant. Die Bewertungsunterschiede zwischen GmbH und börsennotierter Aktiengesellschaft können beispielsweise zwischen 75–100 Prozent betragen. Dieser Aspekt ist natürlich unter Veräußerungsgesichtspunkten wesentlich. Die Gründe für diese signifikante rechtsformabhängige Wertsteigerung sind vielschichtig: Je höher die Fähigkeit eines Unternehmensanteils, einfach und sofort den Eigentümer zu wechseln, desto geringer das Risiko eines Beteiligungsengagements. Die Aktie bildet den Prototyp eines problemlos zu übertragenden Unternehmensanteils. So kann beispielsweise die Aktie anders als ein GmbH-Anteil ohne notarielle Beurkundung übertragen werden. Einschränkend ist jedoch bereits an dieser Stelle auf die vielfältigen Ausgestaltungsmöglichkeiten der Aktie zu verweisen, mit denen die Zusammensetzung und die Einflußmöglichkeiten des Aktionärkreises unternehmensgerecht gesteuert werden können.

Gibt es noch dazu einen staatlich überwachten Markt wie die Börse, an der diese Anteile öffentlich gehandelt werden, so steigt mit der erleichterten Nachfragemöglichkeit und der größeren Anzahl potentieller Erwerber auch der Preis des Anteils. Ein offener und transparenter Markt für GmbH-Anteile existiert dahingegen nicht. Es sei jedoch nochmals darauf hingewiesen, daß eine AG nicht börsennotiert zu sein braucht. Wie bereits oben erwähnt, sind von den ungefähr 6 000 deutschen AGs lediglich etwa 800 börsennotiert. Die erwähnte Trennung von Management und Kapital macht die Gesellschaft insbesondere bei einem Generationswechsel stabiler. Dies steigert ebenfalls die Attraktivität von AG-Anteilen. Schließlich ist auf einen nicht zu unterschätzenden psychologischen Aspekt hinzuweisen. Eine Aktiengesellschaft gilt als Ausdruck wirtschaftlicher Solidität. Sie genießt nicht zu Unrecht ein beachtliches Ansehen. Die AG ist keine Rechtsform für Gelegenheitsgesellschaften, sondern für am Markt etablierte Unternehmen mit einer klaren und langfristigen Unternehmensstrategie. Dies schlägt sich auch in der Bewertung der Anteile nieder.

Auf die Möglichkeit, die Aktien entsprechend den persönlichen Zielvorstellungen der Gesellschafter und der unternehmenszielbezogenen Anforderungen individuell auszugestalten, wurde bereits mehrfach hingewiesen. Das AktG räumt insoweit einen großen Gestaltungsspielraum ein. In der Satzung können unterschiedliche Aktiengattungen und Aktienarten festgelegt werden. Dadurch können unterschiedliche Rechte und Pflichten der Aktionäre begründet sowie Einfluß auf die Zusammensetzung des Aktionärskreises genommen werden. So ist beispielsweise die Ausgabe von Namensaktien sowie deren Übertragbarkeit nur mit Zustimmung von Vorstand, Hauptversammlung und/oder Aufsichtsrat eine Möglichkeit, um die Überschaubarkeit des Aktionärskreises zu gewährleisten und Einfluß auf die Zusammensetzung der Aktionäre zu nehmen. Ein weiteres interessantes Gestaltungsinstrument zur Sicherstellung des Einflusses der Familie oder eines Mehrheitsaktionäres ist das Institut eines ,,Familienpoolvertrages", mit dem außerhalb der AG-Satzung und möglicher aktienrechtlicher Restriktionen die persönlich gewünschten Lösungen rechtlich abgesichert werden können. Das Schreckgespenst vieler Unternehmer, daß auf einmal der härteste Konkurrent in der Hauptversammlung auftaucht und sich als Gesellschafter zu erkennen gibt, kann damit ausgeschlossen werden. Der ,,Familienpool" eignet sich bei entsprechender Ausgestaltung darüber hinaus zur Nutzung steuerlicher Vorteile anläßlich der Übertragung von Gesellschaftsanteilen. Über die Ausgabe von Stamm- und Vorzugsaktien können die Stimm- und Gewinnbezugsrechte der Aktionäre gesteuert werden. Welche Aktienart und -gattung gewählt wird, ist eine Frage der persönlichen Zielsetzung und der Zweckmäßigkeit. Auch insoweit kann der Unternehmer seine eigenen Wünsche und Vorstellungen problemlos zum Tragen bringen.

Das Finden und Halten qualifizierter Mitarbeiter ist ein wesentliches Problem vieler Unternehmen. Unsere heutige Zeit ist darüber hinaus durch einen starken Wertewandel geprägt, der sich auch im Arbeitsbereich niederschlägt. Es steht nicht mehr allein die hohe Entlohnung im Mittelpunkt. Genauso wichtig sind Themen wie beispielsweise: Selbstbestimmtes Arbeiten, Unternehmensphilosophie und Partizipation an Unternehmensentscheidungen. Als praktische Konsequenz hieraus werden immer mehr Mitarbeiter-Beteiligungsmodelle entwickelt. Ein erfolgreiches Modell erfordert jedoch ein breites und anspruchsvolles Maßnahmenpaket. Es muß sich aus ideellen und materiellen Maßnahmen zusammensetzten. Die AG bietet von ihrer Grundstruktur her gute Möglichkeiten zur Realisierung eines erfolgreichen Mitarbeiter-Beteiligungsmodells. Dies fängt allein damit an, daß nach der gesetzlichen Lage mit Ausnahme der ,,Kleinen AG" im Aufsichtsrat ein Sitz für einen Arbeitnehmervertreter vorzusehen ist. Die Beteiligung eines Arbeitnehmervertreters wird nach anfänglicher Skepsis vieler Unternehmer als überaus positiv und bereichernd empfunden.

Auf materieller Basis bietet die Aktie (auch außerhalb von Stock-Option-Programmen) ein hervorragendes Instrument zur interessengerechten Ausgestaltung der kapitalmäßigen Beteiligung der Mitarbeiter. So kann durch die Ausgabe von Vorzugsaktien, die stimmrechtlos sind, aber zu einem höheren Dividendenbezug berechtigen, ein finanzieller Anreiz geschaffen werden, ohne daß gleichzeitig Einfluß auf die Geschäftspolitik genommen werden kann. Eine unkontrollierte Weiterveräußerung seitens der Mitarbeiter kann durch die Vinkulierung der Aktien verhindert werden; das heißt, die Aktien dürfen nur mit Zustimmung der Gesellschaft veräußert werden bzw. müssen bei Ausscheiden wieder zurückgegeben werden.

Die AG ist zugegebenermaßen eine ungewohnte Rechtsform für ein kleineres und mittelständisches Unternehmen. Erfahrungswerte von Unternehmerkollegen, auf die man zurückgreifen könnte, bestehen wegen der geringen Verbreitungsdichte der Rechtsform meist nicht. Deshalb besteht häufig Unsicherheit, wie die konkrete und alltägliche Handhabung einer AG sich vollzieht. Hier existieren häufig völlig an der Realität vorbeigehende Horrorvorstellungen. Generell läßt sich zwar feststellen, daß die Anforderungen, die eine AG an das Management stellt, partiell höher sind als in einer GmbH. Dies betrifft insbesondere die Informationspflicht des Vorstandes gegenüber dem Aufsichtsrat. Gleichwohl betrifft dies nur einige wenige Bereiche, und die zunächst als Belastung angesehenen wenigen formellen zusätzlichen Erfordernisse werden in der praktischen Umsetzung von dem Unternehmer als äußerst hilfreiche Instrumentarien zur Strukturierung der eigenen unternehmerischen Entscheidungen geschätzt und nicht als unnötiger Aufwand empfunden.

In der steuerlichen Behandlung unterscheiden sich GmbH und AG nahezu nicht. Im übrigen sind die aus dem Handelsgesetzbuch abgeleiteten Publizitätspflichten von AG und GmbH praktisch identisch. Es besteht also, ebensowenig wie in der GmbH, die Gefahr vor dem gläsernen Unternehmer. Die häufig formulierte Befürchtung, daß innerhalb der AG auch der Pförtner Kenntnis über sämtliche Unternehmensinterna hat, insbesondere über die Einkommensverhältnisse des Unternehmers, geht vollständig an der Realität vorbei und läßt sich durch nichts begründen. In dieser Befürchtung zeigt sich jedoch besonders kraß die große Unkenntnis über die Wesensmerkmale der AG und mit welchen Vorurteilen diese Rechtsform belastet ist.

Ein nicht zu unterschätzender Aspekt ist die Außenwirkung, die die Rechtsform einer AG bietet. Dies gilt zunächst hinsichtlich der Akzeptanz des Unternehmens im Ausland. Die AG hat insoweit allein durch ihre Bezeichnung Vorteile. Der GmbH haftet im Ausland häufig das Stigma der „beschränkten Haftung" an. Im Zuge des EU-Binnenmarktes und der damit einhergehenden Öffnung gegenüber dem Ausland ist dies ein nicht zu unterschätzender Aspekt. Unabhängig hiervon registrieren gleichzeitig die Geschäftspartner und Konkurrenten im heimischen Markt sehr aufmerksam, wenn das Unternehmen nunmehr als Aktiengesellschaft am Markt vertreten ist. Der Auftritt als Vorstand erleichtert bisweilen die Verhandlungsführung und die Akzeptanz als Geschäftspartner. Auch das Wirtschaftsleben ist banaler, als es oft den Anschein hat, und demzufolge kommt auch in diesem Sektor den zutiefst menschlichen Verhaltensmustern eine immense Bedeutung zu. Psychologie ist häufiger maßgebend als harte betriebswirtschaftliche Fakten. Sehr oft ist auch die Erfahrung zu machen, daß die Bankengespräche viel reibungsloser verlaufen und ganz andere Gesprächspartner aus der Bankenhierarchie zur Verfügung stehen. Der Grund hierfür ist unter anderem, daß die Banken in jeder neuen AG mittel- und langfristig einen potentiellen Börsenkandidaten sehen und bei der Plazierung der Aktien an der Börse verdient die Bank prächtig mit.

Im Ergebnis bleibt demnach festzustellen, daß die Aktiengesellschaft eine durchaus überlegenswerte und attraktive Alternative darstellt, wenn im Zuge einer Nachfolgeregelung eine Änderung der Rechtsform geplant ist. Es müssen nicht immer die herkömmlichen Wege sein, die zum Ziel führen. Auch insoweit ist die Phantasie und Kreativität gefordert, um zu einer für die eigene Situation maßgeschneiderten Lösung zu kommen. Der Unternehmer und sein Berater müssen den Mut haben, auch einmal gegen den Strich zu denken und zu handeln.

5.3 Die Betriebsaufspaltung – ein weitverbreitetes problematisches Modephänomen

Die Betriebsaufspaltung ist ein gutes Beispiel für das schon erwähnte, in der deutschen Wirtschaft weitverbreitete „Così-fan-tutte"-Prinzip, dessen Grundlage ein kritikloser und gefährlicher Nachahmungstrieb vieler Unternehmer ist, dem auch viele sogenannte Fachleute unterliegen, die nach ihrem eigenen Bekunden „selbstverständlich nur individuell maßgeschneiderte und kreative Lösungen" dem Unternehmer anbieten. Erstaunlicherweise werden viele Entscheidungen an einer wenig durchdachten Übernahme von weitverbreiteten und populären Trends orientiert. Ob diese tatsächlich immer der Weisheit letzter Schluß sind, darf stark bezweifelt werden, denn diese Trends unterliegen bisweilen einem äußerst schnellen Wandel und sind oft nicht sonderlich fundiert. Bis jedoch diese Erkenntnis beim Unternehmer angelangt ist, muß häufig viel Lehrgeld gezahlt werden.

Ein Paradebeispiel für diesen „Management-by-Nachahmung"-Effekt bietet die in vielen Unternehmen anzutreffende Betriebsaufspaltung. Sie beinhaltet in ihrem grundsätzlichen Ansatz die formalrechtliche Trennung des betrieblich genutzten Anlagevermögens, meist Immobilien, von dem übrigen Unternehmen. Das einheitliche Unternehmen wird in zwei rechtlich selbständige Teile „aufgespalten". Hiergegen ist abzugrenzen eine sogenannte Betriebsverpachtung", bei der nicht nur genau spezifizierte einzelne Wirtschaftsgüter des Anlagevermögens – meist Immobilien –, sondern das komplette Unternehmen an die Betriebsgesellschaft zur Nutzung überlassen wird. Die Unterscheidung zwischen einer „Betriebsaufspaltung" und einer „Betriebsverpachtung" hat zwar weitreichende steuerliche und rechtliche Konsequenzen, sie wird aber in der Praxis trotz der erheblichen Auswirkungen oft nicht hinreichend beachtet. Die Betriebsaufspaltung wurde vor einigen Jahren insbesondere von der steuerberatenden Zunft als das „Perpetuum mobile" der Steuerersparnis mit automatischer Haftungsminimierung gepriesen. Aber auch noch heute wird sie nach wie vor als zukunftsweisende Gestaltungsmöglichkeit empfohlen. In den Unternehmern fanden und finden die Propagandisten der Betriebsaufspaltung einen dankbaren Zuhörerkreis, denn man hat bisweilen den Eindruck, daß die üblicherweise realistisch denkenden Geschäftsleute bei dem Stichwort „Steuerersparnis" ihren gesunden Menschenverstand verlieren und kritiklos jeden mit diesem Hinweis versehenen Vorschlag übernehmen. Die teure Quittung hierfür haben nicht nur im Zusammenhang mit der Betriebsaufspaltung bedauerlicherweise schon einige erhalten.

Die Betriebsaufspaltung ist in vielen Unternehmen anzutreffen. Ausweislich der Aral/ Autohaus-Studie werden über 25 Prozent der Autohäuser in Form einer Betriebsaufspaltung geführt. Diese Zahl ist ein hochzurechnender Indikator für den Verbreitungsgrad der Betriebsaufspaltung in der gesamten bundesdeutschen Wirtschaft. Gleichzeitig macht diese häufig praktizierte Anwendung eine Darstellung der Grundstrukturen und vor allem der damit verbundenen Gefahren dieses Phänomens notwendig. Es ist eine aus der praktischen Tätigkeit gezogene Erfahrung, daß die wenigsten Unternehmer Kenntnis über die Merkmale der Betriebsaufspaltung und der damit verbundenen großen Risiken haben.

Die Betriebsaufspaltung hat im Zusammenhang mit der betrieblichen Nachfolge insbesondere unter zwei Aspekten besondere Relevanz. Zum einen können unpräzise testamentarische Regelungen oder ungeregelte Erbgänge ungewollt, aber unausweislich, in die eigentlich unbeabsichtigte Betriebsaufspaltung führen. Obwohl der Unternehmer die Betriebsaufspaltung immer vermeiden wollte, gibt es Konstellationen, wo ohne sein Dazutun der Weg geradewegs hineinführt. So etwa, wenn die Ehefrau als Eigentümerin des Betriebsgrundstückes als alleinige Erbin 100-Prozent-Gesellschafterin der GmbH des verstorbenen Mannes wird. Eine erbrechtliche Konsequenz, die zwangsläufig mit einem sogenannten „Berliner Testament" verbunden ist. In diesem Fall entsteht zwangsweise eine Betriebsaufspaltung. Ein etwaiges Wahlrecht für die Betroffenen gibt es insoweit nicht. Paradoxerweise wurde die Konstellation, wie sie in dem Beispiel vor Versterben des Ehemannes bestand (Betriebsgrundstück im Alleineigentum der Ehefrau, Ehemann alleiniger GmbH-Gesellschafter), früher als sogenanntes „Wiesbadener Modell" als Betriebsaufspaltung angesehen, bis das Bundesverfassungsgericht dem einen Riegel vorschob. Dies zeigt eindringlich die Unstetigkeit der Rechtsprechung und damit die Unsicherheit der tatbestandlichen Voraussetzungen der Betriebsaufspaltung.

Weit gravierende Probleme entstehen jedoch, wenn bereits eine Betriebsaufspaltung existiert und infolge einer unachtsamen erbrechtlichen Regelung die ebenfalls zwangsweise Auflösung der Betriebsaufspaltung droht, mit der Folge der meist teuren Aufdeckung der Stillen Reserven von Besitz- und Betriebsgesellschaft. Dies kann beispielsweise dann passieren, wenn der Unternehmer aus falsch verstandenem Gerechtigkeitssinn das Betriebsgrundstück auf die Tochter und die GmbH-Anteile auf den schon im Betrieb tätigen Sohn überträgt. Die Betriebsaufspaltung fliegt dann unweigerlich auf. Diese Beispiele sind aber nur ein kleiner Ausschnitt aus dem vorhandenen Problempotential, das die Betriebsaufspaltung beinhaltet.

Die Unschärfen und Tücken des Rechtsinstitutes der Betriebsaufspaltung fangen bereits mit deren dogmatischen rechtlichen Einordnung an. Bezeichnenderweise wird auch in der wissenschaftlichen Literatur die Betriebsaufspaltung häufig fälschlich als Rechtsform bezeichnet. Dieser Etikettenschwindel verschweigt jedoch in bewußter Verdrängung des in dem deutschen Gesellschaftsrecht vorherrschenden sogenannten „numerus clausus" der gesetzlich statuierten Rechtsformen die eigentlichen Wurzeln der Betriebsaufspaltung, die gleichzeitig eine der Hauptursachen für deren Problematik bildet. Die Betriebsaufspaltung ist nämlich keine im Gesetz festgeschriebene Rechtsform, sondern eine insbesondere durch die Steuerberatungspraxis zur Blüte gebrachte und von den Gerichten später anerkannte spezielle gesellschaftsrechtliche Ausprägung. Es handelt sich bei der Betriebsaufspaltung um den Verbund zweier selbständiger Rechtsträger, wobei die Besitzgesellschaft meist in der Rechtsform einer Personengesellschaft betrieben wird, während die operative Betriebgesellschaft die Rechtsform einer GmbH hat. Nur diesen beiden Gesellschaften, nicht der Betriebsaufspaltung selbst, kommt Rechtsformeigenschaft zu.

Dieser Entstehungshintergrund ist eine der Hauptursachen für den Sprengstoff, den jede Form der Betriebsaufspaltung beinhaltet. Infolge des Fehlens klarer gesetzlicher Regelungen unterliegen die tatbestandlichen Voraussetzungen, unter denen die Betriebsaufspaltung anerkannt wird, einem ständigen Wandel und sind wenig kalkulierbar. Bezeichnenderweise hat man aufgrund einer geänderten Rechtsprechung vor einigen Jahren von dem Tod der Betriebsaufspaltung gesprochen, aber erkanntermaßen sind Totgesagte meist sehr zählebig, so daß in jüngster Zeit unter Berufung neuerer gerichtlicher Entscheidungen die „zarte Renaissance" dieses Rechtsinstitutes ausgerufen wird. Ein wahrlich zukunftssicheres Fundament, wenn man als Unternehmer seine Unternehmensstruktur von den bisweilen überraschenden Überzeugungen der Richter abhängig macht.

Wie umstritten das Rechtsinstitut der Betriebsaufspaltung ist, das unabhängig von dessen problematischen Auswüchsen gleichwohl infolge seines Verbreitungsgrades aus der deutschen Rechtspraxis nicht mehr wegzudenken ist, belegen einige Zitate aus der ansonsten eher biederen und betulich formulierenden einschlägigen Fachliteratur: „schillernd und unklar", „fragwürdig", „juristisches Ärgernis", „... über das Vorliegen des Tatbestandes haftet der Moment des Zufalls". Nicht ohne Grund sind manche Steuerexperten von der Verfassungswidrigkeit der Betriebsaufspaltung fest überzeugt.

Trotz der bisweilen harschen Kritik sowie des Glaubenskrieges, den sich Gegner und Befürworter der Betriebsaufspaltung bisweilen liefern, ist zum besseren Verständnis der Betriebsaufspaltung und zur besseren Kalkulierbarkeit der eigenen Unternehmerentscheidung die Darstellung des Grundmodells der Betriebsaufspaltung sowie der sich daraus ergebenden Folgerungen notwendig. Eine unreflektierte Verdammung der Betriebsaufspaltung ist ebensowenig angezeigt, wie deren kritiklose Glorifizierung. Es gibt trotz aller berechtigter Skepsis durchaus Konstellationen, wo die Betriebsaufspaltung nach wie vor Sinn macht. Exemplarisch sei auf ein praxisnahes Beispiel aus dem Hotelsektor verwiesen, wenn ein Hotel an landschaftlich exponierter Stelle liegt und der Hotelbetrieb wegen dieser einzigartigen Lage dauerhaft und erfolgreich nur an diesem Ort ausgeübt werden kann. Bei solch einer Grundstücksbelegenheit kann ein Betriebsaufspaltungsmodell durchaus eine überlegenswerte Alternative darstellen.

Das Grundmodell der Betriebsaufspaltung, das gleichzeitig deren häufigster Anwendungsfall ist, basiert auf der Trennung des betriebswirtschaftlich nach wie vor als Einheit anzusehenden Unternehmens in eine sogenannte „Betriebsgesellschaft" und eine „Besitzgesellschaft". Die eigentliche unternehmensoperative Tätigkeit wird durch eine als Kapitalgesellschaft, meist in Form einer GmbH, ausgestaltete „Betriebsgesellschaft" ausgeübt. Die als Personengesellschaft geführte „Besitzgesellschaft" vermietet das zur Ausübung der unternehmerischen Tätigkeit notwendige Fabrikgrundstück. Angeblicher Vorteil dieser Aufsplittung des Unternehmens soll die Haftungsbegrenzung durch Herausnahme der werthaltigen Immobilien und des sonstigen wertvollen Anlagevermögens aus der betrieblichen Risikosphäre sein, die allein von der GmbH abzudecken ist. Des weiteren wird angeführt, durch die Kombination von Personen- und Kapitalgesellschaft ließen sich besondere Steuervorteile erzielen.

Die Rechtsprechung fordert für die Anerkennung als Betriebsaufspaltung im wesentlichen das Vorliegen von zwei Tatbestandmerkmalen, deren konkrete Ausprägung jedoch, wie erwähnt, einem permanenten Wandel unterliegen:

– Erforderlich ist zunächst eine personelle Verflechtung in Form eines sogenannten „einheitlichen geschäftlichen Betätigungswillens" in beiden Gesellschaften. Das heißt in der Praxis nichts anderes, als daß der beherrschende Einfluß von den gleichen Personen sowohl in der Betriebs- wie in der Besitzgesellschaft ausgeübt werden muß. Am klarsten dokumentiert sich dies sicherlich bei einer gleichzeitigen 100-Prozent-Beteiligung von einer Person in beiden Gesellschaften. In welchen anderen Fällen, die weniger eindeutig gestaltet sind, diese personelle „Beherrschungsidentität" gegeben sein soll, ist äußerst umstritten. Hier existiert kaum Rechtsklarheit, und damit fehlt es an der zwingenden Rechtssicherheit, die Grundlage jeder langfristig angelegten Unternehmerentscheidung sein muß. Mal reicht dem BFH ein faktischer Beherrschungseinfluß, in seinem nächsten Urteil fordert er die in GmbH-Anteilen dokumentierte Gesellschafterstellung, Stimmrechtsbindungsverträge werden teilweise akzeptiert, dann wieder unberücksichtigt gelassen usw. Die Reihe der wenig zur grundsätzlichen Klärung beitragenden Urteile läßt sich beliebig fortsetzen.

– Weiteres wesensnotwendiges Merkmal ist die „Überlassung wesentlicher Betriebsgrundlagen" von der Besitz- an die Betriebsgesellschaft. Dies ist nach Auffassung der Richter immer dann gegeben, wenn die zur Nutzung überlassenen Wirtschaftsgüter für die Betriebsgesellschaft wörtlich „wirtschaftliches Gewicht" besitzen. Wann das überlassene Wirtschaftsgut „wirtschaftliches Gewicht" hat und damit wesentliche Betriebsgrundlage ist, entscheidet das Gericht nach eigenem Gusto. Es sagt einem der gesunde Menschenverstand, daß mit dieser ungenauen Tatbestandsformulierung der Verlaß auf die Stetigkeit der rechtlich geforderten Anforderungen an eine Betriebsaufspaltung einem Vabanquespiel ähnelt.

Mißlich für den Unternehmer ist, daß bei Wegfall einer der tatbestandlichen Voraussetzungen, und dies kann auch durch die bloße Modifikation der bisherigen Rechtsprechung eintreten, ohne daß sich bei dem Unternehmer selbst etwas geändert hat, die zwangsweise Auflösung der Betriebsaufspaltung droht. Ebenso wie die Begründung erfolgt auch die Auflösung der Betriebsaufspaltung unabhängig von dem Willen des Unternehmers. Allein entscheidend ist, ob nach Auffassung der Finanzbehörden die tatbestandlichen Voraussetzungen der Betriebsaufspaltung vorhanden oder weggefallen sind. Deshalb ist, verbunden mit einem dringenden Appell an die Berater, bei jeder auf das Unternehmen bezogenen erb- oder gesellschaftsrechtlichen Gestaltungsmaßnahme intensiv zu prüfen, ob mit der geplanten Vorgehensweise nicht unbeabsichtigt eine Betriebsaufspaltung entsteht oder aufgelöst wird. Schwacher Trost für den Unternehmer: Ansonsten hat der verantwortliche Anwalt oder Steuerberater einen schönen Haftungsfall produziert.

Folge der Auflösung einer Betriebsaufspaltung ist, daß die gesamten in der Besitz- und der Betriebsgesellschaft aufgelaufenen Stillen Reserven, das heißt der Unterschiedsbetrag zwischen dem in der Bilanz ausgewiesenen Buchwert und dem tatsächlichen Verkehrswert, versteuert werden müssen. Dies kann bisweilen teuer werden, wenn das seit 20 Jahren genutzte Betriebsgrundstück durch seine nunmehrige durch verbesserte Verkehrsanbindung entstandene attraktive Lage und der allgemeinen Steigerung der Immobilienpreise erheblich an Wert gewonnen hat. Stille Reserven in Höhe von zehn Millionen DM, die unter Berücksichtigung der explodierenden Grundstückspreise schnell erreicht sein können, führen zu einer überschlägigen Einkommensteuerbelastung von etwa fünf Millionen DM. Da die zwangsweise Auflösung der Betriebsaufspaltung meist ohne gleichzeitigen Liquiditätszufluß eintritt, kann dies schnell das Ende des Unternehmens bedeuten. Die zwangsweise Auflösung der Betriebsaufspaltung tritt erfahrungsgemäß meist zur „Unzeit" ein, so beispielsweise, wenn gerade der kapitalverschlingende Neubau der dringend benötigten Produktionshalle begonnen wurde. Meist hätte sich dies durch eine vorausschauende testamentarische und gesellschaftsvertragliche Gestaltung leicht vermeiden lassen.

Es sind zwar Konstruktionen möglich, mit denen versucht werden kann, die Betriebsaufspaltung zu retten beziehungsweise die unangenehmen Steuerfolgen aufzufangen, doch ist hier ein schnelles Handeln angezeigt, und die Erfolgsaussichten sind nicht in allen Fällen immer gegeben. Im übrigen beinhalten diese Gestaltungen meist die Festschreibung des gewerblichen Charakters der Besitzgesellschaft und damit, realistisch gesehen, die langfristige Verhaftung des Grundstücks im Betriebsvermögen.

Häufig wird bei dem bewußt geplanten Schritt in die Betriebsaufspaltung übersehen, daß man sich damit Möglichkeiten verbaut, die langfristig und zu einem späteren Zeitpunkt von großer Bedeutung sein können. So wird bei dem in jungen Unternehmerjahren auf Anraten des Steuerberaters forsch vollzogenen Schritt in die Betriebsaufspaltung überhaupt nicht daran gedacht, daß damit eine in späteren Jahren notwendige umfassende Testamentsvollstreckung nahezu unmöglich geworden ist. Eine Testamentsvollstreckung ist aber vielleicht dringend erforderlich, damit der als potentieller Unternehmensnachfolger auserkorene Sohn erst noch die notwendigen Erfahrungen sammeln oder sein unternehmerisches Geschick unter Beweis stellen kann, bevor ihm endgültig die unternehmerische Verantwortung übertragen wird. Bis dahin soll ein kompetenter Testamentsvollstrecker dieses Interim effektiv überbrücken. Bedauerlicherweise steht dieser sinnvollen Lösung die höchstrichterliche Rechtsprechung entgegen. Die Recht-sprechung hat mehrfach eindeutig dahingehend entschieden, daß es mit dem Wesen einer Betriebsaufspaltung unvereinbar sei, wenn nicht die Erben, sondern der Testamentsvollstrecker die Stimmrechte in der Besitzgesellschaft ausübt.

Wie eben gezeigt, dokumentieren sich die Hauptschwachstellen der Betriebsaufspaltung in der wenig kalkulierbaren Rechtsprechung sowie der jederzeit drohenden zwangsweisen Auflösung der Betriebsaufspaltung bei einer auch nur geringfügigen Änderung der tatsächlichen Gegebenheiten, die mit den tatbestandlich geforderten Anforderungen kollidieren.

Sämtliche Tatbestandsmerkmale sind einer permanenten gerichtlichen Überprüfung unterworfen und stehen somit auf dem richterlichen Prüfstand. Sobald die Finanzbehörden glauben, wieder einmal einen bestimmten Einwand erheben zu können, der infolge der unklaren Tatbestandsbeschreibung, den Vielfältigkeiten des Wirtschaftslebens sowie der grenzenlosen Phantasie der Steuerpflichtigen und Finanzbeamten schnell gefunden ist, wird sofort das Finanzgericht angerufen. Infolge einer fehlenden gesetzlichen Konkretisierung fühlen sich die Finanzrichter berufen, die Aufgabe des Gesetzgebers zu übernehmen und die Tatbestände ständig umzuformen. Es sei die Vermutung erlaubt, daß die chronische Arbeitsüberlastung der Finanzgerichte und die lange Dauer der Verfahren nicht unerheblich reduziert werden könnte, wenn die Betriebsaufspaltung, wenn sie denn schon sein muß, auf eine gesicherte rechtliche Basis gestellt wird. Denn dann müßten voraussichtlich eine Vielzahl von finanzgerichtlichen Verfahren gar nicht erst geführt werden. Hier ist der Gesetzgeber dringend gefordert.

Zur eindringlichen Illustrierung der wankelmütigen Rechtsprechung bezüglich der Betriebsaufspaltung sollen an dieser Stelle einige besonders markante gerichtliche ,,highlights" nochmals zusammengefaßt dargestellt werden:

– Exemplarisch sei die Rechtsprechung des BGH zur Konzernhaftung erwähnt, die die grundsätzliche Gefahr einer ,,Durchgriffshaftung" beinhaltet und damit das Haftungsargument der Befürworter der Betriebsaufspaltung erheblich relativiert.

– Erinnert sei an die geänderte Akzeptanz des sogenannten ,,Wiesbadener Modells" in den Augen der Richter als Betriebsaufspaltung ebenso wie auf die völlig unberechenbare Rechtsprechung des BFH, unter welchen Voraussetzungen eigentlich ein ,,einheitlicher Betätigungswille" der Anteilseigner in beiden Gesellschaften vorliegt.

– In diese unselige Rechtsprechungstradition paßt sich die sehr stark einzelfallbezogene Rechtsprechung, was als ,,wesentliche Betriebsgrundlage" zu qualifizieren ist, nahtlos an. Muß das der Betriebsgesellschaft überlassene Wirtschaftsgut ,,besonders hergerichtet" sein oder nicht und falls ja, wann ist dies der Fall? Auch hierzu gibt es eine Vielzahl von Entscheidungen, die jedoch bedauerlicherweise keine klare Linie erkennen lassen.

Die Finanzrichter können sich freuen. Solange es die Betriebsaufspaltung gibt, werden sie mit Sicherheit nicht arbeitslos – aber als Richter kann man sowieso höchstens beschäftigungslos werden.

Wie oben beschrieben, gibt es unangenehmerweise Konstellationen und Umstände, die ohne Willen und Beeinflussungsmöglichkeit durch den Unternehmer zu einer zwangsweisen Auflösung der Betriebsaufspaltung führen. Dies ist das eigentlich Riskante und Unberechenbare der Betriebsaufspaltung. Die zwangsweise Auflösung bei unter Umständen nur geringfügiger Veränderung der tatsächlichen Gegebenheiten, zwingt zu einer permanenten Überprüfung, ob akute erb- oder gesellschaftsrechtliche Gefährdungen für den Bestand der Betriebsaufspaltung konkret vorhanden sind beziehungsweise sich bereits abzeichnen. Ebenso wichtig ist festzustellen, ob entsprechende Gefährdungspotentiale aufgrund struktureller Gestaltungen im Unternehmen oder im familiären Bereich latent existent sind, sprich: ob eine Zeitbombe tickt. Folgende Gesichtspunkte sind in diesem Zusammenhang besonders brisant:

– Die bisher aufgrund besonderer Umstände den Eltern zurechenbaren Gesellschafts- anteile der minderjährigen Kinder, die zum Nachweis der geforderten personellen „Beherrschungsidentität" erforderlich sind, können infolge der Volljährigkeit der Kinder nicht mehr dem elterlichen Elternanteil zugerechnet werden. Infolge der dann fehlenden personellen Verflechtung droht die Auflösung der Betriebsaufspaltung. Deshalb rechtzeitig vor dem 18. Geburtstag der Tochter nicht nur das Geburtstagsge- schenk besorgen, sondern auch die notwendigen gesellschaftsrechtlichen Maßnah- men ergreifen.

– Die testamentarische Erbregelung muß auf eine vorhandene Betriebsaufspaltung unbedingt abgestimmt sein. In der Praxis ist nicht selten der bereits oben beschriebene Fall anzutreffen, bei dem die Gesellschafterstellung in der Betriebs-GmbH und der Grundstücksgesellschaft auf unterschiedliche Kinder übertragen wird. Wenn sich hier die Kinder nicht zusammenraufen und durch einvernehmliches Agieren die Betriebs- aufspaltung zusammenhalten, zahlen im Ergebnis beide Sprößlinge drauf. Durch eine vorausschauende Erbrechtsplanung kann der Vater dieses latente Konfliktpotential erst gar nicht entstehen lassen.

– Besonders schwierig ist die Vermeidung der zwangsweisen Auflösung der Betriebs- aufspaltung, wenn außer dem in der Betriebsgesellschaft verhafteten Unternehmen und dem Firmengrundstück der Besitzgesellschaft keinerlei sonstige substantielle Vermögenswerte vorhanden sind, um die nicht in die Firma einsteigenden Kinder oder sonstigen Erben zumindest in Höhe ihres Pflichtteilsanspruches testamentarisch zu berücksichtigen. Hier kann man nur hoffen, daß die sogenannten „weichenden Erben" einsichtig sind und darauf verzichten, etwaige ihnen zustehende Pflichtteilsansprüche geltend zu machen.

– Schwierig wird es auch, wenn sich die Betriebsgesellschaft besonders gut entwickelt. Die Autohaus-GmbH benötigt wegen stetiger Geschäftsexpansion neben dem bishe- rigen in der Besitzgesellschaft gebundenen Grundstück weitere Stellplätze und son- stige Immobilien. Damit besteht die Gefahr, daß das von der Besitzgesellschaft überlassene Grundstück nicht mehr als wesentliche Betriebsgrundlage der Autohaus- GmbH von der Rechtsprechung anerkannt wird, da ihm unter Umständen wegen einer vorstellbaren Geschäftssitzverlagerung nur noch untergeordnete Bedeutung in den gesamtunternehmerischen Aktivitäten des Autohauses zukommt.

Vermieden werden kann dies nur, wenn für jedes neu hinzukommende Grundstück jeweils eine zusätzliche Betriebsgesellschaft gegründet wird, mit der weiteren Kon- sequenz, daß die Grundstücke jeweils im Betriebsvermögen verhaftet sind und die Unternehmensstruktur völlig ausufert. Oder der Unternehmer beißt in den sauren Apfel und löst nach dem Motto: „lieber ein Ende mit Schrecken als …" die Betriebs- aufspaltung auf, damit die anderen Immobilien im steuergünstigen Privatvermögen bleiben können.

– Ein Horrorszenario kann sich auch entwickeln, wenn einer von zwei Gesellschaftern, die jeweils mit 50 Prozent an der Betriebs- und der Besitzgesellschaft beteiligt sind, ankündigt, daß er aus der Betriebs-GmbH wegen unterschiedlicher Auffassung in der Unternehmensführung aussteigt, aber an der Grundstücksgesellschaft wegen erwarteter Wertsteigerungen beteiligt bleibt oder er seine Anteile in der Betriebs- und Besitzgesellschaft an jeweils unterschiedliche Interessenten veräußert.

Für den veräußernden Gesellschafter ist die Realisierung der Steuerbelastung hinsichtlich der aufgelösten Stillen Reserven wegen des erzielten Kaufpreises finanzierbar und wird in seinem kalkulierten Veräußerungspreis sicherlich Berücksichtigung gefunden haben. Der in der Besitz- und Betriebsgesellschaft verbleibende Gesellschafter hat jedoch keinerlei Liquiditätszufluß, muß aber trotzdem bei 10 Millionen DM Stillen Reserven sich zur Hälfte an den fällig werdenden Steuern beteiligen. Mehr als ärgerlich, anläßlich des durchaus legitimen „Kasse-Machens" des Partners selbst mit finanziellen Belastungen in Millionenhöhe konfrontiert zu sein. Deshalb müssen unbedingt entsprechend abgestimmte Vorkaufsrechte im Gesellschaftsvertrag vereinbart werden, falls mehrere Gesellschafter an der Betriebsaufspaltung beteiligt sind.

Diese Konstellation ist im übrigen auch denkbar im Falle einer Scheidung, wenn die bisherige Ehepartnerin keinerlei Interesse an einer Zusammenarbeit mit ihrem Ex-Ehemann in der Betriebs-GmbH hat und ihren Gesellschaftsanteil lukrativ an einen Dritten verkauft.

Unter Berücksichtigung dieser Problemfelder müssen schon gute Gründe für einen geplanten und freiwilligen Schritt in die Betriebsaufspaltung vorliegen. Es wird immer wieder gefragt, was eigentlich gegen die Betriebsaufspaltung spricht. Viel wesentlicher und angebrachter ist unter Berücksichtigung der Risiken einer Betriebsaufspaltung hingegen die Fragestellung: Was spricht eigentlich für das Abenteuer Betriebsaufspaltung? Steuerliche Argumente können zur Beantwortung nur bedingt herangezogen werden, wenn man an den bereits an anderer Stelle zitierten Steuerbelastungsvergleich von Jacobs denkt, in dem die Betriebsaufspaltung nicht sonderlich überzeugend abschneidet. Ebenso führt die Betriebsaufspaltung zur Verhaftung der Immobilie im steuerlichen Sonderbetriebsvermögen und zu einer gewerbesteuerlichen Erfassung.

Das Haftungsargument zieht allenfalls auf dem akademischen Reißbrett. Betrieblich genutzte Wirtschaftsgüter werden realistischerweise immer im Haftungsrisiko stehen. Dies ergibt sich allein schon aus dem Besicherungsinteresse der Banken. Einer lediglich mit dem Mindeststammkapital von 25 000 Euro ausgestatteten GmbH wird die Hausbank ohne Absicherung auf der Betriebsimmobilie wohl keinen umfangreichen Kredit einräumen. Im Konkursfall kann das Grundstück wahrscheinlich auch nicht gerettet werden. Dies ergibt sich allein aus der Struktur der Betriebsaufspaltung. Mit Konkurs der operativen Betriebs-GmbH wird die Betriebsaufspaltung zwangsweise aufgelöst, und in dieser Krisensituation sind die stillen Reserven zusätzlich liquiditätsbelastend zu versteuern. Wo die Betriebsaufspaltung Haftungsvorteile bieten soll, erscheint schleierhaft.

Es ist deshalb immer lohnend zu überprüfen, ob mit risikoloseren Gestaltungsmöglichkeiten nicht der gleiche Effekt erzielt werden kann. Zu denken ist hier etwa an ein sauberes Betriebsverpachtungsmodell oder die Übertragung von unternehmensnotwendigen Vermögensgegenständen auf jeweils unterschiedliche Eigentümer. Der sauberste Schritt ist jedoch die Einbringung und Zusammenfassung sämtlicher unternehmensnotwendiger Wirtschaftsgüter in einer Gesellschaft. Das, was betriebswichtig ist, sollte zusammenbleiben. Wichtiger ist vielmehr, eine wirksame Haftungsbrandmauer zwischen dem Unternehmensvermögen und dem Privatvermögen zu errichten. Die Betriebsaufspaltung ist ein heikles und problematisches Feld, das nur nach einer gründlichen Planung betreten werden sollte.

Es wäre jedoch ein Trugschluß, wenn diejenigen Unternehmer, die bisher keine Betriebsaufspaltung haben, sich zufrieden zurücklehnen würden in der Gewißheit, daß ihnen diese Probleme erfreulicherweise erspart bleiben. Wie bereits oben erwähnt, wird die Betriebsaufspaltung bei Wegfall der tatbestandlichen Voraussetzungen nicht nur zwangsweise aufgelöst. Umgekehrt kann genauso auch ohne und gegen den Willen der Beteiligten zwangsweise eine Betriebsaufspaltung begründet werden, wenn die von der Rechtsprechung geforderte Konstellation gegeben ist. Ein denkbares Szenario für den Eintritt der „Zwangsbeglückung Betriebsaufspaltung" ist der bereits oben kurz erwähnte Fall, wenn die Ehefrau Alleineigentümerin eines Grundstückes ist, auf dem der Ehemann als 100-Prozent-Gesellschafter einer GmbH sein Unternehmen betreibt. Sollte das Unternehmerehepaar wie viele andere auch ein „Berliner Testament" haben, wird die Ehefrau bei Versterben des Ehemanns automatisch Erbin der GmbH-Anteile, und es entsteht zwangsweise eine Betriebsaufspaltung. Verbunden ist dies meist noch mit unnötigen, aber erheblichen Erbschaftsteuernachteilen, wenn – wie oft bei Unternehmerehepaaren – zusätzlich ein Ehevertrag auf Basis der „klassischen" Gütertrennung existiert, denn dann schlägt der Fiskus erbarmungslos zu, wobei mit einer sinnvollen eherechtlichen Regelung diese Steuernachteile zumindest erheblich minimiert werden können. Die Betriebsaufspaltung tritt gleichfalls zwangsweise ein, wenn das gleiche Unternehmerehepaar auf einer Urlaubsreise mit dem Auto tödlich verunglückt. Der Sohn als Alleinerbe wird das Unternehmen und das Grundstück zwangsläufig in der Form einer Betriebsaufspaltung übernehmen.

Diese wirklichkeitsnahen Beispiele zeigen eindringlich, wie wichtig eine alle Eventualitäten berücksichtigende Erbplanung ist. Nachlässigkeiten können äußerst teuer werden. Größte Vorsicht ist immer angezeigt, und die bestehende Erbsituation ist besonders aufmerksam zu überprüfen, wenn das Eigentum an dem Grundstück, auf dem die Firma betrieben wird, und an dem Unternehmen selbst auseinanderfällt und unterschiedlichen Personen zusteht. Auch die Vermeidung einer Betriebsaufspaltung erfordert eine durchdachte und kalkulierte Erbregelung.

CHECKLISTE

- Hat das Unternehmen und das Grundstück, auf dem das Unternehmen betrieben wird, unterschiedliche Eigentümer?

- Sind Ihnen die Voraussetzungen und die Konsequenzen der Auflösung einer Betriebsaufspaltung bewußt?

- Haben Sie Ihre Erbregelung und -situation daraufhin überprüft, ob nicht wegen der im Todesfall eintretenden erbrechtlichen Konstellation zwangsweise eine Betriebsaufspaltung eintritt?

- Falls eine Betriebsaufspaltung vorhanden ist: Existiert eine auf die Betriebsaufspaltung abgestimmte testamentarische Regelung?

- Sind an der Betriebsaufspaltung mehrere Gesellschafter beteiligt?

- Sind die Gesellschaftsverträge auf die Betriebsaufspaltung abgestimmt?

- Stecken in der Betriebsaufspaltung erhebliche Stille Reserven?

- Beabsichtigen Sie in nächster Zeit eine Betriebsverlagerung auf ein anderes Grundstück?

- Ist eine Geschäftsausweitung in Form weiterer Standorte geplant, und haben Sie deren Auswirkung auf eine eventuell bestehende Betriebsaufspaltung überprüft?

- Haben Sie mit Ihrem Steuerberater und Hausanwalt ausdrücklich die Benachrichtigung bei etwaigen Änderungen der Rechtsprechung vereinbart?

- _____

  _____

- _____

  _____

5.4 Der richtige Weg zur Änderung der Rechtsform des Unternehmens – Sich wandeln bringt (meist) Segen

Die Entscheidung des Unternehmers, die Rechtsform des Betriebes zu ändern, darf allein aus unternehmenszielbezogenen Gründen getroffen werden. Steuerliche Überlegungen haben zunächst zurückzutreten, sie sind zweitrangig. Grundlage der Entscheidung hat eine gründliche Situationsanalyse zu sein, in deren Mittelpunkt die Frage stehen muß: Mit welcher Rechtsform kann ich meine persönlichen und unternehmerischen Ziele am besten erreichen? Erst wenn diese Frage schlüssig beantwortet wurde, muß daran anschließend selbstverständlich der steueroptimierende Weg zur Zielerreichung entwickelt werden. Bedauerlicherweise wird diese Reihenfolge des Entscheidungsfindungsprozesses nicht immer eingehalten. Der Steuerberater preist die angeblich unschlagbaren Steuervorzüge der GmbH & Co. KG. Im alltäglichen Unternehmerleben erweist sich jedoch, daß wegen des großen Anteilseignerkreises der Schritt in die AG der richtige gewesen wäre.

Die Änderung der Rechtsform kann bei einer gründlichen Planung und kompetenten Durchführung der erforderlichen Umsetzungsmaßnahmen meist zügig und ohne größere Schwierigkeiten realisiert werden. Entgegen mancher Befürchtungen ist der Wechsel der Rechtsform grundsätzlich auch ohne wesentliche finanzielle Belastungen, insbesondere steuerlicher Art, verbunden. In den wenigen Konstellationen, wo eine Rechtsformänderung zu einem erheblichen finanziellen Aufwand führt oder mit einem rechtlichen Kraftakt verbunden ist, muß im Vorfeld ganz genau abgewogen werden, ob dieser Aufwand in einem vernünftigen Verhältnis zu den Vorteilen der neuen Rechtsform steht.

Eine steuerliche Überlegung sollte jedoch immer im Auge behalten werden. Dies betrifft eine simple zeitliche Verschiebung, die gerade anläßlich der Übertragung eines Unternehmens im Zuge einer Nachfolgeregelung große Bedeutung haben kann. Durch ein richtiges Timing des Rechtsformwechsels in einem geplanten Nachfolgekonzept kann einiges an Geld gespart werden. Das nachfolgende Beispiel zeigt prägnant die Notwendigkeit einer strukturierten Vorgehensweise bei der beabsichtigten Übergabe des Unternehmens.

■ **Beispiel** ■

Der zur Firmenübergabe entschlossene Seniorunternehmer hat sich, vielleicht motiviert durch die Lektüre der vorherigen Ausführungen, angesichts des wachsenden Produkthaftungsrisikos für die von der Firma an die Automobilindustrie gelieferten Bremstrommeln, entschieden, das bisherige Einzelunternehmen in der Rechtsform einer GmbH weiterzuführen. Der Unternehmer will entsprechend seiner wesenseigenen Gründlichkeit seinem Nachfolger ein wohlbestelltes Haus übergeben und wandelt, obwohl das Unternehmen, wie bereits seit längerem abgesprochen, im nächsten Jahr an die Tochter übergeben werden soll, das Unternehmen in eine GmbH um. Hier hat jedoch der Unternehmer des Guten zuviel getan.

Der Grund hierfür wurde ebenfalls an anderer Stelle schon erwähnt. Bei Personengesellschaften wird im Falle der unentgeltlichen Übertragung des Unternehmens als steuerliche Bemessungsgrundlage der Einheitswert des Betriebsvermögens angenommen, der – von einigen Besonderheiten abgesehen, die insbesondere Betriebsimmobilien betreffen – dem Buchwert des Unternehmens laut Steuerbilanz entspricht. Völlig unerheblich ist die Ertragssituation der Firma.

Anders hingegen bei einer Kapitalgesellschaft. Das schenkungsteuerrechtlich maßgebende ErbStG nimmt bei der unentgeltlichen Übertragung eines Betriebes als Bemessungsgrundlage einen dem Verkehrswert angenäherten Wert des Unternehmens an. Wenn kein Börsenkurs vorhanden ist, was meist selten der Fall ist, behilft sich die Finanzverwaltung mit dem sogenannten „Stuttgarter Verfahren", in das sowohl Substanzgesichtspunkte wie auch die Ertragskraft des Unternehmens einfließen. Wenn der Betrieb in den Jahren vor der Umwandlung und Übergabe sehr ertragsstark war und der Unternehmer sich im Glauben wiegt, die damit verbundenen hohen Gewinnausschüttungen stellen ein Sahnehäubchen seiner Altersversorgung dar, so kann das Erwachen als GmbH-Eigentümer wegen der unterschiedlichen steuerlichen Behandlung der unentgeltlichen Übergabe von Personen- und Kapitalgesellschaften unter Umständen teuer werden. Erfahrungsgemäß weist eine gewinnstarke Kapitalgesellschaft eine höhere schenkungs- und erbschaftsteuerliche Bemessungsgrundlage auf als eine Personengesellschaft. Durch eine geringfügige zeitliche Verlagerung der Umwandlung auf den Zeitpunkt nach der erfolgten Übergabe auf den Nachfolger kann die Schenkungsteuerbelastung bisweilen problemlos um die Hälfte gesenkt werden.

Die zwingende Konsequenz für jeden umwandlungswilligen Unternehmer, der sein Unternehmen bisher als Personengesellschaft geführt hat und nunmehr zur unentgeltlichen Übergabe innerhalb der Familie entschlossen ist, muß daher bei ertragsstarken Unternehmen grundsätzlich lauten: Der Rechtsformwechsel sollte erst nach der Übergabe des Unternehmens auf den Nachfolger erfolgen. Vernünftiger ist es, wenn erst der Nachfolger, durchaus dokumentierend als zeichensetzenden Einstieg gegenüber den Mitarbeitern und dem geschäftlichen Umfeld, als erste eigene unternehmerische Tat den Schritt in die neue Rechtsform vollzieht. Wie oben gezeigt, kann dadurch einiges an Schenkungsteuer gespart werden. Dies ist eine der wenigen Konstellationen, wo sich unternehmerisches Nichtstun in barer Münze auszahlt. Das Nichttätigwerden des Seniorunternehmers, trotz der vorhandenen betrieblichen Produkthaftungsrisiken, beweist unternehmerischen Weitblick und Übersicht. Diese Überlegungen sind jedoch nur zwingend, wenn die Übergabe des Unternehmens tatsächlich unmittelbar bevorsteht. Sie sollten nicht als Alibi für eine Entscheidungsvertagung dienen, wenn die Übergabe des Unternehmens erst in ferner Zukunft liegt.

Bisher war das Umwandlungsrecht nicht vereinheitlicht, sondern die gesetzlichen Grundlagen für die einzelnen Umwandlungstatbestände waren in der Gesetzeslandschaft weit verstreut. Dieses Manko hat der Gesetzgeber durch das Umwandlungsgesetz (UmwG), welches zum 1.1.1995 wirksam wurde, zumindest teilweise beseitigt. Das UmwG ist jedoch nicht abschließend, so daß nach wie vor die übrigen gesetzlichen Umwandlungstatbestände Anwendung finden. Ungeachtet dessen beinhaltet die Kodifizierung eines eigenständigen Gesetzes einen erheblichen Fortschritt. Dies betrifft insbesondere die Erweiterung der ertragsteuerneutralen Umwandlungstatbestände.

Die gravierendste Neuerung ist, daß die ,,steuerliche Einbahnstraße" aufgehoben wurde, wonach der Schritt in die Kapitalgesellschaft ohne ertragsteuerliche Belastungen möglich war, jedoch umgekehrt die Umwandlung einer Personengesellschaft in eine Kapitalgesellschaft nach dem gesetzlichen Leitbild mit einer Aufdeckung der stillen Reserven verbunden war. Die Umwandlung eines Einzelunternehmens in eine GmbH war damit zwar durchführbar; die Änderung der Rechtsform einer GmbH in eine GmbH & Co.KG war jedoch in der Vergangenheit ausgeschlossen bzw. meist mit solch erheblichen steuerlichen Nachteilen verbunden, daß ein Rechtsformwechsel ausschied.

Diese nunmehrige Möglichkeit, die Rechtsform einer Kapitalgesellschaft in eine Personengesellschaft zu ändern, eröffnet im Zusammenhang mit der Übertragung von Unternehmen eine weitere, substantielle Gestaltungsoption. Wie bereits mehrfach erwähnt, ist die steuerliche Bemessungsgrundlage nach dem ErbStG anläßlich der Übertragung von Personengesellschaften meist erheblich günstiger als von Kapitalgesellschaften. Dies gilt insbesondere für ertragsstarke Unternehmen. Es lohnt sich nunmehr durchzurechnen, ob nicht unter Berücksichtigung der mit der Umwandlung verbundenen sonstigen finanziellen Belastungen, wie z. B. Notariats- und Beraterkosten, vor der Übertragung die Umwandlung einer GmbH in eine GmbH & Co. KG Sinn macht. Dies schließt nicht aus, daß nach einer gewissen Zeit wiederum der Schritt in Richtung Kapitalgesellschaft unternommen wird. Nachdem es sich um eine neue Gestaltungsvariante handelt, sollte jedoch unbedingt mit den Finanzbehörden vorab geklärt werden, daß kein Fall des § 42 AO (Mißbrauchs- und Umgehungstatbestand) vorliegt.

Es sollte jedoch bei diesen Überlegungen nie vergessen werden, daß die steuerliche Belastung anläßlich der Übertragung nur ein Gesichtspunkt unter vielen ist. Daneben bleibt zu prüfen, ob nicht die anläßlich der Übertragung gewonnenen Vorteile durch die zukünftige laufende Besteuerung schnell wieder aufgesogen werden. Dies ist beispielsweise der Fall, wenn zukünftig mehrere Familienmitglieder am Unternehmen anteilsmäßig beteiligt und gleichzeitig aktiv im Betrieb tätig sind. Die an die Familienmitglieder zu entrichtenden monatlichen Vergütungen können nur im Rahmen einer GmbH oder AG, nicht jedoch in einer Personengesellschaft, wie z. B. einer GmbH & Co.KG, gewinn- und damit steuerminimierend in Ansatz gebracht werden. Unabhängig von steuerlichen Überlegungen, bleibt jedoch entscheidendes Kriterium hinsichtlich der Rechtsformwahl: Mit welcher Rechtsform können die persönlichen und unternehmerischen Ziele am besten erreicht werden?

Das UmwG hat jedoch nicht nur Vorteile durch die Erweiterung der steuerneutral zu realisierenden Umwandlungstatbestände gebracht. Gleichzeitig wurden durch den unausrottbaren übertriebenen deutschen Gesetzgebungsaktivismus einige zusätzliche formelle Hürden aufgestellt, die mit erheblichem Konfliktstoff für die Praxis verbunden sind. Dies betrifft u. a. die Information und Beteiligung des Betriebsrates hinsichtlich des beabsichtigten Umwandlungsvorhabens.

Des weiteren ist in vielen Fallkonstellationen die Erstellung einer Vermögensaufstellung mit den wirklichen Werten notwendig, die völlig unabhängig von den sowieso erforderlichen Bilanzen ist und im Rahmen des Umwandlungsberichtes zu veröffentlichen ist. Damit bekommen unter Umständen die Mitwettbewerber Kenntnis über die tatsächliche wirtschaftliche Verfassung des Unternehmens, da der Umwandlungsbericht zum Handelsregister einzureichen ist. Diese formellen Ärgernisse erfordern die gründliche Vorbereitung und saubere Strukturierung des Umwandlungsvorganges. Dadurch lassen sich unliebsame Überraschungen vermeiden, und die strukturellen Vorteile des UmwG können wieder in den Vordergrund rücken. Ungeachtet dieser ärgerlichen Ungereimtheiten und Defizite erleichtert das UmwG dem Unternehmer seine Entscheidung hinsichtlich der Überprüfung und gegebenenfalls Änderung der Rechtsform seines Unternehmens.

Wesentlich für das Verständnis des Umwandlungsvorganges ist, daß die Rechstformänderung des Betriebes nicht nur auf dem Firmenbriefbogen ihren deutlichen Niederschlag findet, sondern daß anläßlich dieser Zäsur für den Unternehmer einige grundsätzliche Entscheidungsoptionen erwachsen. Dies fängt bereits damit an, daß das Umwandlungsrecht, juristisch ausgedrückt, zwischen der sogenannten ,,formwechselnden" und der ,,übertragenden" Umwandlung unterscheidet. Eine Unterscheidung, die zugegebenermaßen in letzter Konsequenz nur für den juristischen Experten verständlich und einleuchtend ist. Trotzdem wird hier der hoffnungsschwache Versuch einer auch für den gesunden Menschenverstand nachvollziehbaren Erläuterung unternommen.

Bei der ,,formwechselnden" Umwandlung bleibt der Rechtsträger gleich, das heißt das bisherige Unternehmen wird nur in anderem Kleid unverändert weitergeführt. Bei der ,,übertragenden" Umwandlung hingegen geht das Gesellschaftsvermögen auf einen völlig neuen Rechtsträger über. Nach den allgemeinen rechtlichen Grundsätzen wäre hierzu ein immenser Aufwand notwendig, da nach der gesetzlichen Systematik jeder Vermögensgegenstand, einschließlich der letzten Büroklammer, einzeln übereignet werden müßte. Das Umwandlungsgesetz ermöglicht in dieser Hinsicht pragmatische Erleichterungen. Welche Umwandlungsvariante man wählt, wird sicherlich auch durch Haftungsüberlegungen mit beeinflußt.

Die wichtigste anläßlich der Umwandlung von dem Unternehmer zu treffende Entscheidung betrifft jedoch eine Wahlmöglichkeit mit steuerlicher Auswirkung. Das Umwandlungsrecht hält insoweit für den Unternehmer alle Optionen offen. Die Umwandlung des Unternehmens in eine GmbH kann unter Fortführung der Buchwerte, sprich: vollständig steuerneutral, durchgeführt werden.

Möglich ist jedoch auch eine Bewertung der betrieblichen Vermögenswerte anläßlich der Umwandlung zum Teilwert, das heißt entsprechend des ungefähren tatsächlichen Marktwertes des Unternehmens einschließlich des Firmenwertes oder mit einem zwischen Teilwert und Buchwert liegenden Bewertungsansatz. Konsequenz hieraus ist, daß damit der sogenannte Einbringungsgewinn in Form der dann aufgedeckten Stillen Reserven der Einkommensteuer unterliegt.

Die Aufdeckung der Stillen Reserven anläßlich der Umwandlung kann in bestimmten Konstellationen durchaus vorteilhaft sein. Beispielsweise, wenn im Jahr der Umwandlung Verluste aus anderen Einkunftsarten oder Verlustvorträge aus dem umgewandelten

Unternehmen vorhanden sind, die mit dem Veräußerungsgewinn verrechnet werden können. Die mit der Aufdeckung der Stillen Reserven einhergehende Bilanzaufstockung für Anlagegüter kann zu entsprechend höheren zukünftigen Abschreibungen bei abnutzbaren Wirtschaftsgütern führen, die den zukünftigen zu versteuernden Gewinn steuergünstig mindern können. Eine mit äußerster Vorsicht zu genießende, anhand von Modellrechnungen abgeleitete Faustregel lautet: Je höher der Anteil an nicht abnutzbaren Wirtschaftsgütern (insbesondere: Grundstücken und Gebäuden), desto ungünstiger ist die Aufdeckung der Stillen Reserven, überlegenswert hingegen, wenn die Stillen Reserven im Firmenwert und in beweglichen Wirtschaftsgütern liegen. Patentrezepte, welche steuerliche Umwandlungsvariante vorzuziehen ist, sind jedoch auch hier fehl am Platz. Es kommt insoweit ganz auf den Einzelfall und die individuellen Interessen an, die sich meist erst anhand einer gründlichen und fundierten Situationsanalyse erschließen.

Die wesentliche Erkenntnis dieser Ausführungen für den Unternehmer sollte jedoch sein, daß die Umwandlung eines Unternehmens prinzipiell steuerneutral durchgeführt werden kann. Dieses Wissen erleichtert dem Unternehmer hoffentlich die Konzentration auf das allein für die Umwandlungsentscheidung maßgebende Kriterium: Welche Rechtsform ermöglicht mir die optimale Umsetzung meiner persönlichen und unternehmerischen Vorstellungen?

5.5 Der Beirat – warum sich nicht kompetent helfen lassen?

Der Unternehmer kennt den Aufsichtsrat oder Beirat meist nur als ein vom Gesetzgeber zwangsverordnetes Organ. Obwohl es die wenigsten wissen, muß ein entsprechendes Gremium über das Betriebsverfassungsgesetz und das Mitbestimmungsgesetz ab einer bestimmten betrieblichen Größenordnung auch in anderen Rechtsformen als der AG zwingend eingesetzt werden. Dies gilt beispielsweise nach dem Betriebsverfassungsgesetz für eine GmbH mit mehr als 500 Arbeitnehmern. Wegen des gesetzlich vorgeschriebenen Einsetzungszwanges werden beide Gremien deshalb von dem Firmeninhaber zunächst als Zwangs- und Aufpasserinstrument angesehen – Orwell läßt grüßen. Es besteht schnell die Befürchtung, nicht mehr „Herr im eigenen Hause" zu sein. Nicht umsonst wird deshalb die erstmalige Erwähnung in einem Beratungsgespräch, einen Beirat auch ohne gesetzliche Veranlassung im eigenen Unternehmen einzurichten, oft mit äußerster Skepsis und Zurückhaltung aufgenommen. Bei näherer Beleuchtung der Idee wächst jedoch schnell die Attraktivität des Gedankens, und nach den ersten persönlich gesammelten praktischen Erfahrungen im eigenen Unternehmen will der Unternehmer von seinen ursprünglich formulierten Zweifeln nichts mehr wissen.

Dieser positive Bewußtseinswandel wird ausgelöst durch das geänderte Wissen darüber, welche Funktion und damit welchen Nutzen ein gut strukturierter Beirat haben kann. Dem Unternehmer wird klar, daß ein funktionierender Beirat kein Hemmschuh ist. Im Gegenteil. Es wird vielmehr verstanden, daß der Beirat die Funktion eines kompetenten, auf Kooperation ausgerichteten, zugleich aber, wo es nötig ist, auch kritischen Partners der Geschäftsführung und der Gesellschafter wahrnimmt. Der Beirat ist ein sehr flexibel handhabbares und einsetzbares Instrument. Für den Erfolg des Beirates kommt es deshalb entscheidend darauf an, ihn entsprechend der individuell maßgebenden Besonderheiten zielgerichtet und mit den dafür notwendigen Befugnissen auszugestalten.

Die Erfahrung zeigt, daß die Einsetzung eines Beirates gerade in einem Nachfolgekonzept einen wichtigen Baustein darstellen kann. Das die hierfür ausschlaggebenden Gründe vielschichtig sind, zeigt den besonderen Stellenwert und die Allzwecktauglichkeit eines Beiratgremiums. Die Übergabe des Unternehmens ist in jedem Fall mit einer Umbruchphase verbunden, die zwangsläufig durch spezifische Umstellungsschwierigkeiten geprägt ist. Gerade während dieser wichtigen Zäsur in der Unternehmensentwicklung bewährt sich der Beirat als ausgleichender und stabilisierender Faktor. Der Beirat eignet sich hervorragend als vermittelnder Moderator und kurzfristiger Krisenmanager. Der Beirat dokumentiert in der unter Umständen kritischen Phase der unmittelbaren Übergabe des Führungszepters auf den Nachfolger, bis sich alles wieder eingespielt und sich das geschäftliche Umfeld an den Nachfolger gewöhnt hat, die personelle und strategische Kontinuität des Unternehmens. Interessanterweise werden viele Beiräte, die zunächst mit „Trouble-shooter"-Funktion als reine Übergangslösung gedacht waren, aufgrund der positiven Erfahrungen meist zur Dauereinrichtung im Unternehmen. Man will den Beirat als kompetenten Ratgeber und kritischen Wegbegleiter nicht mehr missen.

Gerade bei den in Familiengesellschaften nicht selten anzutreffenden und bis zu einem bestimmten Grad verständlichen Spannungen in Fragen der unternehmerischen Führung zwischen dem Seniorunternehmer und dem Sohn als seinem Nachfolger kann der Beirat wertvolle Dienste leisten und die Wogen oftmals glätten. Dies gilt ebenso, wenn sich zwei Geschwister die Unternehmensführung teilen. Der Beirat kann hier eine wichtige Ausgleichs- und Vermittlungsrolle einnehmen. Von einem gestandenen Banker als Beiratsmitglied läßt sich der Unternehmervater vielleicht leichter etwas sagen als vom eigenen Sohn.

Beispiel

Im Zuge einer Nachfolgeregelung in einem größeren süddeutschen Autohaus wurde auch ein Beirat mit drei Mitgliedern gebildet. Ein ganz wesentlicher Aspekt bei der Einsetzung des Beirates war die Überlegung, daß der Seniorunternehmer, der zwar die Geschäftsführung und die meisten Gesellschaftsanteile abgab, aber sich noch nicht ganz aus dem Unternehmen zurückziehen wollte, mit einer sehr starken Persönlichkeit ausgestattet ist und absehbar war, daß es deshalb mit dem Sohn als Nachfolger zu Konflikten kommen würde. Gerade den aus der eigenen Familie kommenden Nachfolgern fällt es nicht immer leicht, sich gegen das bisweilen knochige unternehmerische Urgestein mit der nötigen Konsequenz durchzusetzen. Die Gefahr der Einmischung entsprang in der konkreten Situation nicht einem bösen väterlichen Willen, sondern ist wie bei vielen tatkräftigen Aufbau-Unternehmern wesensbedingt, wenn sie das Tagesgeschäft dem Nachfolger übertragen. Es juckt ihnen dann häufig noch in den Fingern, Fragen des Tagesgeschäfts an sich zu ziehen.

Die eintretenden Schwierigkeiten waren also vorhersehbar. Durch die vorausschauende Einsetzung eines Beirates und durch die entsprechende personelle Besetzung konnten die tatsächlich enstehenden Konfliktherde erheblich entschärft werden. Die Dissonanzen werden dabei nicht unter den Teppich gekehrt, sondern werden in einem nutzbringenden Verfahren kanalisiert. Von dem Ergebnis profitieren alle Beteiligten.

Ein exemplarischer Fall in diesem Unternehmen war die in Autohäusern oft anzutreffende Gebrauchtwagen-Diskussion. Dabei stehen sich gerne zwei Extrempositionen gegenüber – so auch hier. Der Senior würde am liebsten überhaupt keinen Gebrauchtwagen auf dem Hof stehen sehen, da sie ohne Aussicht auf Gewinn angeblich sowieso nur Kapital binden. Der Nachfolgersohn verwies hingegen auf einige erfolgreiche Autohaus-Unternehmerkollegen, die gerade wegen des nachlassenden Neuwagengeschäfts exorbitante Gewinne im Gebrauchtwagenhandel gemacht haben. Normalerweise hätte zwischen Vater und Sohn ein Hauen und Stechen um die richtige Strategie angefangen, das der Vater aufgrund seiner Persönlichkeit sehr wahrscheinlich für sich entschieden hätte.

Hier haben jedoch die zwei von außen kommenden, mit der notwendigen Unabhängigkeit und Sachkenntnis ausgestatteten Beiratsmitglieder gegenüber dem ebenfalls im Beirat vertretenen Senior dem Junior den Rücken gestärkt. Voraussetzung für die Unterstützung war jedoch, daß der Junior zunächst ein schlüssiges und wirtschaftlich solides Gebrauchtwagenkonzept dem Beirat vorlegen mußte. Geld läßt sich in diesem Sektor nicht durch blindes Zukaufen verdienen, sondern wie die erfolgreichen Beispiele zeigen, nur bei Vorhandensein eines durchdachten Gesamtkonzeptes. Der Junior war damit gezwungen, sich intensiv über die erforderlichen Maßnahmen Gedanken zu machen. Zähneknirschend zwar, mußte der Vater diese im Beirat zustandegekommene Entscheidung akzeptieren. Bei etwaigen Querschüssen wird der Vater schnell von seinen Beiratskollegen darauf hingewiesen, seine Bedenken im Beirat vorzubringen und nicht im unmittelbaren Austausch mit dem Junior. Der Beirat ist das Forum, wo über die richtigen unternehmensbezogenen Grundsatzentscheidungen debattiert wird und wo der Junior auf dem Prüfstand steht. Damit hat der Sohn den Rücken frei für seine eigenen unternehmerischen Vorstellungen, die er aber gleichzeitig nach wie vor gegenüber dem Beirat verantworten muß. Das Gebrauchtwagenkonzept des Juniors wird solange unterstützt, wie die Zahlen und das Konzept stimmen.

Der Beirat bietet darüber hinaus ein gutes Forum, um die Erfahrung und die Kompetenz des Seniors auch weiterhin dem Unternehmen zugute kommen zu lassen. Zwar ist der klare und endgültige Kompetenzübergang auf den Nachfolger ein notwendiger Schlüssel zum Erfolg jeder Nachfolgeregelung. Gleichzeitig ist es jedoch ärgerlich, wenn die unschätzbare Erfahrung und Kompetenz des Seniorunternehmers von heute auf morgen nicht mehr genutzt werden kann. Es macht aber keinen Sinn und ist kontraproduktiv, wenn der Senior immer mal wieder sporadisch im Betrieb auftaucht oder nach wie vor seinen Schreibtisch im Unternehmen hat. Die Mitarbeiter und Geschäftspartner wissen nicht, an wen sie sich wenden sollen, und die Anmerkungen des Seniorchefs werden vom

Nachfolger, oftmals berechtigterweise, als permanentes „Hereingerede" empfunden. Dies ist weder dem Unternehmen noch dem Familienfrieden zukömmlich. Bezeichnenderweise hat bei einer Umfrage unter den Unternehmernachfolgern auf die Frage, welches das größte Problem anläßlich der Übergabe gewesen sei, fast jeder dritte Befragte geantwortet, daß dies der nach wie vor im Unternehmen präsente Senior sei.

Der Beirat bietet die Möglichkeit, den Senior sinnvoll in das Unternehmen einzubinden. Sichergestellt wird dies durch vorher klar festzulegende Mitsprache- und Einflußmöglichkeiten, die im Gesellschaftsvertrag und der Geschäftsordnung des Beirates schriftlich fixiert werden und deren Respektierung durch die pure Anwesenheit von persönlichkeitsstarken, familienfremden Beiratsmitgliedern gewährleistet wird. Der Beirat sollte jedoch nicht mit einem bäuerlich anmutenden „Austragsstüberl" verwechselt werden, denn dafür ist die Institution Beirat zu wertvoll. Es wäre ein großes Mißverständnis zu glauben, der Beirat sei ein Abstellgleis, auf dem der Senior auf elegante Art und Weise kaltgestellt werden kann. Das Gegenteil ist der Fall. Der Beirat ist ein Gremium, wo der Nachfolger seine unternehmerischen Vorhaben vorstellen und rechtfertigen muß. Nur eben in einem geregelten und damit kalkulierbaren Rahmen.

Es gibt jedoch noch weitere Situationen, in denen ein Beirat anläßlich der Unternehmensnachfolge effektiv eingesetzt werden kann. Einige Konstellationen seien kurz vorgestellt, wobei dies wegen der Vielfältigkeit der Anwendungsmöglichkeiten in keinem Fall eine abschließende Darstellung beinhaltet. An eine Einsetzung ist beispielsweise zu denken, wenn nunmehr mehrere Familienstämme am Unternehmen beteiligt sind. Die Familien verfolgen unter Umständen eher divergierende Interessen. Damit es nicht zu unangenehmen und die Unternehmensentwicklung behindernden Auseinandersetzungen wie in der Familie Bahlsen kommt, kann ein entsprechend strukturierter Beirat zu einem Gremium ausgebaut werden, in dem die auftretenden Konflikte ausgetragen und entschieden werden können. Damit kann die Gefahr von heftigen in der Öffentlichkeit ausgetragenen Streitereien vielleicht vermieden werden. Ebenso hilfreich ist ein Beirat, wenn der vorgesehene Nachfolger erst langsam in die Unternehmerrolle hineinwachsen muß und deshalb entsprechende fachliche Unterstützung bedarf. Im Falle des Rückzuges der Unternehmerfamilie aus der aktiven Geschäftsführung und der Übertragung des Tagesgeschäftes auf ein von außen kommendes Fremdmanagement kann durch die Besetzung des Beirats mit Familienmitgliedern die fortbestehende Familienkontinuität im Unternehmen anschaulich dokumentiert werden.

Damit der Beirat diese Funktionen und Aufgaben effektiv ausüben kann, müssen jedoch einige wichtige Voraussetzungen erfüllt sein. Der Beirat muß seine Tätigkeit auf einer klar definierten Grundlage ausüben. Ihm darf keine bloße „Feigenblattfunktion" zukommen. Vielmehr muß der Beirat ein arbeitendes Gremium sein, das sich von einem Honoratiorenclub elementar unterscheidet.

Der Erfolg eines Beirates hängt zu einem wesentlichen Teil von dessen personeller Besetzung ab. Hier liegt einer der Gründe, weshalb Beiräte nicht immer das leisten, was von ihnen erwartet wird und was ein effektiver Beirat leisten kann. Nach einer Untersuchung des vormaligen „Industriemagazins" kommen knapp 40 Prozent der Mitglieder eines Beratungs- und Kontrollorganes aus dem Kreis der Gesellschafter, ein weiteres

Drittel entstammt dem Bekannten- und Freundeskreis. Die erste Gruppe ist durch ihre anteilsmäßige Beteiligung zu einer objektivierten Funktionsausübung, in deren Mittelpunkt das Unternehmens- und nicht das kurzfristige Dividendeninteresse steht, nicht immer in dem gebotenen Maße in der Lage. Bei guten Freunden und Bekannten, ohne unternehmerischen Hintergrund, besteht die Gefahr, daß die Beiratsfunktion, zu der es auch gehört, unangenehme Wahrheiten auszusprechen, nicht immer konsequent erfüllt wird, weil aus Gefälligkeit das gute persönliche Verhältnis darunter nicht leiden soll. Die Dokumentation der guten persönlichen Beziehung läßt sich sicherlich besser in anderer Weise ausdrücken als durch die Entsendung in ein Beiratsgremium.

Völlig verfehlt ist es, einen Beirat zu konstituieren, in dem, wie oft üblich, der langjährige Hausanwalt, der Steuerberater und ein Angehöriger der Hausbank vertreten ist. Man kennt sich und hatte in der bisherigen langandauernden, harmonischen Zusammenarbeit nie größere Schwierigkeiten miteinander. In dieser Besetzung scheidet der Beirat als Impulsgeber und effektives Kontrollgremium, das auch unangenehme Wahrheiten ausspricht, aus, da dadurch das bisherige Zusammenwirken hinterfragt werden müßte. Der Zweigstellenleiter der Hausbank dürfte wohl kaum die Anregung aussprechen, die bisherige hohe Kontokorrentfinanzierung auf ein langfristig laufendes Festdarlehen umzustellen. Die Beiratsmitglieder müssen deshalb die notwendige Unabhängigkeit mitbringen.

Entscheidend bei der Besetzung des Beirates ist, daß die Mitglieder eine sinnvolle Ergänzung zu den bereits in dem Unternehmen vertretenen Kompetenzen darstellen. Auf die richtige Mischung kommt es an. Dies gilt für die Persönlichkeitsstruktur genauso wie für die Fachkompetenz. So ist es beispielsweise nicht im Unternehmensinteresse, einen Beirat ausschließlich aus Mitgliedern zusammenzusetzen, die sich in ihrem Tatendrang gegenseitig überbieten und dabei den Blick für die wirtschaftlichen Realitäten verlieren. Hier wäre die Aufnahme eines abwägenden und die Situation gründlich analysierenden Personentyps äußerst hilfreich. Die Besetzung des Beirates bietet die Möglichkeit, Defizite zu kompensieren. Der berufene, externe, erfahrene Kaufmann aus einem Industrieunternehmen ist beispielsweise in der Lage, auf bestehende wirtschaftliche Konsequenzen einer unternehmerischen Entscheidung des eher technisch denkenden Firmeninhabers einer Software-Entwicklungsgesellschaft hinzuweisen. Aufgrund seiner externen Stellung besteht nicht die Gefahr der „Betriebsblindheit".

In einer immer komplexer und schnellebiger werdenden Welt kann der Unternehmer nicht mehr nur als Einzelkämpfer auftreten. Es ist äußerst wohltuend, wenn man die für die Existenz des Betriebes als notwendig angesehene teure Investitionsentscheidung in Millionenhöhe mit einem dem Unternehmen verbundenen kenntnisreichen Gesprächspartner erörtern kann. Die in einem Beirat vertretenen Kompetenzen, die dem Unternehmen kontinuierlich und auf jederzeitigem Abruf zur Verfügung stehen, müßten sonst häufig einzelprojektbezogen auf dem Beratermarkt teuer eingekauft werden. Deshalb ist die zu zahlende Beiratstantieme auch unter diesem Gesichtspunkt eine lohnende Investition.

Es sollte an dieser Stelle jedoch vor einem elementaren Mißverständnis gewarnt werden. Der Beirat kann kein Gremium sein, das die dem eigentlich dem Management obliegenden Aufgaben übernimmt. Der Beirat steht der Geschäftsführung beratend selbstverständlich jederzeit zur Verfügung. Es würde jedoch die funktionelle Aufgabe eines Beirates sprengen, wenn ihm ureigenste Managementtätigkeiten, wie etwa das tagesoperative Controlling, übertragen würden. Diese Hausaufgaben muß die Geschäftsführung schon selbst machen. Der Nutzen des Beirates liegt auf anderer, strukturellerer Ebene.

Das gleiche gilt im übrigen, wenn der Beirat in eine ,,Quasi-Gesellschafterstellung" gedrängt wird, das heißt die Ausübung von originären Gesellschafterrechten, etwa die Befugnis zur Änderung der Gesellschaftssatzung, ihm übertragen wird. Dies stellt eine Flucht der Gesellschafter aus der Verantwortung dar und würde auch unter Verkennung der eigentlichen Funktion eines Beirates im Unternehmensaufbau diesen überfordern. Im übrigen ist die Übertragung dieser Art von Gesellschafterrechten, die den Kernbereich der Kapitaleignerstellung betreffen, rechtlich nur sehr eingeschränkt möglich. Die Möglichkeiten des Beirates können aufgrund seines faktischen, aber auch seines gesellschaftsvertraglich eingeräumten Einflusses trotzdem sehr weit gestaltet sein und sollten es auch sein. Dies reicht bis zur Befugnis, bei der Auswahl des Nachfolgers ein gehöriges Wörtchen mitzureden. Nur sollte die Aufgabenzuweisung den Beirat nicht überfordern und damit zum Scheitern verurteilen.

Damit der Beirat gerade anläßlich der Begleitung einer Nachfolgeregelung seine stabilisierende Funktion optimal ausnutzen kann, ist natürlich eine detaillierte Kenntnis der betrieblichen und familiären Gegebenheiten notwendig. Wenn der Beirat als kurzfristiger ,,trouble-shooter" initiiert und eingesetzt wird, kann dies auch seinen Wert haben. Aus der praktischen Tätigkeit läßt sich jedoch der Schluß ableiten, daß der Beirat erst dann richtig genutzt wird, wenn er das Unternehmen langfristig begleitet und damit zum selbstverständlichen Bestandteil des Unternehmens geworden ist. Deshalb sollte überlegt werden, frühzeitig einen Beirat im eigenen Unternehmen einzurichten. Denn, wie gezeigt, ein Beirat ist kein Zwangs- und Kontrollinstrument, sondern ein hilfreicher und dazu kostengünstiger Partner in einem immer anspruchsvoller werdenden Wirtschaftsleben.

CHECKLISTE

- Haben Sie verschiedene geschäftliche Aktivitäten und Interessen?

- Werden diese in jeweils rechtlich verselbständigten Gesellschaften ausgeübt?

- Sind an den Gesellschaften die gleichen Gesellschafter beteiligt?

- Sind Geschäftsführung und Gesellschafter identisch?

- Ist in Ihrem Gesellschaftsvertrag eine sogenannte Wettbewerbsklausel enthalten?

- Werden Sie von Ihrem Hausanwalt und Steuerberater regelmäßig über gravierende Änderungen der Rechtslage informiert?

- _____

   _____

   _____

- _____

   _____

   _____

- _____

   _____

   _____

- _____

   _____

   _____

6. Die Ehekrise darf nicht zur Unternehmenskrise werden – und umgekehrt

Die bisherigen Ausführungen haben hoffentlich deutlich gemacht, daß ein verantwortungsvolles und erfolgreiches Nachfolgekonzept sich nicht nur darauf beziehen darf, den unmittelbaren Generationenwechsel im Unternehmen möglichst optimal zu gestalten. Dies wäre zu kurz gegriffen. Die Vorbereitung der Betriebsübergabe sowie die Fortführung der Unternehmenskontinuiät ist ein permanenter und umfassender Prozeß. Konsequenz hieraus ist unter anderem, daß sich auch der potentielle Nachfolger selbst wiederum umgehend dieser Aufgabe stellen muß, sobald entschieden ist, daß er die unternehmerische Verantwortung übernehmen wird.

Die Beratungspraxis zeigt, daß in der Vergangenheit getroffene Fehlentscheidungen, an deren weitreichende Konsequenzen aus Unachtsamkeit damals keiner gedacht hat, später nur äußerst schwer korrigiert werden können. So führt beispielsweise eine in früheren Unternehmerjahren vorgenommene konzeptionslose Vermögensstrukturierung dazu, daß aus Gedankenlosigkeit werthaltige Grundstücke ohne zwingende Notwendigkeit als betriebliches Sondervermögen steuerlich verhaftet werden. Zunächst sind die damit verbundenen teueren Konsequenzen unmittelbar in Mark und Pfennig nicht zu spüren. Zum Zeitpunkt der Übergabe wird jedoch deutlich, daß eine steuerneutrale Unternehmensübergabe nur mit erheblichen Klimmzügen zu realisieren ist sowie diese Grundstükke als betriebsunabhängige Altersversorgung ausscheiden. Mit einer vorausschauenden Planung hätte dies problemlos vermieden werden können. Positiv ausgedrückt: In den jungen Unternehmerjahren sind strukturelle Weichenstellungen vorzunehmen, die die erst Jahrzehnte später erfolgende Betriebsübergabe erheblich erleichtern können.

Die falschverstandene Reduktion des Themas ,,Unternehmensnachfolge" auf die akute und punktuelle Zeitspanne der unmittelbaren Übertragung des Betriebes auf den Nachfolger ist ebenfalls ein wichtiger Grund für das Scheitern vieler Betriebsübergaben. Zielsetzung einer sinnvollen Nachfolgeregelung muß es deshalb sein, das Unternehmen möglichst umfassend und für alle Eventualitäten krisenfest zu machen. Denn nur so wird eines der wesentlichsten Erfolgsmerkmale jeder Nachfolgekonzeption überhaupt tatsächlich verwirklicht: die Sicherung der langfristigen Unternehmenskontinuität. Wenn man diese Permanenz der Herausforderung mißachtet, gibt es irgendwann nichts mehr zu übertragen, da das Unternehmen, aus welchen Gründen auch immer, zwischenzeitlich auf der Strecke geblieben ist. Die Unternehmensnachfolge ist damit der klassische Anwendungsfall der strategischen Unternehmenssicherung. Unumgänglich ist damit eine umfassende Betrachtungsweise verbunden.

Unter Berücksichtigung dieser Ausgangsüberlegung wird es sicherlich nicht verwundern, daß selbstverständlich auch die Regelung des Ehe- und Partnerschaftsbereiches zu einer zukunftssicheren Nachfolgekonzeption zählt. Mit der Wahl des Ehegüterstandes oder der Entscheidung ohne Trauschein zusammenzuleben sind weitreichende steuerliche und erbrechtliche Konsequenzen verbunden, die schnell den Bestand des Unternehmens gefährden können oder bei denen durch Unachtsamkeit leichtfertig erhebliche steuerliche und rechtliche Vorteile verschenkt werden. Der Ehegüterstand, d. h., ob das Ehepaar in Zugewinngemeinschaft, Gütertrennung oder Gütergemeinschaft lebt, hat in dem hier interessierenden Zusammenhang insbesondere Auswirkungen auf:

– die Erschaft- und Schenkungsteuer
– die Erbquote
– die Scheidungsfolgen.

Die gesetzliche Regelung des Eherechts enthält wegen ihres tradierten Entstehungshintergrundes ein erhebliches Konfliktpotential für den Bestand des Unternehmens, falls es in der Ehe kriselt. Und dies ist häufiger der Fall, als man wahrhaben möchte. Derzeit wird jede dritte Ehe in Deutschland geschieden. Tendenz steigend. Die persönliche Krise des Unternehmerehepaares ist nicht nur eine reine Privatangelegenheit, die niemanden etwas angeht, sondern schlägt schnell auf die wirtschaftliche Substanz des Unternehmens durch. Präventive eherechtliche Maßnahmen sind wegen dieser weitreichenden Konsequenzen für den Fortbestand der Firma deshalb sowohl für die Junioren wie für die Senioren unbedingt erforderlich. Man muß sich deutlich machen, daß das Motiv zum Abschluß einer ehevertraglichen Regelung nicht einem bereits keimenden Mißtrauen oder dem fehlenden Glauben an den dauerhaften Bestand der eigenen Ehe entspringt. Aber man weiß nie, welche Kapriolen das Leben zukünftig noch schlägt. Keiner kann ausschließen, daß nach 30 glücklichen Ehejahren der ergraute Unternehmer völlig überraschend vom siebten Frühling übermannt wird und auf neuen Freiersfüssen wandelt.

Völlig klar ist, daß es sich hier um eine äußerst sensible Materie handelt, die mit viel Fingerspitzengefühl behandelt werden muß. Die Unternehmerfamilie tut sich erfahrungsgemäß leichter, sich diesem Themenkomplex gegenüber zu öffnen, wenn ihr klar geworden ist, daß das oberste Ziel jeder eherechtlichen Regelung das Finden einer gerechten und fairen Lösung sein muß. Die Notwendigkeit zum Abschluß eines Ehevertrages resultiert aus dem ausschließlichen Interesse an der langfristigen Sicherung des Unternehmensfortbestandes und nicht etwa daraus, den anderen Ehepartner um seinen wohlverdienten Anteil am hart aufgebauten Familienvermögen zu bringen. Hier sind erfahrungsgemäß zunächst viele Vorbehalte abzubauen, die bedingt sind durch völlig irreführende Artikel in der einschlägigen Regenbogenpresse. Dadurch, daß in einer ausgewogenen eherechtlichen Regelung beide Ehepartner ihre legitimen Ansprüche ausreichend berücksichtigt finden müssen, ist der Abschluß eines fairen Ehevertrages im beiderseitigen Ehegatteninteresse. Eine Scheidung ist schon unter menschlichen Gesichtspunkten äußerst belastend, man sollte deshalb vermeiden, ein sich hierzu besonders gut eignendes weiteres „Schlachtfeld", sprich: das liebe Geld, zu eröffnen.

Nur eine Minderheit der Ehepaare hat vor einem Notar einen Ehevertrag unterzeichnet. Die meisten Unternehmerehepaare leben damit, wie es im Gesetz so schön heißt, im gesetzlichen Güterstand der Zugewinngemeinschaft. Gerade dieser gesetzliche Regelgüterstand birgt jedoch große Gefahren für den Bestand des Unternehmens anläßlich einer Scheidung und damit für die gemeinsame wirtschaftliche Basis. Im Falle einer Scheidung werden schnell Ausgleichsansprüche in Millionenhöhe fällig, da der wirkliche Marktwert des Unternehmens wesentlicher Faktor der Berechnungsgrundlage für den Zugewinnausgleich ist. Die wenigsten Unternehmer kennen den Wert ihres Unternehmens. Im Scheidungsfall werden sie unangenehm über die sich schnell zu Millionenwerten addierenden Summen überrascht. Insbesondere die Werthaltigkeit von Betriebsimmobilien treibt oft die Ausgleichszahlungen in schwindelnde Höhen. Hier hilft, anders als im Erbfall kein günstiger Einheitswert als Bemessungsgrundlage. Eine Beispielrechnung, bei der die Vermögenswerte während der gemeinsamen Ehe aufgebaut worden sind und formalrechtlich einem Ehegatten zustehen:

Ausgleichspflichtige Vermögenswerte

Unternehmen mit Betriebsgrundstück (Durchschnittlicher Jahresertrag, Branchenfaktor, Substanz- und Prognosefaktor)	12 Millionen DM
Immobilien (Eigenheim, 2 Eigentumswohnungen)	3 Millionen DM
Barvermögen, Aktien und ähnliches	1 Million DM
	16 Millionen DM
Zugewinnausgleichsanspruch: 16 Millionen DM ÷ 2 =	8 Millionen DM

Mancher Unternehmer erfährt erst anläßlich der Scheidung, wie reich er ist. Er lernt aber ebenso schnell, wie realitätsfern Juristen in fremder Leute Geldangelegenheiten sind, denn sie nehmen keinerlei Rücksicht darauf, ob die errechneten Vermögenswerte tatsächlich verfügbar sind oder eigentlich nur beeindruckende, aber fiktive Rechnungspositionen darstellen. Die erwähnte Reduktion der Vermögenswertberechnung durch Berücksichtigung des Abzuges einer fiktiven Steuerbelastung in Höhe eines rein rechnerisch unterstellten steuerpflichtigen Unternehmensverkaufes, der sogenannten „latenten Steuerlast", die im faktischen Ergebnis zu einer nicht unerheblichen Minimierung des Zugewinnanspruches führen kann, wird derzeit nur in Einzelfällen von den Gerichten akzeptiert und hängt auch ganz wesentlich von dem Argumentationsgeschick des Scheidungsanwaltes ab. Da erfahrungsgemäß im Falle einer Scheidung eine vernünftige Auseinandersetzung oft nicht mehr möglich ist, führen diese sich im Scheidungsverfahren schnell zu Millionenwerten summierenden Ausgleichzahlungen nicht selten zur Zwangsveräußerung oder Liquidierung des Unternehmens.

Doch nicht nur, daß schnell erhebliche Werte zusammen kommen, besonders prekär ist, daß die zu zahlende Ausgleichssumme in bar und sofort fällig ist. Die Ehekrise wird damit unweigerlich zur Unternehmenskrise. Liquide Vermögenswerte in diesen beträchtlichen Größenordnungen sind naheliegenderweise in den allerwenigsten Fällen vorhanden. Die Ausgleichsansprüche können daher nur durch Versilberung von Unternehmenswerten und damit auf Kosten der Firmensubstanz realisiert werden. Damit ist jedoch keinem gedient, da das Unternehmen die gemeinsame wirtschaftliche Basis bleibt – auch nach der Scheidung. Denn woher sonst sollen die monatlichen Unterhaltszahlungen herkommen, die unter Umständen neben dem Zugewinnausgleich zusätzlich noch fällig sind?

Deshalb sollte jedes verantwortungsvolle Nachfolgekonzept eine vernünftige ehevertragliche Regelung beinhalten. Besonders dringlich ist dies, wenn mehrere Gesellschafter im Unternehmen sind. Wenn auf einmal der langjährige Kompagnon mit der sofortigen

Zahlung von 5 Millionen DM Zugewinnausgleich anläßlich seiner Scheidung konfrontiert wird, da sich dessen Ehefrau die dauernden Eskapaden des ergrauten Don Juan mit häufig wechselnden jungen Damen nicht länger hat bieten lassen, wird man unmittelbar mit den Eheproblemen des Mitgesellschafters konfrontiert. Ein praxisnahes Szenario ist dabei, daß, um die Ausgleichzahlung realisieren zu können, der Mitgesellschafter entweder eigene Gesellschaftsanteile verkaufen muß, oder das gut florierende Unternehmen hat als Sicherheit für die über ein Privatdarlehen zu finanzierende Ausgleichs-zahlung an die geschiedene Ehefrau zu dienen. Wenn sich der andere Gesellschafter ziert und aus guten Gründen eigentlich nicht möchte, daß das Unternehmen für diese Zwecke herhalten muß, ist es ein schlagendes Druckmittel, wenn der frisch geschiedene Mitgesellschafter erwähnt, daß ansonsten die geschiedene Ehefrau auf die Übertragung eines Gesellschafts-anteils besteht. Das geschiedene und zerstrittene Ehepaar gemeinsam in der Firma, ist eine besonders ,,erstrebenswerte" und ,,attraktive" Vorstellung. Notgedrungenermaßen läßt man sich deshalb breitschlagen, den akuten Geldbedarf des frisch geschiedenen Mitgesellschafters über das Unternehmen zu finanzieren. Die eigene, gut und harmonisch verlaufende Ehe sowie der eiserne Vorsatz, Berufliches und Privates strikt zu trennen, nutzt in dieser Situation überhaupt nichts.

Die Ehesituation des Mitgesellschafters ist deshalb nicht dessen reine Privatangelegenheit, in die man sich unter gegenseitiger Respektierung der Privatsphäre selbstverständlich nicht einmischen darf. Frühzeitig sollte daher dieser potentielle Konfliktpunkt zwischen den Gesellschaftern besprochen und geklärt werden. Die beste Lösung ist dabei, wenn sich die Gesellschafter im Rahmen der Firmensatzung von Anfang an zum Abschluß eines Ehevertrages verpflichten. Erfahrungsgemäß läßt sich dieser Handlungszwang nachvollziehbar gegenüber dem Ehepartner erläutern und wird meist ohne Zögern akzeptiert. Sollte der Abschluß eines Ehevertrages, aus welchen Gründen auch immer, nicht möglich sein, sollte in dem Gesellschaftsvertrag zumindest die Möglichkeit der Einziehung des Geschäftsanteils des in Scheidung lebenden Gesellschafters vorgesehen werden, verbunden mit einer am gesetzlichen Minimum orientierten Einziehungsvergütung. Durch diese gesellschaftsvertragliche Bestimmung wird die Werthaltigkeit des Gesellschaftsanteil bei der Ermittlung der Zugewinnausgleichs erheblich nach unten korrigiert, und die finanziellen Belastungen verringern sich dadurch nicht unerheblich. Voraussetzung dafür, daß die Rechtsprechung eine solche Vertragsklausel akzeptiert, ist jedoch, daß ein entsprechender Passus von Anfang an im Gesellschaftsvertrag enthalten ist und nicht erst mit beginnender Ehekrise eingefügt wird.

Ein großes potentielles Konfliktfeld besteht natürlich auch, wenn die Ehefrau und der Ehemann jeweils als Gesellschafter am Unternehmen beteiligt sind. Auch hier muß dringend im Vorfeld eine Lösung für den Scheidungsfall gefunden werden. Die Wahrscheinlichkeit, daß das wegen Amouren der Ehefrau mit dem Tennistrainer frisch geschiedene Ehepaar in der Gesellschafterversammlung seine Beziehungsprobleme außen vor läßt, ist eher gering. Sinnvollerweise sollte deshalb in dem Gesellschaftsvertrag ein Übernahmerecht der Gesellschaftsanteile, verbunden mit einem fairen Wertausgleich für einen der geschiedenen Ehepartner, vorgesehen werden. Wenn die Kinder volljährig sind, stellt auch die Übertragungsverpflichtung auf die Kinder eine denkbare Möglichkeit dar.

Zum besseren Verständnis darüber, welche Funktion einem richtig gestalteten Ehevertrag zukommt, ist das Wissen über die Wesensmerkmale der gesetzlich vorgesehenen Güterstände unabdingbar. Nachfolgend wird ein anerkannter Eherechtsexperte sehr anschaulich einen praxisnahen Überblick geben, welche Scheidungsfolgen mit den verschiedenen Ehegüterständen verbunden sind.

Der richtige Ehevertrag – Ein Beitrag zur Familien- und Unternehmenssicherung

Michael Pinker

Vor der Frage, ob man besser einen Ehevertrag schließen oder ihn bleiben lassen soll und gegebenenfalls welchen Ehevertrag man wählen sollte, gilt es, das Ziel zu definieren, das damit verwirklicht werden soll.

Oberstes Ziel ist, das Unternehmen bestandssicher gegen den Scheidungsfall zu machen. Wahrscheinlich planen Sie diesen Fall gar nicht ein. Wer plant ihn schon ein, wenn er mit besten Vorsätzen die Ehe begonnen hat und, von kleineren oder größeren Reibereien abgesehen, die Ehe auch heute noch im großen und ganzen harmonisch verläuft? Gerade dieser Zeitpunkt ist aber der richtige, sich Gedanken über die Wahl des richtigen ehelichen Güterstandes und damit zusammenhängend eines Ehevertrages zu machen und für die Zukunft zu planen. Wenn es erst einmal kracht, lassen sich nur noch höchst selten vernünftige gemeinsame Wege finden.

Drei klassische Güterstände kennt das Gesetz. Ein klassischer Güterstand ist die Zugewinngemeinschaft. Diesen Güterstand haben Sie, wenn Sie geheiratet und nicht irgendwann einen Ehevertrag geschlossen haben, der notariell beurkundet wurde; wenn Sie also schlicht nichts gemacht haben. Sie werden denken, daß es doch nicht so falsch sein kann, auf das Gesetz zu vertrauen und demzufolge nichts zu machen. Ein Beispiel aus meiner beruflichen Praxis möge Ihnen diese fatale Fehleinschätzung verdeutlichen:

Beispiel

Der Firmensenior, Inhaber eines metallverarbeitenden Betriebes, hatte sich im Laufe von Jahrzehnten harter Arbeit seinen Betrieb aufgebaut und dabei das Betriebsgebäude auf eigenem Grund und Boden errichtet. Mit 62 Jahren fand er es an der Zeit, diesen Betrieb in die Hände seines Sohnes zu legen. Dieser heiratete, dachte an den weiteren Aufbau des Unternehmens, vergaß aber dabei, sich Gedanken um die Wahl des richtigen Güterstandes zu machen und beließ es bei den Folgen, die der Gesetzgeber vorschreibt, wenn kein Ehevertrag vorhanden ist und somit Zugewinngemeinschaft gegeben ist. Vielleicht vergaß er im Laufe der Zeit auch etwas das Privatleben. Jedenfalls kam es, daß sich die Frau der Zuneigung eines neuen Partners erfreute und die Konsequenzen zog, sprich: die Scheidung einreichte. Hauptthema dieser Scheidung war, wie nicht anders zu erwarten, der Vermögensausgleich, den die Frau zu fordern berechtigt war.

Wie sah dieser Vermögensausgleich aus? Die Ehefrau erhielt 50 Prozent der in der Ehe erzielten Wertsteigerung des Vermögens ausbezahlt, und dies in bar und sofort bei der Scheidung. Dabei mußte ein sogenannter Stichtagsstatus zum Zeitpunkt des Scheidungsantrages erstellt werden. Grundstücke einschließlich Gebäude wurden von einem Gutachter nach Verkehrswert bewertet, Forderungen wurden zusammengestellt, Verbindlichkeiten gegenübergestellt, der Maschinenpark wurde nach Sachwert geschätzt (nicht nach Buchwert, auf diese meist geringeren Werte kommt es bei der Scheidung nicht an). Schließlich und endlich ermittelte ein Wirtschaftsprüfer auch noch den sogenannten „inneren Firmenwert", also den Wert, den der Käufer einer Firma üblicherweise als Erwerbschance für den guten Namen mitbezahlt.

Dieselbe Rechnung wurde gemacht für den Zeitpunkt, zu dem der Vater seinem Sohn den Betrieb übertrug. Die Gegenüberstellung dieser beiden Statuswerte ergab einen kräftigen Wertzuwachs gegenüber damals. Wenigstens konnte durch entsprechende Argumentation gegenüber dem Gericht erreicht werden, daß der Junior noch die rechnerische Steuerlast abziehen konnte, die auch entstehen würde, wenn er den Betrieb insgesamt verkaufen würde. Es blieb aber immer noch ein erheblicher Wertzuwachs übrig, von dem die Ehefrau die Hälfte erhielt. Man kann verschiedener Auffassung sein, ob es sachgerecht ist, den Wertzuwachs in der Ehe mit 50:50 mit seinem Ehegatten teilen zu müssen. Gefährlich für den Bestand des Unternehmens war diese Lösung allemal, und es steht noch nicht fest, ob auf Dauer der Betrieb diese Belastung durch die Auszahlung verkraften kann.

Streiten kann man aber wohl nicht, ob es gerecht ist, daß die Ehefrau 50 Prozent auch der Wertsteigerung des bebauten und vom Senior an den Junior seinerzeit übertragenen Gewerbegrundstücks verlangen konnte, obwohl keiner von beiden Eheleuten für diese Wertsteigerung etwas konnte, geschweige denn einen Finger dafür krumm gemacht hatte. Das passiert aber, wenn Sie es beim gesetzlichen Güterstand der Zugewinngemeinschaft belassen. Genauso passiert es bei der Zugewinngemeinschaft, daß der Ehegatte den Wertausgleich in voller Höhe und sofort verlangen kann. Die Ausnahmemöglichkeit, in Raten zahlen zu dürfen, läßt der Richter nur in seltenen Ausnahmefällen zu. Glauben Sie wirklich, daß gerade Sie zu denen gehören, bei denen der Richter Gnade walten läßt?

Fest steht, daß eine Kuh, die man schlachtet, keine Milch mehr gibt. Auf diesen Grundsatz wird aber, wenn es einmal zur Scheidung kommt, in kaum einem Fall mehr Rücksicht genommen. Hier zählt fast nur das schnelle Geld. Ihre eigene Zukunftsplanung und vielleicht die Ihrer Kinder bleiben oft genug auf der Strecke.

Das andere Extrem als Ehegüterstand ist die Gütertrennung. Um diese konsequent und vollständig zu erreichen, ist ein Ehevertrag, der notariell zu beurkunden ist, notwendig. Hätte unser Jungunternehmer einen solchen gehabt, hätte es keinen Pfennig Ausgleichszahlung gegeben. Der Wertzuwachs in der Ehe, der seine Ursache auch im gewaltigen persönlichen Engagement hatte, allerdings auf Kosten des Familienlebens selbst, wäre beim Unternehmer verblieben. Zu diesem Ehevertrag gehören aber immer zwei Partner, sprich Ehegatten, die sich über eine vertragliche Regelung einig sind. So gehört auch dazu, daß der Ehegatte damit einverstanden ist, bei einer Scheidung absolut nichts zu erhalten von dem, was der andere sich erwirtschaftet hat. Häufig genug ist diese Regelung nicht sachgerecht, insbesondere dann nicht, wenn alles Vermögen, das in der Ehe erwirtschaftet wurde, auf den Namen des einen alleine läuft, obwohl der andere, und sei es durch die Führung des Haushalts und die Erziehung gemeinsamer Kinder, auch seinen erheblichen Beitrag hierzu geleistet hat.

Fast am Rande sei noch der dritte klassische Güterstand, der der Gütergemeinschaft, erwähnt. Auch hierfür ist der Abschluß eines notariellen Ehevertrages notwendig. Er kommt aber nur höchst selten vor, und dort auch praktisch nur in der Landwirtschaft, wenn nach außen hin dokumentiert werden soll, daß beiden Eheleuten alles gemeinsam gehört. Hätte in unserem Eingangsbeispiel der Vater seinen Betrieb dem Sohn übertragen, so wäre die Ehefrau sofort hälftige Miteigentümerin des gesamten Betriebes geworden, verbunden mit dem vollen Mitbestimmungsrecht bei allen betrieblichen Fragestellungen und dem aus diesem Güterstand resultierenden Problem, unternehmerische Entscheidungen nur einvernehmlich mit dem Ehepartner herbeiführen zu können.

Dieses Problemfeld ist nur zu vermeiden, wenn die Ehefrau ihr Einverständnis erklärt, daß der Mann das sogenannte eheliche Gesamtgut allein verwaltet. Bei der Ehescheidung muß die Gütergemeinschaft auseinandergesetzt werden. Bewertungsmaßstab ist dabei wie beim Zugewinnausgleich der geschätzte Verkehrswert, sämtliche Verbindlichkeiten müssen bereinigt werden ungeachtet dessen, ob es vernünftig ist oder nicht, Schulden sofort zu tilgen. In dem obigen Beispiel kann sich der Ehemann aus dem verbleibenden großen Topf den Wert der Firma zum Zeitpunkt der Übergabe durch den Vater ausbezahlen lassen, und der überschießende Rest wird zwischen beiden Ehepartnern hälftig geteilt. Das wirtschaftliche Ergebnis fällt demnach ähnlich aus wie beim Güterstand der Zugewinngemeinschaft, jedoch mit dem Unterschied, daß der Ehemann, wenn er den Betrieb erhalten will, notfalls sogar mit dem Ziel hätte klagen müssen, die Firma insgesamt zurückzubekommen und seine Frau in Höhe der hälftigen Wertsteigerung auszubezahlen. Im Ergebnis hätte die Ehefrau in etwa dasselbe Geld in der Hand gehabt wie bei der Zugewinngemeinschaft mit dem Unterschied, daß der Ehemann sich den Erhalt der Firma sogar noch hätte erstreiten müssen, falls die Ehefrau uneinsichtig gewesen wäre. Dieser Nachteil wäre zumindest bei der Zugewinngemeinschaft dem Ehemann erspart geblieben, ungeachtet dessen, ob die Firma hätte überleben können.

Sie sehen, daß jeder der drei klassischen Güterstände gefährlich ist. Der Gesetzgeber erlaubt es aber, von diesen klassischen Güterständen abweichende vermittelnde Verträge zu schließen, deren Ergebnis letztlich der Notar beurkunden muß. Wie das funktioniert, steht allerdings nicht im Gesetz, sondern bedarf einer individuellen Lösung, eines Maßanzuges also. Ein solcher Maßanzug paßt nicht jedem, und so kann es keinen Ehevertrag geben, der schablonenhaft ist. Der Ehevertrag muß gewährleisten, einen leistungsfähigen Betrieb in seiner Gesamtheit unabhängig von den Folgen einer Scheidung zu erhalten. Er wird weiter zum Inhalt haben müssen, den Ehegatten angemessen und fair am wirtschaftlich in der Ehe erarbeiteten Ertrag zu beteiligen, wobei die Auszahlung der Beträge gegebenenfalls in angemessenen Raten zu erfolgen hat, und der Ehevertrag wird auf jeden Fall vermeiden müssen, daß Wertsteigerungen von Immobilienbesitz, der von den eigenen Eltern übergeben wurde, Teil eines Vermögensausgleichs wird, für den keiner der Ehegatten auch nur einen Finger krumm gemacht hat.

Fazit

Das Fazit der vorhergehenden Ausführungen eines erfahrenen Scheidungsanwaltes lautet zusammenfassend, selbstverständlich darf kein platter Ehevertrag abgeschlossen werden nach dem Motto: Dem Ehemann alles, einschließlich der schicken neuen Freundin, und der Ehefrau die Kinder. Entgegen einer weitverbreiteten Auffassung ist das Gesetz nicht abschließend, sondern bietet eine Vielzahl an Gestaltungsmöglichkeiten. Das Gesetz fordert ausdrücklich zu gestalterischem und phantasievollem Handeln auf. Aber Phantasie und Juristerei verhalten sich bedauerlicherweise meist wie Feuer und Wasser. Dies läßt sich gerade am Beispiel des Ehevertrages eindringlich demonstrieren. Hier wandeln die Notare und Rechtsanwälte häufig auf ausgetretenen traditionellen Pfaden, die dem Unternehmerehepaar unnötigerweise Wahnsinnssummen kosten – und dies nicht unter Honorargesichtspunkten. Vielmehr avancieren viele Notare und Rechtsanwälte aus Gedankenlosigkeit mit den von ihnen abgefaßten Eheverträgen zum wertvollsten Mitarbeiter der Finanzbehörden.

Erschreckend ist dem Unternehmer klar geworden, daß hohe Ausgleichszahlungen anläßlich einer Scheidung schnell zur Liquidierung des Unternehmens führen. Nachdem auch der einsichtigen Ehefrau der diesbezügliche Handlungsbedarf einleuchtet, wird schnell ein Notartermin vereinbart. Doch Vorsicht vor den bedauerlicherweise oft anzutreffenden „Schreibautomaten-Tätern" unter den Notaren, wobei diese Warnung gleichermaßen vor Rechtsanwälten gilt, die die notariell zu beurkundenden Eheverträge entwerfen. Im Schreibautomat, oder vielleicht wurde die Kanzlei ganz fortschrittlich zwischenzeitlich auf PC umgerüstet, existiert seit 20 Jahren das seitdem unveränderte Ehevertragsformular, in dem von dem Notar/Rechtsanwalt lediglich noch bequemerweise die persönlichen Daten des Ehepaares und das Datum verändert werden müssen. Die Unterzeichnung dieses Ehevertrages kostet das Unternehmerehepaar viel Geld, wobei sich dies nicht auf die Honorarnote bezieht. Denn erfahrungsgemäß handelt es sich auch heute noch bei den allermeisten der abgeschlossenen Eheverträge um solche auf Basis der „klassischen" Gütertrennung, das heißt, die Gütertrennung wird umfassend und uneingeschränkt vereinbart.

Damit wird jedoch das Kinde mit dem Bade ausgeschüttet. Der vereinbarte Ehegüterstand hat nämlich für zwei Lebenssituationen handfeste Auswirkungen, und beidesmal dreht es sich um das liebe Geld. Zum einen betrifft er den Scheidungsfall und damit die Frage, ob und in welcher Höhe Ausgleichszahlungen zu entrichten sind. Zum anderen, und dies wird meist übersehen, hat der Ehegüterstand erhebliche erbschaftsteuerliche Konsequenzen im Todesfall eines Ehegatten. Ansatzpunkt hierfür ist das Erbschaftsteuergesetz.

Wesentlicher Inhalt der einschlägigen gesetzlichen Bestimmung ist, daß der dem überlebenden Ehegatten auf Grund der Zugewinngemeinschaft gesetzlich eingeräumte zusätzliche Erbanteil erbschaftsteuerfrei bleibt. Damit unterliegen mindestens ein Viertel des Nachlaßvermögens nicht der Erbschaftsteuer, sie können steuerfrei auf den überlebenden Ehegatten übertragen werden. Durch entsprechende Darlegung gegenüber den Finanzbehörden kann dieser Steuervorteil sogar noch erheblich höher ausfallen.

Durch einen richtig textierten Ehevertrag können schnell und völlig legal mehrere Hundertausend Mark Erbschaftsteuer gespart werden. Durch die simple Abänderung des Ehevertrages konnten in einem konkreten Beratungsprojekt für ein Unternehmerehepaar 750 000 DM ansonsten fällig werdende Erbschaftsteuer vermieden werden. Dies ist eine vom Gesetzgeber eingeräumte Gestaltungsoption, die jedoch von vielen Unternehmern (besser: ihren Beratern) ungenutzt gelassen wird. Statt dessen werden aus ,,Steuerersparnisüberlegungen" von dem Unternehmer lieber obskure telefonisch offerierte Abschreibungsmöglichkeiten im Zusammenhang mit irgendwelchen karibischen Tankerflotten und ,,garantierten" 500 Prozent p. a. Rendite in Anspruch genommen und ohne Sicherheiten erstmal vorab eine halbe Million auf ein Nummernkonto auf den Cayman Islands überwiesen. Bei einem Ehevertrag auf Basis der ,,klassischen" Gütertrennung wird hingegen der meist erhebliche, völlig legale und tatsächlich garantierte Steuervorteil des ErbStG ohne Not verschenkt. Dies ist vor allem auch deshalb ärgerlich, weil dieser Verschleuderung von hart verdientem Geld keine sonstigen Vorteile gegenüberstehen. Die meisten Eheverträge gehören deshalb in den Mülleimer, wobei dies bitte nicht wörtlich zu nehmen ist, denn auch die Abänderung eines Ehevertrages bedarf zu seiner Wirksamkeit der notariellen Beurkundung.

Ein Ehevertrag bleibt jedoch wegen der oben dargelegten, schnell die Substanz des Unternehmens gefährdenden Ausgleichszahlungen im Scheidungsfall für jedes Unternehmerehepaar zwingend notwendig. Nur muß der Ehevertrag eben richtig gefaßt sein. Sinnvollerweise sollte ein Ehevertrag auf Basis der sogenannten ,,Modifizierten Zugewinngemeinschaft" abgeschlossen werden. Diese Form des Ehevertrages gewährleistet die praktische Umsetzung des im vorherigen Beitrag formulierten Zielkataloges. Die ,,Modifizierte Zugewinngemeinschaft" kombiniert die steuerlichen Vorteile der Zugewinngemeinschaft im Todesfall, mit der auf den Erhalt der wirtschaftlichen Substanz des Unternehmens ausgerichteten Gütertrennung im Scheidungsfall, wobei gleichzeitig ein fairer finanzieller Ausgleich zwischen den Ehepartnern von vornherein vereinbart werden kann. Aber auch hier ist aktives Handeln des Unternehmers zwingend angezeigt, denn ansonsten verbleibt es bei der für den Fortbestand des Unternehmens äußerst brisanten gesetzlichen Regelung. Der Gang zum (verantwortungsvollen) Notar/Rechtsanwalt wird damit zu einem ganz wesentlichen Beitrag zur Unternehmenssicherung.

In der praktischen Umsetzung wird in dem Ehevertrag schriftlich fixiert, daß im Falle der Scheidung der Zugewinn gänzlich ausgeschlossen ist oder das Unternehmen beziehungsweise bestimmte andere näher bezeichnete Vermögenswerte, die ansonsten bei der Berechnung des Zugewinns Berücksichtigung finden (zum Beispiel das ererbte Grundstück der Ehefrau, dessen zwischenzeitliche Wertsteigerung seit dem Erbzeitpunkt in der Zugewinnberechnung zu berücksichtigen ist), ausgeschlossen bleiben. Hier ist man völlig flexibel, und die genauen Festlegungen können maßgeschneidert auf den Einzelfall abgestimmt werden. Gleichzeitig wird festgelegt, daß es jedoch, bezogen auf den Todesfall des Ehepartners, bei der Zugewinngemeinschaft verbleibt und damit auch weiterhin die erbschaftsteuerlichen Vorteile ungeschmälert ausgenutzt werden können. Der Ehegüterstand wird damit quasi gesplittet. Für den Scheidungsfall verbleibt es bei der Gütertrennung, während im Todesfall die Grundsätze der Zugewinngemeinschaft zur Anwendung kommen.

Wie eben dargelegt, werden die anläßlich einer Ehescheidung eventuell fällig werdenden ruinösen Zugewinnausgleichsansprüche bereits im Vorfeld ausgeschlossen. Dies bedeutet jedoch nicht, daß der nicht am Unternehmen beteiligte Ehepartner, und dies ist in den allermeisten Fällen immer noch die Frau, überhaupt keine finanziellen Ausgleichsansprüche geltend machen kann, wie dies ebenfalls zwangsläufige Konsequenz der unsinnigen „klassischen" Gütertrennung ist. Die hiervon unabhängig zu beurteilenden Unterhalts- und Versorgungszusageansprüche sind meist unzureichend. Dies wäre unter Berücksichtigung des geleisteten Beitrags des Ehepartners zum erfolgreichen Florieren des Unternehmens mehr als ungerecht. Im Rahmen der „modifizierten Zugewinngemeinschaft" wird im Gegenzug für den grundsätzlich erklärten Verzicht hinsichtlich von das Unternehmen in seiner Substanz tangierenden Ausgleichsansprüchen gleichzeitig eine, der individuellen Situation angepaßte, konkrete Versorgungszusage für den nicht am Unternehmen beteiligten Ehegatten getroffen. Sinnvoll ist dabei beispielsweise die Kombination eines festen monatlichen Fixums, das den allgemeinen Lebensstandard deckt, mit einer prozentualen Beteiligung am jährlichen zukünftigen Unternehmensgewinn, falls der Betrieb wirtschaftlich erfolgreich war.

Damit wird der meist nicht unerhebliche unmittelbar oder mittelbar fortwirkende Beitrag des Ehepartners am Aufbau des Betriebes zumindest finanziell anerkannt und langfristig honoriert. In vielen Fällen hat die Ehefrau neben der täglichen Hausarbeit noch in mühseliger Wochenend- und Nachtarbeit jahrelang die Buchführung gemacht. Genauso wichtig wie diese unmittelbar betriebsbezogenen Tätigkeiten ist jedoch das „Rückenfreihalten" des Unternehmers, damit dieser ungestört seinen 14-Stunden-Tag in der Firma verbringen konnte und das Familienleben trotzdem funktionierte – bis zur Scheidung. Ein Ehevertrag auf Basis der „modifizierten Zugewinngemeinschaft" kann einen wesentlichen Beitrag dazu leisten, daß anläßlich der Scheidung aus persönlicher Enttäuschung und Kränkung nicht noch unnötiges weiteres Geschirr zerschlagen wird. Dies dient allen Beteiligten.

Nur bei der Zugewinngemeinschaft und damit im Rahmen der „modifizierten Zugewinngemeinschaft" läßt sich ein weiterer interessanter Gestaltungsaspekt realisieren, bei dem schenkungsteuerfrei Vermögensgegenstände auf den Ehepartner übertragen werden können, was unter Haftungsgesichtspunkten (Stichwort: Verlagerung von Vermögenswerten auf den nicht am Unternehmen beteiligten Ehepartner) und Steuerprogressionsaspekten (Stichwort: beide Elternteile sollten Vermögen vererben) vorteilhaft ist. Denn die Zugewinngemeinschaft kann auch zu Lebzeiten und nach freier Entscheidung der Ehepartner aufgelöst werden. Im Rahmen einer zwischen den Ehepartnern zu treffenden Auseinandersetzungsregelung steht es ihnen offen, Vermögenswerte jeglicher Art, z. B. Immobilien, Gesellschaftsanteile, Bankkonten, auf denjenigen Ehepartner zu übertragen, der bisher noch nicht deren zivilrechtlicher Eigentümer war. Beispielsweise kann so der

Unternehmer, der wegen der Rechtsform der Firma oder wegen der eingegangenen Bürgschaften vollständig mit seinem gesamten Vermögen für betriebliche Risiken haftet, das bisher auf ihn in das Grundbuch eingetragene Eigenheim und sein Wertpapierdepot steuerfrei auf seine Ehefrau übertragen. Der Gesetzgeber hat diese Übertragungen anläßlich der Auflösung einer Zugewinngemeinschaft schenkungsteuerfrei gestellt. Dies stellt ein attraktives Gestaltungsinstrument dar, das bei der „klassischen" Gütertrennung nicht genutzt werden kann.

Die bisherigen Ausführungen haben sich auf die Abschottung des Unternehmens von Risiken aus der Privatsphäre konzentriert. Es existiert aber insoweit ein Gegenseitigkeitsverhältnis. Ebenso selbstverständlich sollte deshalb sein, daß der Ehepartner, der an dem Unternehmen anteilsmäßig überhaupt nicht beteiligt ist, von betrieblichen Risiken möglichst unbelastet bleibt. In der harten Realität bleibt dieser Grundsatz jedoch häufig Makulatur. Ein großer Fallstrick insoweit ist die leidige Bürgschaftsthematik, wobei in diesem Zusammenhang gerade die Banken oft ein trauriges Bild bieten. Es sei unterstellt, daß dies mit der unzureichenden Rechts- und Gesetzeskenntnis mancher Bankmitarbeiter zusammenhängt. Es mag nun der nicht von der Hand zu weisende Hinweis kommen, im Bankbereich seien doch viele Juristen tätig, aber vielleicht haben diese gerade bei der Vorlesung „Ehe- und Familienrecht" gefehlt. Daraus sollte man aber ihnen und damit auch den Banken selbstverständlich keinen Vorwurf machen.

Das infolge der bisherigen Lektüre wünschenswerterweise gewachsene Verständnis über die Wesensmerkmale der unterschiedlichen eherechtlichen Güterstände wird hoffentlich das Unternehmerehepaar besser für das nächste Bankgespräch wappnen, bei dem wieder einmal das Ansinnen gestellt wird, daß nun doch auch die anteilsmäßig nicht beteiligte Ehefrau eine betriebsbezogene unbefristete und unbegrenzte Bürgschaft unterzeichnen solle, obwohl allein der Ehemann GmbH-Gesellschafter ist. Um das Unternehmerehepaar weichzuklopfen, wird entgegen der tatsächlichen rechtlichen Gegebenheiten behauptet, die Unterzeichnung einer Bürgschaftsurkunde durch die Ehefrau stelle sowieso nur reinen Formalismus dar, weil die persönliche Mithaftung der Ehefrau für unternehmerische Risiken zwangsläufige Konsequenz der Zugewinngemeinschaft sei. Ehemann und Ehefrau würden bei gegebener Zugewinngemeinschaft in finanziellen Dingen immer in einem Boot sitzen. Zur Vermeidung von Mißverständnissen und ungerechtfertigten Vorwürfen gegenüber der im Bankgeschäft vertretenen juristischen Zunft sei nochmals an die bereits oben erwähnte, nicht besuchte Familienrechtsvorlesung erinnert.

Denn die von den Banken zur Abgabe der Bürgschaftserklärung angeführten Argumente sind schlichtweg falsch. Nochmals zur Verdeutlichung: Auch nach der Eheschließung bestehen in der Zugewinngemeinschaft nach wie vor zwei unabhängige Vermögensmassen. Das im Eigentum der Ehefrau stehende Haus gehört ihr allein und ist völlig getrennt von dem Unternehmenseigentum des Mannes zu sehen. Es ist auch völlig unerheblich, ob die Ehefrau das Haus mit in die Ehe gebracht hat oder von wessen Geld das Haus im weiteren Verlauf der Ehe erworben wurde. Entscheidend ist allein, wer im Grundbuch als Eigentümer steht. Und so verhält es sich mit jedem anderen Vermögensgegenstand – angefangen von dem persönlichen Schmuck bis zum eigenen Wertpapierdepot. Der sogenannte Zugewinn wird nur relevant im Zusammenhang mit einer etwaigen Scheidung oder dem Tod des Ehepartners. Dann sind etwaige Ausgleichsansprüche zwischen den Ehepartnern fällig beziehungsweise räumt der Gesetzgeber bestimmte Steuervorteile ein. Die Zugewinngemeinschaft hat nach der gesetzlichen Regelung demzufolge in dem hier interessierenden Zusammenhang nur im Innenverhältnis der Eheleute Konsequenzen. Außenstehende Dritte können daraus keine Rechte ableiten.

Im Konkurs des Unternehmens bleibt bei gegebener Zugewinngemeinschaft, vorausgesetzt das Unternehmerehepaar ist den Banken nicht auf den Leim gegangen, der nicht am Betrieb beteiligte Ehegatte völlig unbehelligt. In diesem Zusammenhang spielt vielleicht aber auch der vom Gesetzgeber gewählte Begriff „Zugewinngemeinschaft" eine unrühmliche Rolle. Er suggeriert nämlich dem juristischen Laien, daß sämtliche in der Ehe erworbenen Vermögenswerte beiden Ehegatten gemeinsam gehören und damit auch die Außenhaftung von beiden Ehepartnern gemeinsam zu tragen ist. Dies ist aber, wie eben gezeigt, nicht zutreffend. Jeder Ehegatte ist gegenüber Dritten alleinverantwortlich. Welche durch den Ehegüterstand bedingten Verpflichtungen die Ehegatten untereinander haben, steht wieder auf einem anderen Blatt, hat aber außenstehende Dritte nicht zu interessieren. Mit diesem rechtlichen Hintergrundwissen sollte jedes Unternehmerehepaar, das in Zugewinngemeinschaft lebt, dringend die eigene persönliche Bürgschaftssituation überprüfen und sich nicht scheuen, gegebenenfalls mit den Banken ein Gespräch mit dem Ziel der Bürgschaftsfreigabe zu führen.

Es gilt der dringende Grundsatz: Die Ehekrise darf nicht zur Unternehmenskrise werden – und umgekehrt. Aber nicht nur der „sichere" Hafen der Ehe beinhaltet heikle finanzielle und rechtliche Klippen. Immer mehr Paare leben ohne Trauschein zusammen. Die starke Zunahme der sogenannten nichtehelichen Lebensgemeinschaften sowie deren gesellschaftliche Akzeptanz ist Ausdruck unserer Zeit. Gleichwohl hinkt auch in diesem Fall die rechtliche Entwicklung den tatsächlichen Gegebenheiten wieder einmal hinterher. Der Gesetzgeber um die Jahrhundertwende, der zu Zeiten von Kaiser Wilhelm die auch noch heute gültigen Strukturen sowohl für das Ehe- wie für das Erbrecht gelegt hat, konnte sich sicherlich selbst in seinen kühnsten Phantasien nicht vorstellen, daß in gar nicht so ferner Zukunft eine nicht unbeträchtliche Anzahl von Paaren ohne Trauschein glücklich zusammenleben und vielleicht sogar gemeinsam Kinder haben.

Dementsprechend fehlen jegliche speziell auf diese Form des gemeinsamen Zusammenlebens abgestimmte gesetzliche Regelungen. Damit stehen sich Partner einer nichtehelichen Lebensgemeinschaft rechtlich gesehen wie fremde Dritte gegenüber. Ebenso gibt es rechtliche Besonderheiten zu berücksichtigen, falls ohne Trauschein gemeinsame Kinder in die Welt gesetzt wurden. Man mag dieses Untätigsein des Gesetzgebers bedauern. Konsequenz muß jedoch sein, daß sich die Paare, die sich für diese Form des gemeinsamen Zusammenlebens entschieden haben, über die bestehenden rechtlichen Risiken im klaren sind und sich selbst im Wege vertraglicher Vereinbarungen eine gesicherte rechtliche Basis schaffen. Gerade jüngere Unternehmer, die gerade die Nachfolge angetreten haben, sollten sich Gedanken über die bestehenden rechtlichen Auswirkungen ihrer Lebenssituation machen.

Das Beispiel Erbrecht zeigt besonders drastisch die äußerst mißlichen Konsequenzen eines fehlenden Trauscheins. Stichworte sind insoweit: der unverheiratete Partner kann ohne Testament nicht Erbe werden, Eingruppierung in die höchste Erbschaftsteuerklasse, keinerlei steuerliche Privilegierungen. Ein Zahlenvergleich macht die erheblichen erbschaftsteuerlichen Unterschiede deutlich: Der Ehepartner zahlt auf 1 Million DM steuerpflichtiges Nachlaßvermögen 150 000 DM Erbschaftsteuer, während der nichteheliche Lebenspartner 290 000 DM an den Fiskus abführen muß. Partielle Erleichterungen gibt es nur im Zusammenhang mit Unternehmensvermögen, da bei einer unentgeltlichen Übertragung unabhängig vom Verwandtschaftsgrad immer die günstige Steuerklasse I zur Anwendung kommt. Die günstigen Freibeträge richten sich jedoch auch zukünftig ausschließlich nach dem Verwandtschaftsverhältnis. Konkret bedeutet dies: Die Ehefrau hat 600 000 DM Freibetrag, die Freundin nur 10 000 DM.

Gravierende Auswirkungen hat die nichteheliche Lebensgemeinschaft jedoch nach wie vor im erbrechtlichen Bereich und damit für die Zukunft des Unternehmens, wenn infolge eines fehlenden Testamentes und der dann zur Anwendung kommenden gesetzlichen Erbfolge auf einmal der entfernte Neffe des Verstorbenen Firmenerbe wird und nicht die seit 20 Jahren mit dem verstorbenen Unternehmer ohne standesamtliche Absegnung glücklich zusammenlebende und in der Firma in leitender Position tätige Freundin. Damit ist auch deren finanzielle Altersabsicherung dahin.

Über die bestehenden, besonderen rechtlichen und steuerlichen Risiken müssen sich diese Paare im klaren sein. Zwar nicht alle, aber viele Problemfelder lassen sich durch vertragliche Maßnahmen entschärfen. Sinnvoll ist es, wenn Unternehmerpaare entsprechende Partnerschaftsverträge abschließen, in denen alle relevanten Punkte geregelt sind. Es sollte dem verantwortlich denkenden Paar ohne Trauschein bewußt sein, daß gerade in bezug auf ein Unternehmen die Lebensform der nichtehelichen Lebensgemeinschaft dringend die Abfassung einer gestaltenden und vorsorgenden vertraglichen Vereinbarung erfordert. Der vielleicht als bürokratisch und formalistisch empfundene und deshalb ersparte Gang zum Standesamt muß ersetzt werden durch den Gang zum Rechtsanwalt, der einen sinnvollen Partnerschaftsvertrag aufsetzt.

CHECKLISTE

■ Besteht ein Ehevertrag?

■ Wurde er auf der Basis der „modifizierten Zugewinngemeinschaft" abgeschlossen?

■ Wissen Sie, ob Ihr Mitgesellschafter einen Ehevertrag hat?

■ Ist im Gesellschaftsvertrag eine solche Verpflichtung festgelegt, und wie wird deren Einhaltung sichergestellt?

■ Gibt es eine Scheidungsklausel im Gesellschaftsvertrag?

■ Wurde das Unternehmen während der gemeinsamen Ehe aufgebaut oder ist es stark gewachsen?

■ Sind bei ererbten Unternehmens- und Privatvermögen sowie bestehender Zugewinngemeinschaft in der Vergangenheit große Wertzuwächse zu verzeichnen gewesen?

■ Besteht ein aktueller Finanzstatus darüber, welcher Betrag anläßlich einer Scheidung aktuell an den geschiedenen Ehegatten zu zahlen ist?

■ Hat der nicht am Unternehmen beteiligte Ehepartner eine unternehmensbezogene Bürgschaft unterzeichnet, oder haftet er sonstwie für Unternehmensrisiken?

■ _____

  _____

  _____

■ _____

  _____

  _____

■ _____

  _____

  _____

7. Das Unternehmertestament –
Die vier großen W's des Erbrechts: Wer, Was, Wann, Wie

Sobald das Thema Unternehmensnachfolge relevant wird, geht die erste, aber bedauerlicherweise auch oft die einzige Überlegung in diesem Zusammenhang in Richtung Unternehmertestament. Erbrechtliche Maßnahmen in Form eines situationsgerechten Testamentes oder Erbvertrages sind zwar ein wesentlicher Bestandteil jeder Betriebsübergabekonzeption, jedoch nicht deren einziger Baustein. Jedem Firmeninhaber sollte bewußt sein, daß das Unternehmertestament zunächst nur die zweitbeste Möglichkeit für die Übergabe des Betriebes darstellt. Das Unternehmertestament sollte, soweit das Unternehmen betroffen ist, als Maßnahme der Risikovorsorge gegen nie ganz auszuschließende unvorhergesehene Schicksalsfälle verstanden werden. Immerhin erleben zehn Prozent der 30-jährigen nicht das 50. Lebensjahr. Oberste Priorität für jeden Unternehmer sollte jedoch die geplante Unternehmensübergabe zu Lebzeiten haben. Erfahrungsgemäß lassen sich nur im Rahmen einer den unternehmensbezogenen Bereich betreffenden ,,Vorweggenommenen Erbfolge" die persönlichen Zielvorstellungen und eine strukturierte Steueroptimierung vernünftig realisieren.

Das Unternehmertestament muß abgestimmt sein auf sämtliche anderen Aspekte einer zukunftssicheren Nachfolgekonzeption sowie auf die existierenden familiären, rechtlichen und unternehmerischen Gegebenheiten. An anderer Stelle wurde bereits exemplarisch darauf hingewiesen, welche Horrorszenarien entstehen können, wenn beispielsweise das Testament oder der Erbvertrag nicht mit dem Gesellschaftsvertrag harmonisiert. Der im Testament eingesetzte Nachfolger hat dann unter Umständen keine Chance, sich auf den Chefsessel des Unternehmens zu setzen.

Unabhängig von dieser grundsätzlichen Ausgangslage kommt jedoch einem situationsgerechten Testament oder Erbvertrag selbstverständlich ein besonderer Stellenwert in jeder Nachfolgekonzeption zu. Unterlassene oder fehlerhaft abgefaßte Testamente sind erfahrungsgemäß meist sehr teuer und sind eine der Hauptursachen für das Scheitern vieler Betriebsübergänge auf die nachfolgende Generation. Die tragischste Konsequenz ist jedoch, und dies gilt für ein fehlerhaft abgefaßtes Testament gleichermaßen wie für eine gänzlich unterlassene erbrechtliche Regelung, daß die von dem Unternehmer angestellten Überlegungen und vorhandenen Wünsche, wie es mit dem hart aufgebauten Lebenswerk nach dem Tod weitergehen soll, meist nicht erfüllt werden. Der letzte Wille des Unternehmens bleibt oft ein illusionärer Wunsch ohne praktischen Niederschlag und Umsetzungschance in der harten Familien- und Gesetzesrealität, wenn er nicht in einem einwandfreien Unternehmertestament seinen schriftlichen Niederschlag gefunden hat. Nur mit einem vernünftigen Testament kann der Unternehmer die Personen, die ihm wirklich nahestehen, rechtlich einwandfrei absichern und dafür sorgen, daß das Unternehmen in die richtigen Hände kommt.

Das Unternehmertestament bildet die formaljuristische Schnittstelle zwischen dem Privatbereich und dem Unternehmen. Das Unternehmertestament beziehungsweise dessen gedankliche Grundlage muß das gesamte Vermögen sowie sämtliche Familienmitglieder und diejenigen Personen, die sonst bedacht werden sollen, berücksichtigen. Auch die Familienmitglieder, die gerade nichts bekommen sollen, wie zum Beispiel die undankbare und das Geld verprassende Tochter, sind bei der Gestaltung des Letzten Willens des Unternehmers in die gedanklichen Überlegungen mit einzubeziehen. Auch das, was man nicht will, muß seinen Niederschlag im Testament finden und stellt deshalb bei der Konzeption des Testamentes einen wichtigen Merkposten dar. Denn ansonsten diktiert das Gesetz den Gang der Dinge. Spätestens durch die inhaltlichen Festlegungen des Testamentes entscheidet sich, wer die Firma bekommt. Und sei es durch die Nichtregelung im Testament beziehungsweise durch das völlige Fehlen einer letztwilligen Verfügung, denn dann sitzt die Erbengemeinschaft im Unternehmen. Obwohl die zwingende Notwendigkeit, ein Testament zu errichten, von den allermeisten Unternehmern anerkannt wird, ist erschreckend, wie viele Unternehmer noch keinerlei risikominimierende und chancennutzende Maßnahmen in diesem Sektor in Form eines individuell abgestimmten Testamentes oder Erbvertrages ergriffen haben. Die Aral/Autohaus-Studie liefert hier einen eindeutigen Zahlenbeleg, dessen eindeutige Tendenz ohne Kaffeesatzleserei problemlos auf die gesamte deutsche Wirtschaft hochgerechnet werden kann. Danach haben nur 60 Prozent der befragten Unternehmer ein Testament; das heißt, 40 Prozent haben keinerlei Vorsorge für den langfristigen Bestand der Firma und zur Absicherung ihrer Familie getroffen! Sehenden Auges werden hier Erbengemeinschaften, streitige Erbauseinandersetzungen und unnötig hohe Erbschaftsteuerbelastungen in Kauf genommen.

Jedoch sollten sich die Unternehmer, die ein Testament oder einen Erbvertrag aufgesetzt haben, nicht zufrieden zurücklehnen mit der Gewißheit, „mir kann das ja nicht passieren, denn ich habe ja meine diesbezüglichen Hausaufgaben gemacht". Denn die Aral/Autohaus-Studie hat gleichzeitig deutlich gemacht, daß dies eine äußerst trügerische Sicherheit ist. In erbrechtlicher Hinsicht besteht für jeden Unternehmer nach wie vor allgemein großer Handlungsbedarf. Dies sei exemplarisch am nachfolgenden Beispiel erläutert. Ausweislich der Studie haben nur 20 Prozent derjenigen Unternehmer, die überhaupt im Besitz eines Testamentes/Erbvertrages sind, dieses innerhalb der letzten zwei Jahre abgefaßt oder überprüfen lassen. Es ist jedoch eine zwingende Regel, daß jede getroffene erbrechtliche Regelung in kürzeren Zeitabständen auf ihre rechtliche Wirksamkeit hin, und ob sie die beabsichtigten persönlichen Zielsetzungen noch gewährleistet, überprüft wird. Zu schnell ändern sich die persönlichen Umstände und zu häufig tritt durch eine Gesetzesänderung oder eine modifizierende Rechtsprechung eine völlig neue Situation ein. Die Kinder sind auf einmal volljährig geworden, das Testament wurde zu einer Zeit aufgesetzt, als die GmbH noch ein Einzelunternehmen war, usw. ...

Die bereits dargestellte grundlegend geänderte Rechtsprechung und steuerliche Behandlung der Erbauseinandersetzung ist ein gutes Beispiel dafür, wie schnell das Testament aufgrund einer geänderten Sichtweise der Richter ohne Änderung der eigenen persönlichen Situation seine rechtliche Grundlage verlieren kann und deshalb dringend überarbeitet werden muß. Es nützt deshalb überhaupt nichts, wenn im Golfclub gegenüber den anderen Unternehmerkollegen stolz verkündet wird, man sei ein sehr weitsichtig denkender Familienvater und Unternehmer, denn seit zehn Jahren liege ein Testament unangerührt in dem Tresor, in dem alles bestens geregelt sei. Bedauerlicherweise sind die positiven Beispiele viel zu selten, wo für den Unternehmer die jährliche Überprüfung des Testamentes genauso selbstverständlich ist wie die Bilanzerstellung. Einmal im Jahr gehört das Testament auf den juristischen Prüfstand. Dieser alljährliche Besuch beim Hausanwalt sollte tatsächlich zum Ritual werden und nicht wegen befürchteter „Gebührenschneiderei" vermieden werden.

Der erschreckende Befund der Aral/Autohaus-Studie ist demnach, daß nur 12 Prozent der befragen Unternehmer in der Altersgruppe über 45 Jahren eine erbrechtliche Zukunftsvorsorge getroffen haben, die zumindest den formalen Mindestvoraussetzungen genügt, das heißt Vorhandensein einer erbrechtlichen Regelung, die nicht älter als zwei Jahre ist oder in diesem Zeitraum überprüft wurde. Welche gestalterischen Unzulänglichkeiten in den inhaltlichen Formulierungen der Testamente der 12 Prozent der Unternehmer, die sich zumindest unter diesen formalen Mindesterfordernissen korrekt verhalten haben, wiederum schlummern, bleibt völlig außer Betracht. Um das Ergebnis nochmals ausdrücklich festzuhalten: Nur knapp über 10 Prozent der Unternehmer haben unter erbrechtlichen Gesichtspunkten die unabdingbaren Mindest-Maßnahmen ergriffen, die sie einigermaßen ruhig schlafen lassen können. Grund zur Entwarnung besteht aber auch für sie nicht. Denn berücksichtigt man noch, daß etwa die Hälfte der Unternehmer ein sogenanntes „Berliner Testament" haben, dessen Problematik nachfolgend noch näher erläutert wird, so zeigt dies die bestehenden gravierenden Unzulänglichkeiten im testamentarischen Bereich. Selbst das Unternehmertestament als klassisches Instrument der Nachfolgeregelung ist in den allermeisten Fällen völlig unzureichend beziehungsweise läßt sich erheblich verbessern.

Ein weiteres Ergebnis der Aral/Autohaus-Studie ist, daß zwar mit zunehmenden Lebensalter die Anzahl der vorhandenen Testamente und Erbverträge steigt, jedoch bevorzugen selbst noch in der Gruppe der über 55jährigen Unternehmer mehr als ein Drittel die Harakiri-Variante und ergreifen keinerlei Maßnahmen. Aus der Studie läßt sich die Tendenz ablesen, daß allgemein die Vorstellung vorherrschend ist, ein Testament sei erst mit fortschreitenden Alter notwendig. Viele Unternehmer denken fälschlich, bewußt oder unbewußt, die Abfassung eines Testamentes bedeute den ersten Schritt ins Grab. Dabei ist ein Testament überhaupt keine Frage des Alters. Ganz im Gegenteil. Gerade in jungen Jahren und zu Beginn der Unternehmerkarriere ist eine vernünftige testamentarische Regelung eine unabdingbare Voraussetzung für den langfristigen Bestand des Unternehmens und Basis für eine vernünftige Absicherung der jungen Familie. Im Rahmen eines Unternehmensübergabe-Konzeptes gehört es deshalb zwingend mit dazu, auch für den Junior und seine Familie eine situationsangepaßte testamentarische Regelung zu treffen. Diese Notwendigkeit läßt sich an einer häufig anzutreffenden Konstellation eindringlich illustrieren. Sie dokumentiert die Funktion des Testamentes als akute Risikovorsorgemaßnahme für unvorhergesehene Schicksalsfälle:

▨ Beispiel ▨

Der Jungunternehmer, der gerade hoffnungsfroh die ersten Schritte in der eigenen Selbständigkeit absolviert hat, verunglückt auf der Rückfahrt von einem Kundentermin tödlich mit dem Auto, da ein entgegenkommender betrunkener Autofahrer die

Beherrschung über seinen Wagen verloren hat. Zurück bleibt die Ehefrau und zwei minderjährige Kinder. Ein Testament ist nicht vorhanden. Die Ehefrau bemüht sich, trotz der menschlich schwierigen Situation, den Betrieb am Laufen zu halten. Die äußeren Voraussetzungen sind an sich recht gut, denn die Ehefrau war immer über die betrieblichen Belange informiert und ihr steht ein erfahrener Prokurist zur Seite. Doch dies hilft alles nichts. Der Grund hierfür ist das fehlende Testament des verstorbenen Ehemanns und Vaters zweier minderjähriger Kinder.

Da kein Testament vorhanden ist, gilt die gesetzliche Regelung. Erben sind die Mutter sowie der achtjährige Sohn und die fünfjährige Tochter. Der Laie mag denken, kein Problem, die Mutter ist doch gesetzliche Vertreterin der minderjährigen Kinder. Dies trifft vom Grundsatz auch zu. Nur macht das Gesetz hiervon eine gravierende Ausnahme, die gerade im Unternehmensbereich eine existenzgefährdende Konsequenz nach sich zieht. Das Gesetz unterstellt einen vermuteten Interessenskonflikt, wenn die Mutter in der Gesellschafterversammlung des Unternehmens nicht nur ihre eigenen Rechte wahrnimmt, sondern gleichzeitig ihre minderjährigen Kinder vertritt. Konsequenz hieraus ist, daß bei allen wesentlichen Entscheidungen, die das Unternehmen betreffen, die Kinder durch einen Vormundschaftsrichter beziehungsweise Ergänzungspfleger vertreten werden müssen. Erfahrungsgemäß ist dies eine Situation, die um jeden Preis vermieden werden muß. Der plötzliche Tod des Unternehmers ist eine Krisensituation für den Betrieb, die oft schnelle und weitreichende Entscheidungen erfordert, um das Schiff auf Kurs zu halten. Diese kurzfristigen Entscheidungen, die für die Existenz der Firma und die finanzielle Absicherung der Familie oft unabdingbar sind, können nicht getroffen werden, wenn erst jedesmal die Zustimmung des Ergänzungspflegers eingeholt werden muß. Die Ergänzungspfleger sind für eine kurzfristige Entscheidung viel zu überlastet. Noch wesentlicher ist jedoch, daß sie wegen der fehlenden Kenntnis über die gegebenen Umstände in Familie und Unternehmen nur äußerst zurückhaltend sind, Entscheidungen mit weitreichenden Konsequenzen zu treffen oder mitzutragen.

Konsequenz hieraus ist, daß trotz der vorhandenen guten Vorsätze eine Fortführung des Unternehmens unmöglich ist. Eine kurzfristige Veräußerung des Unternehmens, die wenigstens die Familie wirtschaftlich absichert, ist wegen der dafür notwendigen Zustimmung des Ergänzungspflegers nicht möglich. Eine eventuelle spätere Veräußerung ist nicht mehr so attraktiv, da wegen des inzwischen eingetretenen Entscheidungsvakuums wichtige betriebliche Entscheidungen nicht getroffen werden konnten und deshalb wegen verschlechterter wirtschaftlicher Rahmenbedingungen nur ein geminderter Verkaufspreis erzielt werden kann. Dies hätte alles vermieden werden können, wenn der Ehemann gleichzeitig mit der notariellen Übertragung der GmbH-Anteile des väterlichen Betriebes ein vernünftiges Testament erstellt hätte. Darin hätte entweder seine Ehefrau hinsichtlich des Betriebes als Alleinerbin eingesetzt werden können. Oder durch eine entsprechende Testamentsvollstrecker- oder Vormundsbestimmung in dem Testament wäre eine schnelle und kompetente Wahrnehmung der Gesellschafterinteressen der Kinder durch einen neutralen Dritten in der Gesellschafterversammlung sichergestellt worden.

Ein situationsgerechtes Testament ist unabdingbar für den langfristigen Bestand jeder Firma, und es besteht damit ein unmittelbarer Handlungszwang für alle Unternehmer. Die negativen Konsequenzen, die sonst neben erheblichen Steuernachteilen drohen, lassen sich besonders markant in einem einzigen Wort zusammenfassen: ,,Erbengemeinschaft". Sobald mehreren Erben der Nachlaß des Unternehmers ohne irgendwelche weiteren sonstigen letztwilligen Bestimmungen zusteht, und dies ist in den allermeisten Fällen gegeben, entsteht, unabhängig von dem Willen der Beteiligten, eine Erbengemeinschaft. Eine Erbengemeinschaft ist jedoch ein äußerst brisantes Gebilde, und nicht nur große Unternehmerdynastien wie zum Beispiel die Flicks sind daran gescheitert, weil sich die in der Erbengemeinschaft vereinten Familienangehörigen völlig zerstritten haben.

Die bedauerliche Erfahrung zeigt, daß in Familien, die zu Lebzeiten des Unternehmers harmonisch miteinander auskamen, nach dem Tod ein häßliches Gefeilsche um Mark und Pfennig ausbricht. Hier kommt oft das ,,Schwiegerkind-Syndrom" zum Tragen. Es reicht aus, daß der aus gegenseitiger Abneigung in der Familie nicht sonderlich akzeptierte dandyhafte Schwiegersohn die Tochter davon überzeugt, sich nicht von dem wieder einmal vermeintlich bevorzugten Bruder, auf den ja bereits vor längerem schon die Geschäftsführung des Familienbetriebes übergegangen ist, über den Tisch ziehen zu lassen. Die einer Erbengemeinschaft immanenten Gefahren lassen sich nur durch eine vernünftige Erbregelung ausschließen.

Es gibt mehr familiäre Konstellationen, die zur Bildung einer Erbengemeinschaft führen, als man denkt. Nicht nur wenn der Unternehmer eine Ehefrau sowie ein oder mehrere Kinder als Erbe hinterläßt, kommt es zu diesem Zwangsverbund. Vielmehr gibt es familiäre Situationen, wo man nie vermuten würde, daß es zu einer Erbengemeinschaft kommen kann. Hier existiert eine große Unkenntnis, der bedauerlicherweise auch viele Fachleute, die es eigentlich besser wissen müßten, unterliegen. Preisfrage: Wer wird Erbe des ohne Ehevertrag und Testament verheirateten kinderlosen Unternehmers, dessen Eltern erfreulicherweise noch leben? Es ist bestimmt keine Spekulation, wenn man unterstellt, daß mehr als 90 Prozent antworten werden, selbstverständlich wird die Ehefrau Alleinerbin. Dies ist jedoch falsch. Nach der gesetzlichen Regelung, die hier wegen des fehlenden Testamentes zur Anwendung kommt, erben auch die hochbetagten Eltern einen Teil der Hinterlassenschaft und damit auch vom Software-Entwicklungsunternehmen. Wenn die Eltern verstorben sein sollten, erben deren Kinder, sprich: der Bruder und/oder Schwester des verstorbenen Unternehmers, neben der Ehefrau. Man kann, auch und vor allem im Interesse des Fortbestands der Firma, hoffen, daß die Unternehmergattin sich mit ihren Schwiegereltern und Schwägern immer gut verstanden hat.

Die besondere Problematik der Erbengemeinschaft liegt in deren gesetzlichen Regelung. Die Erbengemeinschaft ist, wie es so schön von den Juristen ausgedrückt wird, eine ,,geborene Liquidationsgemeinschaft" und damit auf ,,Auseinandersetzung" gerichtet. Nomen est omen. Beide Vokabeln sind in der Tat treffende Charakterisierungen der Erbengemeinschaft in der alltäglichen Realität. Aber bedauerlicherweise nicht in deren fachspezifischer Bedeutung, sondern vielmehr im wahrsten Sinne des Wortes. Eine zerstrittene Erbengemeinschaft führt tatsächlich sehr oft zu äußerst häßlichen Streitigkeiten zwischen den uneinigen Erben, an deren Ende die Liquidierung des Unternehmens steht.

Das Gesetz sieht vor, daß jeder Erbe, unabhängig von seinem Erbteil, die jederzeitige Auseinandersetzung und damit die Beendigung der Erbengemeinschaft verlangen kann. Wenn sich die Erben nicht einvernehmlich über die Verteilung des Nachlasses einigen können, muß in letzter Konsequenz eine gerichtliche Entscheidung herbeigeführt werden. Entgegen der naheliegenden Vorstellung teilt der Richter den Nachlaß jedoch nicht gegenständlich nach dem Motto: Der Sohn bekommt das Unternehmen, die Tochter die Mietshäuser und die Ehefrau die Villa sowie das Barvermögen. Vielmehr wird, wenn eine gegenständliche Teilung ausgeschlossen ist, im Rahmen einer gerichtlichen Auseinandersetzungsklage der gesamte Nachlaß zwangsweise verkauft. Nur der erzielte Gelderlös wird zwischen den Erben entsprechend der jeweiligen Erbquote verteilt. Es braucht wohl nicht viel Phantasie, um sich auszumalen, daß diese gesetzliche Regelung für den Erben, der weniger am Bestand des Unternehmens interessiert ist als vielmehr „Bares sehen will", ein herrliches Druckmittel darstellt, um seine Abfindungsansprüche kräftig in die Höhe zu treiben. Die Erben, die den Wunsch des Unternehmers respektieren und bemüht sind, die Firma weiterzuführen, sind jedenfalls die Dummen. Die Erbengemeinschaft ist zumindest für den „ungeliebten" und „bösen" Erben eine herrliche Spielwiese. Verhindern läßt sich dies nur durch ein sinnvolles Testament, das eine genaue Erbeinsetzung und detaillierte Leitlinien über die Verteilung des Nachlasses enthält. Deshalb lautet der oberste Grundsatz: Jeder Unternehmer braucht zwingend ein situationsgerechtes Testament.

Aber auch der Unternehmer, der diese Maxime beherzigt, ist vor den Tücken und Unbillen des juristischen Lebens nicht gefeit. Vielmehr erfordert jede Testamentsabfassung eine genaue und korrekte Formulierung, auch wenn die Textierung des Testamentes vielleicht nur aus zwei oder drei Zeilen besteht. Ein falsches Wort oder eine ungenaue Formulierung kann zu ungeahnten und nicht den Wünschen des Unternehmers entsprechenden weitreichenden, meist teuren, Konsequenzen führen.

■ **Beispiel** ■

Im Zuge der Konzeption einer umfangreichen Nachfolgeregelung sollte auch das Testament des Seniorunternehmers überprüft werden. Der Unternehmer war zwar der Auffassung, dies sei eigentlich nicht nötig, denn das Testament sei zwar kurz, aber klar formuliert und außerdem von einem Notar abgefaßt, der „den ganzen Tag nichts anderes macht". Die Struktur des Testamentes war vom Grundsatz tatsächlich sehr vernünftig. Der Sohn sollte das Unternehmen erhalten, während die Ehefrau unter Freistellung von den betrieblichen Risiken sowie unter finanzieller Unabhängigkeit gegenüber dem Sohn wörtlich „ das gesamte sonstige Vermögen" des Unternehmers erben sollte.

Mit der im Testament gewählten Formulierung wurde jedoch der Wunsch des Unternehmers, seine Ehefrau krisensicher und umfassend finanziell abzusichern, genau in sein Gegenteil verkehrt. Denn in dem Testament hieß es, daß der Sohn „die GmbH-

Anteile" erhält und die Ehefrau „das übrige Vermögen". Diese Formulierungen beinhalten einen gravierenden Gestaltungsfehler. Hier wurde übersehen, daß das Nachlaßvermögen sämtliche Aktiva und Passiva umfaßt und damit selbstverständlich auch alle Verbindlichkeiten und eingegangenen Verpflichtungen des Erblassers. Die Formulierung „die GmbH-Anteile" umfaßt nur die in der GmbH-Bilanz ausgewiesenen Positionen.

Im konkreten Fall hatte der Unternehmer in jungen Jahren, wie viele seiner Kollegen auch, die von den Banken penetrant geforderte, in der Höhe unbegrenzte und zeitlich unbefristete persönliche Bürgschaft zur zusätzlichen Absicherung der Firmenkredite unterschrieben. Die abgegebene Bürgschaft ist jedoch bilanziell nicht erfaßt und gehört formaljuristisch deshalb zu dem „übrigen Vermögen". Dieser Umstand ist längst vergessen, denn der Firma geht es wirtschaftlich prima und die Bürgschaft spielte deshalb keinerlei Rolle. Man kann nur hoffen, daß der Sohn genügend unternehmerisches Geschick beweist, damit dies auch so bleibt. Denn die von dem Unternehmer eingegangene Bürgschaftsverpflichtung ist vererblich und geht wegen der gewählten Testamentsformulierung mit seinem Tod auf seine Ehefrau über. Wenn das Unternehmen, aus welchen Gründen auch immer, in eine wirtschaftliche Schieflage gerät, wird die Bank sich ganz schnell an die Bürgschaft erinnern und die Ehefrau in Anspruch nehmen. Durch eine exakte Formulierung muß sichergestellt werden, daß jegliches unternehmensbezogenes Vermögen unter Einschluß sämtlicher betrieblicher Verbindlichkeiten auf den Nachfolger übergeht und die anderen Erben von Unternehmensrisiken abgeschottetes Privatvermögen erhalten.

Mit der kurzen, scheinbar so klaren Formulierung „das übrige Vermögen" wurde die beabsichtigte Zielsetzung des Testamentes in sein völliges Gegenteil verkehrt. Aus diesem Grund lautet eine weitere unumstößliche Regel: Das Testament ist von einem ausgewiesenen Experten abzufassen, und die Formulierungen sind mit äußerster Gründlichkeit vorzunehmen. Nichts gegen die Ratgeber „Recht leicht gemacht" in der Taschenbuchausgabe für 9,80 DM und die wohl angebrachte Skepsis dem juristischen Berufsstand gegenüber, aber das Testament muß wegen der weitreichenden Konsequenzen und der schwierigen Materie von einem kompetenten Fachmann abgefaßt werden. Hinter einem einzigen Satz im Testament stecken schnell millionenschwere Konsequenzen. Beispielsweise ist folgende, häufig anzutreffende Testamentsformulierung äußerst problematisch: „Meine Tochter und mein Sohn sollen meine Erben sein. Meine Tochter erhält meine Gesellschaftsanteile an der XY-GmbH (Verkehrswert: 10 Millionen DM) und mein Sohn mein Geschäftshaus Wilhelmstraße 36 (Verkehrswert: 4 Millionen DM). Der Rest wird hälftig zwischen den Geschwistern geteilt." Mit dieser Formulierung bleibt völlig offen, ob es sich um eine bloße Teilungsanordnung oder um ein Vorausvermächtnis handelt. Der Unterschied hat fatale Konsequenzen. Im Falle der Auslegung der Formulierung als Teilungsanordnung kann der Bruder von seiner Schwester die Hälfte des Wertunterschiedes der väterlich konkret zugeordneten Vermögensgegenstände in Höhe von 3 Millionen DM von seiner Schwester verlangen, bei einem nichtausgleichspflichtigen Vorausvermächtnis hingegen nicht. Das Familienzerwürfnis ist mit diesem Testament vorprogrammiert. Deshalb: Finger weg von selbst aufgesetzten Testamenten. Nicht nur wegen falscher inhaltlicher Formulierungen ist dies heikel.

Auch die formalen Erfordernisse haben ihre Tücken, wie das Beispiel des Privatsekretärs des bayerischen Volksschauspielers Walter Sedlmayer zeigt. Wie in einer billigen Krimi-Klamotte hatte dieser nach dem Mord an dem populären Schauspieler noch schnell ein Testament aufgesetzt, das ihn und seine Familie zu den wesentlichen Nutznießern des nicht unbeträchtlichen Vermögens gemacht hätte. Nur dummerweise hatte er, bis auf die Unterschrift, das Testament mit der Schreibmaschine abgefaßt. Das Gesetz verlangt aber, daß der gesamte Letzte Wille handschriftlich aufgesetzt wird. Somit lag ein „falsches gefälschtes" Testament vor. Spätestens wegen dieser Dummheit hat der Privatsekretär seinen Gefängnisaufenthalt verdient.

Es kommt in den besten Kreisen vor, daß ein schwarzes Schaf in der Familie vorhanden ist, das man am liebsten enterben möchte. In seinem Testament kann der Unternehmer zwar ausdrücklich festlegen, daß sein „mißratener" Sproß keine müde Mark bekommen soll, jedoch wird dieser, munitioniert durch einschlägige Illustriertenartikel, gelassen auf seinen nicht entziehbaren Pflichtteilanspruch verweisen. In der Tat stellt der Pflichtteil eine der großen Problemklippen im Erbrecht dar. Er ist nicht nur das Schreckgespenst vieler Unternehmer, sondern auch viele Fachleute zucken nur resigniert die Achseln und sind der Auffassung, die Auszahlung von Pflichtteilsansprüchen sei ein unumgängliches Übel. Dies ist jedoch in dieser Absolutheit nicht zutreffend. Mit einem clever gestalteten und richtig formulierten Testament, hat sich der undankbare Filius unter Umständen zu früh gefreut.

Der gesetzlich festgeschriebene Pflichtteil steht nahen Angehörigen zu und beträgt die Hälfte des gesetzlichen Erbteils. Das besonders Tückische des Pflichtteils ist, daß dieser nahezu nicht entziehbar ist und einen sofort fälligen Geldanspruch beinhaltet. Der in der Familie nicht wohlgelittene und auf den Pflichtteil gesetzte Sohn wird wohl kaum Rücksicht darauf nehmen, wenn die Auszahlung des Pflichtteilanspruchs wegen fehlender Liquidität im Unternehmen nicht sofort möglich ist. Welch unangenehme Größenordnungen dies annehmen kann, die schnell zu einer akuten Gefährdung des Fortbestandes des Unternehmens führen können, läßt sich an einem Beispiel illustrieren:

◼ **Beispiel** ◼

Der Unternehmer hinterläßt eine Firma im Wert von 10 Millionen DM und zwei Söhne, von dem sich der eine bereits vor mehreren Jahren zu einem Guru nach Indien verabschiedet hat. Nach der gesetzlichen Erbfolge stünden dem Indien-Jünger die Hälfte des Nachlasses (5 Millionen DM) zu. Da der Vater jedoch wegen dieser Entwicklung wutschnaubend in seinem Testament festgelegt hat, „mein bereits in der Firma tätiger Sohn erbt alles", steht dem Indien-Fahrer nur der Pflichtteil zu, das heißt die Hälfte von 5 Millionen DM = 2,5 Millionen DM. Unangenehmerweise ist diese Summe in bar und sofort fällig. Selbst einem gutgehenden Unternehmen wird ein Liquiditätsabfluß in dieser Größenordnung nicht leichtfallen. Und der indische Guru, dem sich der Sohn verschrieben hat, wäre nicht der erste, der es fertiggebracht hätte, seinen Jünger zu einer konsequenten Geltendmachung seiner Ansprüche zu bewegen. Selbstverständlich verbunden mit dem „selbstlosen" Hinweis an den Sohn, sich durch gleichzeitige Überschreibung des Vermögens auf die Sekte, wieder frei zu machen von allem Irdischen und Materiellen.

In dieser Konsequenz ist der Pflichtteil tatsächlich der erste Schritt in den Konkurs des an sich wirtschaftlich gesunden Unternehmens. Entgegen mancher Vorstellung läßt sich dieses Risiko jedoch minimieren. Der Pflichtteil läßt sich zwar so gut wie nicht ausschließen. Ausnahmen von diesem strikten Grundsatz läßt das Gesetz nur in Fällen zu, die sich in der Kategorie „Vatermord" bewegen. Der auf die praktische Unentziehbarkeit des Pflichtteils vertrauende Sohn kann jedoch durch einen anderen Kniff ausgebremst werden, der auch dem Testament des seligen Axel Cesar Springer zu Grunde liegt. Durch eine rechtlich aufwendige Kombination von Vermächtnisanordnungen, Vor- und Nacherbenregelungen, Teilungsverboten und Testamentsvollstreckerklauseln, die jedoch wegen der Bestimmung des § 2306 BGB sehr sauber formuliert werden müssen, kann eine rechtliche Ausgangslage erreicht werden, die dazu führt, daß der Pflichtteilsberechtigte 30 Jahre auf die Auszahlung seines Pflichtteils warten müßte. Der so kaltgestellte Pflichtteilsberechtigte wird sich sehr wohl überlegen, ob er erst mit dann vielleicht 70 Jahren in den Genuß des Pflichtteils kommen will oder ob er zähneknirschend unter gleichzeitiger Erklärung eines Pflichtteilsverzichts den im Testament angebotenen und sofort zur Auszahlung fällig werdenden geringeren Betrag akzeptiert. Somit hat der Unternehmer zwar unter Umwegen, aber letztendlich doch noch sein Ziel (fast) erreicht. Auch diese anspruchsvolle Materie der Pflichtteilsproblematik zeigt wieder, daß es praktisch keine erbrechtliche Fragestellung gibt, die nicht durch juristisch fundierte Gesetzeskenntnisse und die notwendige Phantasie einer zufriedenstellenden Lösung zugeführt werden kann.

Der sicherste Weg zur Vermeidung von Pflichtteilsrisiken ist jedoch die frühzeitige Abgabe von Pflichtteilsverzichten durch sämtliche Kinder des Unternehmers. Hierzu müssen die Kinder volljährig sein und der Pflichtteilsverzicht muß notariell beurkundet werden. Erfahrungsgemäß läßt sich in jungen Lebensjahren die Abgabe eines Pflichtteilsverzichts leichter (und billiger) erreichen, als in späteren Jahren, wenn das familiäre Verhältnis vielleicht schon etwas frostiger zu werden beginnt. In dieser Vorgehensweise kann auch keine „Ungerechtigkeit" gesehen werden. Denn der Unternehmer wird seine Gründe haben, wenn er einem an sich Pflichtteilsberechtigten nichts oder weniger als seine Pflichtteilsquote zukommen lassen möchte. Hinzu kommt, daß der dominierende Teil des Gesamtvermögens eines Firmeninhabers meist durch das Unternehmensvermögen repräsentiert wird und es deshalb sehr schnell zu arithmetischen Pflichtteilskonstellationen anläßlich der Komplett-Betriebsübergabe auf ein Kind kommen kann. Die nicht in die Firma eintretenden Kinder entdecken – unterstützt durch die Schwiegerkinder – auf einmal eine vermeintliche „Gerechtigkeitslücke" und fordern ihren Pflichtteil ein. Wegen der disparitätischen Zusammensetzung des Gesamtvermögens führt die Geltendmachung von Pflichtteilsansprüchen schnell zur Zerschlagung des in harter Arbeit aufgebauten Unternehmensvermögens. Der frühzeitig abgegebene Pflichtteilsverzicht kann deshalb eine sehr vorausschauende Maßnahme der Unternehmenssicherung sein.

Wem der konsequente und allumfassende Pflichtsverzicht als zu weitreichend erscheint, kann zum Instrument eines sogenannten „partiellen Pflichtteilsverzichtes" greifen. Es wird oft übersehen, daß der Pflichtteilsverzicht auch begrenzt auf bstimmte Vermögensgegenstände oder unter Bedingungen abgegeben werden kann, zum Beispiel verzichtet ein Pflichtteilsberechtigter nur auf seinen Pflichtteil bezüglich des Unternehmensvermögens und unter der Voraussetzung, daß er nach dem Tod des überlebenden Elternteils eine bestimmte Summe aus dem Privatvermögen erhält. Insoweit ist man völlig flexibel und kann eine an den persönlichen Wünschen orientierte Lösung konzipieren. Aber bedauerlicherweise wird oft vorschnell und aus Unkenntnis auf die standardisierten Pflichtteilsverzichte zurückgreifen.

Zur Vermeidung von Mißverständnissen ist darauf hinzuweisen, daß die Abgabe eines Pflichtteilsverzichtes nicht mit einer Enterbung oder Erbausschluß verbunden ist. Vielmehr bedarf es hierzu noch einer entsprechenden testamentarischen Regelung. Beispiel: Anläßlich eines Beratungsgespräches berichtet ein Firmeninhaber, daß sich seine Tochter einer Sekte angeschlossen habe. Aber sie habe mit Volljährigkeit ihren Pflichtteilsverzicht abgegeben und demzufolge bestünden keine erbrechtlichen Risiken. Doch der Unternehmer mußte zu seinem Erstaunen darauf hingewiesen werden, daß dem nicht so sei. Denn es lag kein Unternehmertestament vor. Im Rahmen der dann geltenden gesetzlichen Erbfolge erbt auch die Tochter mit der gesetzlich vorgesehenen Erbquote. Der Pflichtteilsverzicht ist immer nur der erste Schritt. Als zweiten Schritt bedarf es immer noch der Abfassung eines situationsangepaßten Testamentes, sonst ist der Pflichtteilsverzicht wirkungslos. Umgekehrt ist es dem Unternehmern jedoch möglich, eine Tochter, die ihren Pflichtteilsverzicht erklärt hat, als umfassende Alleinerbin zu bestimmen. Der abgegebene Pflichtteilsverzicht eröffnet demnach die Option, ohne Beachtung von irgendwelchen starren Pflichtteilsquoten eine nach den eigenen Wünschen gestaltete testamentarische Vermögenszuordnung. Als Unternehmer gewinne ich damit Handlungsfreiheit.

Die praktische Erfahrung bestätigt, daß aus den bereits oben dargelegten psychologischen Gründen die Auseinandersetzung mit dem eigenen Testament von dem Unternehmer als äußerst unangenehm empfunden wird. Eine Folge hieraus ist, daß diejenigen, die ein Testament abgefaßt haben, es am allerliebsten sehen, wenn es nach dem Notartermin im Tresor verschwindet und nicht mehr herausgeholt zu werden braucht. Dies ist jedoch eine völlig falsche Sichtweise. Der Unternehmer verschenkt dadurch oft bares Geld. Auch das Testament und die ihm zugrundeliegenden Umstände unterliegen einem dauernden Veränderungsprozeß. Das Testament ist nichts Statisches, das, einmal festgeschrieben, für alle Ewigkeit Geltung beansprucht.

Ein gutes Beispiel hierfür ist das in Unternehmerkreisen weitverbreitete sogenannte „Berliner Testament" oder was immer dafür ausgegeben wird. Nach der Aral/Autohaus-Studie haben etwa die Hälfte der Unternehmer ein „Berliner Testament". Mittlerweile ist der Begriff „Berliner Testament" zu einem Synonym für eine bestimmte inhaltliche Grundstruktur von Testamenten geworden. Doch eine Vielzahl von Testamenten, die dafür ausgegeben werden, sind tatsächlich rechtlich nicht als „Berliner Testament" zu qualifizieren. Viele Unternehmer verkünden ganz stolz, daß sie nicht nur ein „Null-Acht-Fünfzehn-Testament" haben, sondern weil ihr Anwalt ein ganz gerissener Fuchs sei, ein besonders ausgeklügeltes Testament, nämlich ein „Berliner Testament". Ob dies immer der Weisheit letzter Schluß ist, darf bezweifelt werden.

Unter einem „Berliner Testament" versteht man ein gemeinschaftliches Testament, in dem sich die Ehegatten gegenseitig als Erben einsetzten und in dem gleichzeitig festgelegt wird, daß die Kinder erst nach dem Tod des zweiten Elternteils als Erbe Berücksichtigung finden. Zielsetzung einer solchen erbrechtlichen Regelung ist es, den Nachlaß, sprich: insbesondere das Unternehmen, möglichst zusammenzuhalten und auch dadurch die oben erwähnte Minderjährigkeitsproblematik zu entschärfen. Diese Form der Testamentsausgestaltung ist vernünftig und macht Sinn in jungen Unternehmerjahren, wenn die Kinder noch klein sind und der Ehepartner in einem Alter ist, wo er selbst noch die Unternehmerrolle übernehmen kann. Das „Berliner Testament" ist in dieser Lebensphase oft eine situationsgerechte Gestaltungsvariante.

Kontraproduktiv wird jedoch das „Berliner Testament", wenn das Seniorunternehmerehepaar an der Schwelle zum wohlverdienten Ruhestand steht und geklärt ist, welches der Kinder den Betrieb einmal weiterführen wird. Der Grund hierfür ist, daß das Prinzip des „Berliner Testamentes" (erst erbt der Ehepartner, dann anschließend erst die Kinder) formaljuristisch zwei Erbgänge beinhaltet und damit zweimal Erbschaftsteuer anfällt. Bei einer 37jährigen Unternehmerwitwe, die auf tragische Weise ihren Mann verloren hat, ist die statistische Wahrscheinlichkeit äußerst gering, daß sie ebenfalls bald verstirbt und damit binnen kürzester Zeit zweimal Erbschaftsteuer fällig wird. Im übrigen ist die testamentarisch eingeräumte Alleinerbenstellung der Ehefrau hinsichtlich des Betriebes wegen der minderjährigen Kinder ein notwendiger Gestaltungsfaktor. Von daher ist die potentielle zweifache Steuerbelastung kalkulierbar und wird aufgewogen durch die sonstigen Vorteile des „Berliner Testamentes".

Unverantwortlich ist diese Erbstruktur jedoch, wenn die Ehegattin des Seniorunternehmers, hoffentlich gesund und munter und noch möglichst lange mit 62 Lebensjahren ihren wohlverdienten Lebensabend genießt, aber immer noch wegen des vorhandenen „Berliner Testamentes" den Betrieb erbt. Die Gefahr wird noch potenziert, wenn, wie ebenfalls in vielen Unternehmerehen, ein antiquierter Ehevertrag auf Basis der klassischen „Gütertrennung" mit seinem strukturellen erheblichen Erbschaftsteuernachteil gegeben ist. Gleichzeitig ist jedoch der Sohn bereits seit längerem im Unternehmen tätig, und es trifft auf allseitiges Einverständnis, daß er das Familienunternehmen weiterführen wird. Bei dieser Konstellation sollte der Unternehmer schleunigst sein „Berliner Testament" ändern, wobei besondere Dringlichkeit geboten ist, wenn ein Ehevertrag auf Basis der Gütertrennung existiert, denn damit sind völlig unnötige zusätzliche erbschaftsteuerliche Belastungen verbunden, die mit einem situationsgerechten Ehevertrag problemlos zu vermeiden sind. Das überarbeitete Testament muß sicherstellen, daß das Unternehmen ohne Umweg über die 62jährige Mutter direkt auf den Sohn übergeht. Bei einem in den Nachlaß fallenden steuerpflichtigen Unternehmenswert von 10 Millionen DM können für die Familie dadurch knapp 1,9 Millionen DM an Erbschaftsteuer gespart werden.

Die latente Doppelbesteuerungsbelastung des „Berliner Testamentes" kann auch in einer weiteren Konstellation fatale Auswirkungen haben. Anläßlich eines Autounfalls überlebt die Ehefrau den Ehemann um wenige Minuten. Das Gesetz ist rigoros. Für den erbrechtlichen und damit steuerpflichtigen Vermögensübergang auf die Ehefrau reicht die berühmte „juristische Sekunde". Erst anschließend erben – wiederum steuerpflichtig – die Kinder. Bedauerlicherweise fehlen in den meisten „Berliner Testamenten" Klauseln, die steueroptimiert sicherstellen, daß im Falle eines zwar zeitlich verzögerten, aber Versterbens der Eheleute aus gleichem Anlaß, ein unmittelbarer – und damit unter Aussparung eines zweiten steuerpflichtigen Erbanfalls – Vermögensübergang auf die Kinder erfolgt.

Vielleicht überzeugt den hart kalkulierenden Unternehmer diese Steuersparmöglichkeit von der Notwendigkeit der kontinuierlichen Fortschreibung und Anpassung des Testamentes an veränderte Situationen. Es sind häufig Kleinigkeiten, die Millionenersparnisse bringen können. Im obigen Beispiel wäre nur ein einziger Satz im Testament zu ändern. Geringfügige Korrekturen und scheinbar banale Maßnahmen haben erfahrungsgemäß im erbrechtlichen Sektor oft besonders große Auswirkungen. Die Binsenweisheit „kleine Ursache, große Wirkung" trifft hier nur allzu oft tatsächlich zu – im positiven wie im negativen Sinn. Dies sei an zwei weiteren einfachen Beispielen illustriert:

Das Verstecken des Testamentes im 6. Band des Brockhaus in der Bibliothek entspringt einer falsch verstandenen und gefährlichen Geheimniskrämerei. Im Ernstfall findet keiner das Testament oder es gerät in die falschen Hände. Man sollte den Erben, der sich mehr ausgerechnet hat, erst gar nicht in Versuchung führen, den Reißwolf zu aktivieren. Eine neutrale Vertrauensperson sollte immer Kenntnis von dem Hinterlegungsort des Testamentes haben oder ein Exemplar in eigener Verwahrung haben. Der sicherste Weg ist jedoch, wenn das Testament beim Nachlaßgericht hinterlegt wird.

Der Unternehmer fährt einmal im Jahr mit einem unauffälligen Aktenköfferchen in die Schweiz, nach Liechtenstein oder auf eine der exotischen karibischen Inseln. Über den Inhalt des Koffers darf spekuliert werden, zumindest verbindet der Unternehmer seinen Abstecher immer mit einem Bankbesuch. Der wohlmeinende Unternehmer möchte seine Familie nicht unnötig belasten, deshalb hat keiner in der Familie außer ihm Kenntnis von der Existenz des ausländischen Nummernkontos, geschweige denn, daß irgend jemandem Vollmacht darüber erteilt worden wäre. Die große Frage ist nur, was passiert im Falle des Todes des Unternehmers. Vielleicht ist es ein Trost für den Unternehmer zu wissen, daß er, ebenso wie vor ihm bereits nicht wenige seiner Kollegen, durch die Nichtüberführung des Kontos auf die Erben einen kleinen Beitrag zur dauerhaften Mehrung des Wohlstandes der Schweiz und seiner Banken geleistet hat.

Einer der Gründe, weshalb das Thema Testament nicht mit der notwendigen Offenheit angegangen wird, hängt sicherlich auch damit zusammen, daß jeder Unternehmer genug Negativbeispiele aus seinem unmittelbaren Umfeld kennt, wo es anläßlich der Erbauseinandersetzung zu großen Streitereien und Zerwürfnissen innerhalb der Familie gekommen ist. Deshalb existiert der populäre Satz: „Hat die Familie schon geerbt oder redet ihr noch miteinander". Deshalb verdrängt man lieber das Thema, um nicht diesen leidigen Komplex in der eigenen Familie anzustoßen. Dies ist jedoch eine völlig falsche Sichtweise und Ursache für die in der Tat bedauerlicherweise nicht selten anzutreffenden Streitereien à la „Denver" und „Dallas".

Die berufliche Erfahrung zeigt, daß der Kleinkrieg zwischen den Erben und vermeintlich Zukurzgekommenen erst richtig losgeht, wenn in Unkenntnis der tatsächlichen Gegebenheiten enttäuschte und unausgesprochene Erwartungen die Handlungsweise bestimmen. Häufig basiert dies jedoch auf reinen Mißverständnissen. Den frustrierten Geschwistern ist gar nicht klar, daß das Unternehmen mit erheblichen Kreditverbindlichkeiten belastet ist. Die nicht im Betrieb tätigen Kinder sehen nur die blitzende neue Produktionshalle und haben überhaupt keine Ahnung, mit welchem Finanzierungsbedarf und -risiko solch ein Bau verbunden ist. Es besteht die unfundierte Vorstellung, daß der Vater steinreich sein müsse, da keinerlei Kenntnis vorhanden ist, daß ein erheblicher Teil des jährlichen Gewinns wieder in das Unternehmen investiert wurde. Es ist äußerst gefährlich, wenn die Erben und Familienmitglieder überhaupt keine Kenntnis darüber haben, aus welchen Überlegungen und Motiven heraus die Erbregelung getroffen worden ist. Hier besteht zur Vermeidung eines unnötigen Konfliktpotentials in den meisten Fällen ein ungeheurer Erklärungs- und Informationsbedarf.

Durch eine frühzeitige und offene Kommunikation innerhalb der Gesamtfamilie sowie Erläuterung der beabsichtigten Erbregelung kann dieser Sprengsatz erfahrungsgemäß erheblich entschärft werden. Ein neutraler Dritter ist hier häufig als erläuternder Moderator äußerst hilfreich. Auch der an späterer Stelle noch ausführlicher vorzustellende „Familienrat", in dem alle die Familie und das Unternehmen betreffende Fragestellungen offen erörtert werden, bildet hier erfahrungsgemäß ein ausgesprochen gutes Forum. Eine gelungene Nachfolgeregelung beinhaltet deshalb, daß zu einem bestimmten Zeitpunkt im Rahmen eines gemeinsamen Wochenendes oder eines besonderen Abendessens, zu dem die gesamte Familie eingeladen wird, die beabsichtigten Maßnahmen dargestellt und erläutert werden, so daß jeder weiß, woran er ist beziehungsweise die Möglichkeit besteht, die eigenen Wünsche und Vorstellungen mitzuteilen. Ein offener Kommunikationsprozeß in der Familie hat sich als äußerst wichtiger Faktor jeder Nachfolgeregelung herauskristallisiert. Die Situation, daß nach der Beerdigung die Familie zusammengerufen wird, der ergraute Familienanwalt das Testament verliest und daran anschließend das große Staunen mit anschließender Streiterei beginnt, sollte nur in Hollywoodfilmen stattfinden.

Man möchte meinen, diese drastischen Beispiele mögen genügen, um die dringende Notwendigkeit einer rechtzeitigen und umfassenden Erbplanung jedem Unternehmer eindringlich vor Augen geführt zu haben und ihn damit zum Handeln zu veranlassen. Dies entspringt jedoch eher einem Wunschdenken. Die Auseinandersetzung mit dem eigenen Testament wird nicht primär durch das rationale Kalkül bestimmt, sondern ist verständlicherweise sehr stark mit emotionalen und zutiefst menschlichen Überlegungen verbunden. Hieraus resultiert auch die für Außenstehende völlig abwegige Vorstellung des Unternehmers, die Abfassung des eigenen Testamentes sei der erste Schritt ins Grab. Man verdrängt deshalb lieber das Thema. Anstöße von außen sind insoweit ein probates und notwendiges Mittel, um den Unternehmer an seine diesbezügliche Verantwortung gegenüber dem Unternehmen und seiner Familie zu erinnern.

Häufig sind die Kinder des Unternehmers, oft verbunden mit einem schlechten Gewissen, rat- und hilflos und wissen nicht, wie sie den Vater dazu bewegen können, eine vernünftige Erbplanung in Angriff zu nehmen. Das Thema selbst anzusprechen, getrauen sie sich nicht, da sie dann gleich das Gefühl haben, sie würden als geldgierige Erbschleicher angesehen, die es nicht abwarten können. Ein schlechtes Gewissen ist hier jedoch völlig fehl am Platz. Ein entsprechender Hinweis der Kinder, der Ehefrau oder eines sonstigen nahen Angehörigen gegenüber dem Senior, welche testamentarische Regelungen er denn getroffen habe, hat nichts mit Erbschleicherei zu tun, sondern zeugt von großem Verantwortungsbewußtsein für die Belange der gesamten Familie und den Fortbestand des Lebenswerkes des Unternehmers. Wenn der Unternehmer nicht selbst die notwendigen Maßnahmen ergreift, dann muß ihm eben die Notwendigkeit durch andere vor Augen geführt werden.

Es ist dabei völlig naheliegend und absolut normal, daß gerade der bereits im Unternehmen tätige Sproß ein dringendes legitimes Interesse daran hat und wissen will, welche Planungen und Absichten der Vater hegt. Der Unternehmer muß lernen, sich unbefangen mit dem Thema auseinanderzusetzen und diesbezüglich gesprächsoffen zu sein. Das offene Ansprechen dieses sensiblen Themas durch einen Familienangehörigen sollte der Unternehmer deshalb als Ausdruck eines ausgeprägten Verantwortungsbewußtseins begreifen. Was der Unternehmer tatsächlich in seinem Testament bestimmt, ist immer noch ausschließlich seine Sache, in die ihm niemand hereinreden kann.

Wie geht man nun das Problem an, wenn die Bereitschaft vorhanden ist, die notwendigen Maßnahmen zu ergreifen? Drei Schritte sind notwendig. Die Abfassung und Textierung des Testamentes ist erst der Schlußpunkt einer durchdachten Erbplanung. Basis ist zunächst die Abklärung der persönlichen Ziele und Wunschvorstellungen des Unternehmers. Daran anschließend muß eine klare Strategie zur Zielerreichung erarbeitet werden. Beantwortet werden müssen dabei die vier großen ,,Ws" der Erbplanung: ,,Wer, Was, Wann, Wie". Nach Beantwortung dieser Fragen ergibt sich auch ganz zwangsläufig das fünfte und das sechste große ,,W": Wieviel Erbschaftsteuer wird fällig und wie kann die Erbschaftsteuerbelastung möglichst minimiert werden? Erst auf dieser Grundlage ist es möglich, ein der individuellen Situation optimal angepaßtes Testament zu entwerfen und zu formulieren.

Was muß nun der Unternehmer selbst tun? Die überraschende Antwort: Nicht viel. Er sollte sich an einem ruhigen Wochenende allein oder gemeinsam mit seinem Ehepartner hinsetzen und auf einem schlichten Blatt Papier seine Wünsche und Vorstellungen niederschreiben. Auf diesem Blatt Papier müssen keine episch angelegten Ausführungen enthalten sein, vielmehr genügen kurze und klare Stichworte, die Ergebnis eines ehrlichen Hinterfragens der eigenen Ziele sein müssen. Dies ist die Ausgangsbasis, quasi das Grundgesetz, und wichtigste Richtschnur der persönlichen Erbstrategie, die darauf aufbauend in gemeinsamer Zusammenarbeit mit einem Fachmann entwickelt und umgesetzt wird.

Es wurde auf die erschreckend hohe Fehlerquote bei der Abfassung nicht-situationsgerechter testamentarischer Regelungen bzw. die unangenehmen Konsequenzen beim Fehlen eines Unternehmertestamentes hingewiesen. Dabei sind Fehler in diesem Sektor meist besonders teuer und können nachträglich kaum noch korrigiert werden. Dies sind aber nicht nur formale Fehler, die zu unsinnigen Erbregelungen führen. Der Grund für die hohe Risikoquote liegt auch in der besonders engen Verzahnung von zivilrechtlichen und steuerlichen Überlegungen sowie den immer komplizierter werdenden Anforderungen an eine rechtlich einwandfreie sowie gleichzeitig steueroptimierende Erbregelung. Wenn schon kein Erbschaftsexperte zur Hand ist, der beide Materien beherrscht, sollten der Steuerberater und der Hausanwalt besonders kooperativ zusammenarbeiten. Dies ist bedauerlicherweise nicht immer selbstverständlich. Der Unternehmer sollte sich nicht scheuen, bei vorhandenen Eifersüchteleien ein Machtwort zu sprechen.

Beruhigende Erkenntnis für den Unternehmer sollte jedoch sein, daß für nahezu jede persönliche und unternehmensbezogene Fragestellung eine juristisch und steuerlich einwandfreie Lösung gefunden werden kann. Nur – es muß gehandelt werden. Den Startschuß hierzu kann nur der Unternehmer selbst geben.

CHECKLISTE

▩   Existiert ein Testament oder Erbvertrag?

▩   Falls ja, handelt es sich um ein „Berliner Testament"?

▩   Ist das Testament/der Erbvertrag älter als 5 Jahre?

▩   Wann wurde das Testament/der Erbvertrag überprüft?

▩   Hat jemand Kenntnis von dem Hinterlegungsort?

▩   Weiß der Nachfolger, was in dem Testament steht?

▩   _____

_____

_____

▩   _____

_____

_____

▩   _____

_____

_____

8. Vom „Die Dinge richtig tun" zum „Die richtigen Dinge tun"

Der Schritt in einen neuen Lebensabschnitt

Der Generationswechsel im Unternehmen ist eine prägende Zäsur. Dies gilt gleichermaßen für den persönlichen wie für den unternehmerischen Lebenslauf. Dieser Zeitpunkt sollte deshalb zum Anlaß für eine umfassende Bestandsaufnahme und zur Entwicklung neuer Perspektiven genutzt werden. Selbstkritisch ist das bisher Erreichte zu hinterfragen. Es ist zu analysieren, ob sich das Unternehmen tatsächlich auf dem richtigen Weg befindet und ob der Preis, den man unter persönlicher Inkaufnahme von 14-Stunden-Arbeitstagen sowie in Form eines stark strapazierten Familienlebens für den unternehmerischen Erfolg selbst jahrelang gezahlt hat, nicht eigentlich doch zu hoch war. Genauso wichtig wie die kritische Analyse des Status quo ist die darauf aufbauende Formulierung neuer Ziele, das heißt, wie soll es zukünftig eigentlich weitergehen. Dies gilt für die persönliche Situation ebenso wie für die Entwicklung des Unternehmens. Die Tageshektik läßt für dieses notwendige Reflektieren über die eigene Situation bedauerlicherweise viel zu selten Zeit, beziehungsweise man nimmt sich wegen eines falsch verstandenen Tagesaktionismus nicht diese Zeit.

Eine der wesentlichen Gründe für das Scheitern vieler Generationswechsel im Unternehmen liegt in der fehlenden Bereitschaft und Fähigkeit, sich mit diesen essentiellen Fragestellungen auseinanderzusetzen. Zwar mit jeweils geänderten Vorzeichen, gilt dies gleichermaßen sowohl für den Senior wie für den Junior. Jedes Unternehmen unterliegt ab dem Tag seiner Gründung einem permanenten und tiefgreifenden Wandel. Dies bedingt allein schon unsere schnellebige Welt. In dem unternehmerischen Alltagsstreß fehlt die Zeit, der Abstand und die notwendige Ruhe, sich diese Veränderungen, aber vor allem die sich daraus ergebenden Konsequenzen vor Augen zu führen. Für den Erfolg und den dauerhaften Bestand des unternehmerischen Lebenswerkes ist dies jedoch zwingend erforderlich. Die Beantwortung der Frage, ob das Unternehmen mit seiner derzeitigen Organisationsstruktur und den vorhandenen Produkten auch in zehn Jahren noch am Markt bestehen kann, erfordert die Bereitschaft zu einem permanenten und grundsätzlichen Hinterfragen des eigenen unternehmerischen Tuns. Verbunden muß dies sein mit einer offenen Bereitschaft gegenüber Neuerungen.

Ebenso verhält es sich mit der eigenen persönlichen Situation. Die individuelle Lebenszielplanung hat sich im Laufe der Zeit von der ursprünglichen Vorstellung unmerklich, aber substanziell entfernt. Man hatte sich doch so fest vorgenommen, immer Zeit für seine Familie zu haben und keinen Raubbau an seiner Gesundheit zu treiben. Der permanente Zwölf-Stunden-Tag in seinem erfolgreich expandierenden Unternehmen hat diese Vorstellungen leider ausgehöhlt. Die größte Herausforderung für jeden Unternehmer besteht darin, ein Unternehmen erfolgreich zu führen und gleichzeitig das persönliche Wohlbefinden damit in Einklang zu bringen. Man muß nüchtern konstatieren, daß dies sehr oft eine potentielle Konfliktsituation beinhaltet, die nicht immer einfach zu lösen ist. Eine Lösung kann nur gefunden werden, wenn man sich diese Herausforderung bewußt macht und sich ihr offen stellt. Ein erfolgreiches Betriebsübergabekonzept sollte diesen Aspekt unbedingt berücksichtigen und zu einer Auseinandersetzung darüber animieren.

Der Unternehmer muß sich dabei von dem Bewußtsein leiten lassen, daß der tiefgreifende Wandel, den die Übergabe des Betriebes auf den Nachfolger beinhaltet, ein großes und reichhaltiges Chancenpotential eröffnet. Dies gilt für die zukünftige Positionierung des Unternehmens am Markt ebenso wie für die eigene persönliche Lebensplanung. Eine Nachfolgeregelung ist nur dann wirklich abschließend und gelungen, wenn der Ausstieg des Seniorunternehmers aus dem Betrieb gleichzeitig als Einstieg in einen neuen, chanceneröffnenden Lebensabschnitt verstanden wird. Für die Firma sollte es den Startschuß für den Beginn einer weiteren erfolgreichen Etappe in der Unternehmensentwicklung bedeuten. Der Seniorunternehmer muß den auf sein Ausscheiden aus dem Betrieb folgenden Lebensabschnitt aktiv gestalten und sich neue persönliche Ziele stecken. Der Unternehmer sollte dem Tag der Übergabe nicht voller Panik entgegensehen. Die Auffassung, mit dem Ausscheiden aus dem Unternehmen zum alten Eisen zu gehören, ist völlig verfehlt. Das Gegenteil ist vielmehr der Fall. Der Seniorunternehmer muß jedoch hierzu selbst rechtzeitig die Initiative ergreifen und die Weichen stellen. Ein positives Beispiel in diesem Zusammenhang wurde zu Anfang des Buches bereits geschildert. Hier hat sich der Unternehmer neue persönliche Freiräume eröffnet und damit nach eigenem Bekunden seine Lebensqualität erheblich gesteigert.

▦ Beispiel ▦

Ebenso verhält es sich mit dem Unternehmer, der sich wie geplant mit Ende 50 aus seinem Unternehmen der Konsumgüterindustrie zurückgezogen hat. Von „Ruhestandsschock" oder „Pensionärsloch", in das man nach Ausscheiden aus den aktiven Diensten angeblich unweigerlich stürzt, keine Spur. Durch intensives Training, bedingt durch die nunmehr mögliche häufigere Anwesenheit auf dem Tennisplatz, konnte er seinen Ranglistenplatz bei den Senioren erheblich verbessern. Vor allem ist er in diesem Alter noch agil genug, um sämtliche Freizeitaktivitäten und vorgenommenen Reisen richtig ausnutzen und genießen zu können. Seine im traditionellen Dienstag-Tennisdoppel mitspielenden, aus seiner Sichtweise muß man nunmehr sagen, ehemaligen Unternehmerkollegen beneiden ihn, wenn sie selbst wieder einmal in letzter Minute und noch in Gedanken an den Ärger mit dem Betriebsleiter abgehetzt auf den Tennisplatz stürzen. Die rechtzeitige Entscheidung für den Rückzug aus dem Unternehmen, einhergehend mit der frühzeitigen Bereitschaft, die sich dann bietenden Freiräume aktiv wahrzunehmen, haben zu einer großen persönlichen Zufriedenheit des „Ex"-Unternehmers geführt. Hinzu kommt, trotz vorheriger im stillen angestellter gegenteiliger Bedenken, daß es der von dem Sohn weitergeführten Firma nach wie vor blendend geht.

Ein bekanntes und spektakuläres Beispiel für einen Unternehmer, der den Ausstieg aus dem betrieblichen Alltag als Initialzündung für eine neue und spannende Lebensaufgabe verstanden hat, ist der vormalige Eigentümer des Fleisch- und Wurstwarenkonzerns ,,Herta", Karl Ludwig Schweisfurth. Er sieht nach dem millionenschweren Verkauf seines Unternehmens seine Lebensaufgabe darin, in Form der praktischen Umsetzung ökologischer Prinzipien einen aktiven Beitrag zum Schutz unserer Umwelt zu leisten, wobei er ganz bewußt seine unternehmerischen Erfahrungen in diese Aufgabenstellung einbringt und weiterhin nutzt. Er hat hierzu unter anderem eine Stiftung ins Leben gerufen, die aus dem Erlös des Unternehmensverkaufs dotiert wurde und ist aktiv tätig in dem von ihm gemeinsam mit seiner Familie initiierten Modellprojekt ,,Hermannsdorfer Landwerkstätten" in Oberbayern.

Entscheidend ist demnach, dem Generationswechsel im Unternehmen die angenehmen Seiten abzugewinnen. Der Unternehmer sollte sich auf die positiven Aspekte und die sich für die eigene Lebensplanung eröffnenden Chancen konzentrieren und nicht voller Bangen dem Tag des Ausscheidens aus dem Betrieb entgegensehen. Diese Sichtweise stellt auch der nachfolgende Autor, der größte Erfahrung in Fragen der persönlichen Neuorientierung und der Unternehmensführung hat, in den Mittelpunkt seiner Ausführungen.

Die Unternehmensübergabe kann die Krönung des Lebenswerkes werden

Josef Schmidt

Alles im Leben strebt einem Höhepunkt, einer Vollendung zu, vorausgesetzt dieses wird nicht jäh unterbrochen oder bewußt verhindert. So kann eine Unternehmensübergabe an die nachfolgende Generation auch gesehen werden. Eine Unternehmensgeneration, ob Gründungsunternehmer oder eine von mehreren vorherigen Generationen, arbeitet sehr häufig erfolgreich, baut auf und wirkt erfolgreich unternehmerisch weiter. Dabei wird es, wie in allen Bereichen des Lebens und in der Natur, Hochs und Tiefs geben. Gute Unternehmer lernen aus Tiefs und gestalten so das nächste Hoch. Nachdem diese Intervalle in einem Unternehmerleben auch aus Gründen der Wirtschaftszyklen sich häufig wiederholen, entsteht daraus ein Lernprozeß. Auch wenn zu Beginn, also während der ersten Wirtschaftszyklen im Unternehmerleben, noch nicht alles optimal verwertet wird. Im Laufe der Zeit wird der gute Unternehmer möglichst häufig aus Problemen echte Lernprozesse ableiten. So wächst und gedeiht ein Unternehmen.

Der Höhepunkt eines Unternehmerlebens kann dann die geplante Übergabe auf die Nachfolger sein. Die Nachfolgeregelung kann in Form einer Übergabe auf die direkten Nachkommen bestehen oder sich aber auch beispielsweise als Verkauf, der Gründung einer Holding oder etwas ganz anderes vollziehen. Das Entscheidende dabei ist die Vorbereitung. Es ist ein verständlicher Wunsch von Unternehmern, daß die eigenen Kinder die Nachfolge antreten. Aber gerade in diesem Fall werden die häufigsten Fehler gemacht. Es ist bezeichnend, daß ein Zitat von Otto von Bismarck sehr häufig als Witz erzählt wird und der dann auch noch eine etwas traurige Heiterkeit auslöst. Das Zitat lautet: „Die erste Generation verdient Geld, die zweite verwaltet das Vermögen, die dritte studiert Kunstgeschichte und die vierte verkommt vollends". Leider gibt es Beispiele, daß es so ist. Gottlob gibt es aber auch genug Beispiele, daß es so nicht sein muß.

■ Die Fehler, die gemacht werden

Der Wunsch der Unternehmer, daß die eigenen Kinder das Unternehmen weiterführen, wird durch das eigene Verhalten während der Führung des Unternehmens, wobei dies in der Regel auch die Zeit ist, wo die Kinder heranwachsen, zerstört. Die Kinder hören oft nur von den großen Problemen, von der Last der Schulden und Steuern, von den schlimmen Kunden und vieles mehr. Am häufigsten möchten aber die eigenen Nachkommen die ach so traurige Welt der Unternehmer deshalb nicht selbst anstreben, weil es doch keine Zeit für die Kinder, die Familie, die Freizeit und die Regenerationsphasen gibt. 12- bis 14-Stunden-Tage sind für niemanden erstrebenswert, auch wenn ein schönes Unternehmen dahintersteht.

Es gibt Unternehmer, die – auch wenn sie ihr Unternehmen sehr erfolgreich geführt haben – am Ende daran scheitern, weil sie glauben, der Nachfolger müßte genauso sein und das

Unternehmen genauso führen wie sie selbst. Es fehlt das Vertrauen in die nächste Generation. Die Wirkung daraus ist, daß sie nicht zur Übergabe bereit sind mit der häufigen Begründung, daß die Nachfolger noch nicht so weit sind. Zum großen Dilemma wird es dann, wenn ein gewisser Starrsinn dazukommt und wo der jeweilige Seniorunternehmer nicht mehr in der Lage ist zu erkennen, daß er zerstört, was er aufgebaut hat.

Der richtige Weg der Übergabe

Natürlich soll und kann hier nicht beschrieben werden, wie die absolut richtige Vorgehensweise ist. Die Vorgehensweise muß geplant und erarbeitet werden und ist in fast jedem Fall anders. Die Übergabe kann nie ein Hau-Ruck-Akt sein, sondern muß über Jahre vorbereitet werden.

Das Ziel der Übergabe sollte gut formuliert und beschrieben werden. Das Ziel könnte zum Beispiel sein: „Die Übergabe als Krönung des Unternehmerlebens". Dies würde bedeuten zu sehen, wie ein Lebenswerk auch nach dem Ausscheiden aus dem aktiven Unternehmerleben weiter gedeiht und sich entwickeln kann, wenn auch unter anderen Vorzeichen und einem eventuell anderen Stil. Mögen vor einer Generation Patriarchen noch erfolgreich, ja sogar richtig gehandelt haben, so läßt sich heute ein Unternehmen auf diese Weise nicht mehr führen. Heute spricht man von Coaching, kooperativem Führungsstil. Man spricht von Chaos-Theorien und Lean-Management und von der Wirkung einer richtigen Führung als Katalysator. Kein Nachfolger, auch wenn es der leibliche Sohn ist, wird genauso führen wie der Vater oder Vorgänger.

Der Start

Die Zielsetzung der Übergabe des Unternehmens als Krönung des Unternehmerlebens zu sehen sollte schon sehr früh in Angriff genommen werden. Eine hervorragende Möglichkeit ist die Verteilung von Aufgaben. Der Nachfolger sollte schon sehr früh Bereiche der Unternehmensführung als Aufgaben übertragen bekommen, die er oder sie vollkommen selbständig zu verantworten hat. Da müssen auch Fehler gemacht werden dürfen. Natürlich mit dem Ziel, sie nicht zu wiederholen. Da muß auch gesehen und akzeptiert werden, daß Arbeitsökonomie anders betrieben wird wie in früheren Zeiten. Es muß möglich sein, daß sich der Nachfolger an der Vision des Managers des Jahres 2000 orientiert. Das wichtigste aber dabei ist das Vertrauen zueinander. Nicht zuletzt deshalb sind zwei Faktoren besonders wichtig:

1. die Übergabe auf der Basis des Managements des geplanten Wandels: das heißt, man muß viel miteinander reden, um daraus

2. eine klare und eindeutige Vereinbarung zu entwickeln, die für beide Seiten so ist, daß sie mit Freude erfüllt wird.

So kann für den übergebenden Teil daraus die wirkliche Krönung des Unternehmerlebens werden und für den Unternehmer ein großartiger Neubeginn. Ein Neubeginn, der auch die Weisheit eines Johann Wolfgang von Goethe beinhaltet, der dazu geschrieben hat: „Was Du ererbt von Deinen Vätern, erwirb es, um es zu besitzen." Dieser Erwerb wird dann auch der Beginn der Krönung sein, wenn es nach einem erfolgreichen Unternehmerleben gilt, denselben Schritt gegenüber seinen eigenen Nachfolgern selbst zu tun. Nachdem dieser Zyklus wesentlich länger ist als ein normaler Wirtschaftszyklus, muß er ebenfalls wieder genau geplant und zielgerichtet vorgenommen werden.

■ Fazit

Wie bereits zu Anfang erwähnt, sollte die Überprüfung der gegebenen Situation und die daraus folgende Neuausrichtung in zweierlei Richtung erfolgen. Neben der persönlichen Situation ist die bisherige Unternehmensentwicklung und darauf aufbauend die Fragestellung, welche Ziele man noch mit dem Unternehmen erreichen will, von besonderer Bedeutung für den zukünftigen wirtschaftlichen Erfolg. Konnte man sich früher als Unternehmer viel eher auf sein Gefühl verlassen, kommt heute der strategischen Planung und strukturierten Vorgehensweise ein immer wichtiger werdender Stellenwert zu. Viel zu oft sieht man in der betrieblichen Hektik den Wald vor lauter Bäumen nicht. Man braucht gerade in unserer schnellebigen Welt keine Illusion darüber zu haben, daß die Weichen für den zukünftigen wirtschaftlichen Erfolg sehr frühzeitig gestellt werden müssen. Ein Ausruhen auf dem bisherigen Erfolg ist nicht möglich. Während die langjährige Produktreihe nach wie vor erfolgreich läuft, müssen bereits die nachfolgenden neuen Produkte entwickelt und eine entsprechende Marketing- und Vertriebsstrategie vorbereitet werden. Die bisherigen Erfolgsrezepte und scheinbar selbstlaufenden Produkte können trotz aller Qualitätsmerkmale irgendwann nicht mehr abgesetzt werden. Fehler insoweit rächen sich schonungslos. Nicht nur große Weltfirmen wie Nixdorf haben hier existenzgefährdendes Lehrgeld gezahlt. Wegen des immer härter und brutaler werdenden Wettbewerbes wird sich zukünftig nur der Unternehmer am Markt behaupten, der das Motto beherzigt: Not doing the things right, but doing the right things – Nicht die Dinge richtig tun, sondern die richtigen Dinge tun. Bei einer umgedrehten Sichtweise, wäre man besser Buchhalter oder Beamter geworden, nicht aber Unternehmer.

Ausgangsüberlegung und der erste Schritt der unternehmerischen Neuausrichtung ist selbstverständlich, das Bestehende im Unternehmen weiter zu optimieren. Die traditionellen Erfolgsfaktoren und Produkte, mit denen man bisher sein Geld verdient hat, sind auf die zukünftigen Marktanforderungen auszurichten. Produktions- und Vertriebskonzepte sind zu hinterfragen und gegebenenfalls weiterzuentwickeln. Der durch eine qualifizierte Ingenieurausbildung bestens auf die neue Geschäftsführungstätigkeit vorbereitete Junior kann durch Einführung neuer Produktionstechniken erhebliches leisten. Damit allein ist es aber nicht getan.

Viel wichtiger ist es, sich in einem immer schneller wandelnden Markt zukunftssicher zu positionieren. Bewährtes ist in Frage zu stellen und gegebenenfalls über Bord zu werfen. Es ist zu prüfen, ob die Produkte und der spezielle Markt, in dem man sich bewegt, auch zukünftig der Garant für den wirtschaftlichen Erfolg ist. Man muß bereit sein, sich neue Produktfelder, die mit dem bisherigen Marktsegment nicht unbedingt etwas zu tun haben müssen, zu eröffnen. Mercedes-Benz versucht sich auch zu einem Technologie-Konzern zu wandeln, da die sicherlich zutreffende Erkenntnis gewachsen ist, daß langfristig das Autogeschäft in seiner bisherigen Form nicht weiter zu betreiben ist. Die Deutsche Bank erweitert ihre bisherigen Aktivitäten nicht umsonst um die Versicherungssparte. Der Baukonzern Philip Holzmann AG wird nach den strategischen Planungen der Geschäftsführung zukünftig sein Geld im Umweltsektor und mit Dienstleistungen verdienen.

Auch die Rahmenbedingungen ganzer Branchen ändern sich. Dies sei am Beispiel des Vertriebssektors der Automobilindustrie erläutert. Das traditionelle Autohaus, das sein Geld bisher fast ausschließlich mit dem Verkauf von Fahrzeugen verdient hat, ist zukünftig nicht mehr lebensfähig. Das Servicegeschäft um das Auto herum wird immer wichtiger und profitabler. Das „Nebengeschäft" sichert die wirtschaftliche Existenz, wenn die Fahrzeuge nur noch mit horrenden Preisrabatten verkauft werden können. Heute werden beispielsweise gute Umsätze und Erträge mit dem Verkauf von Mobilfunk-Telefonen gemacht. Wenn sich der Autohausunternehmer nicht rechtzeitig darauf einrichtet, macht nicht nur der unmittelbare Autohaus-Konkurrent das Geschäft, sondern die eigentlich in einem anderen Marktsegment beheimatete Bosch-Werkstatt um die Ecke besetzt ein an sich „klassisches" Autohaus-Terrain. Dies zeigt, die Grenzen werden fließender. So gibt es bereits Autohäuser mit integriertem Reisebüro. Hier ist Phantasie und Kreativität gefordert.

Wer zukünftig erfolgreich sein will, muß über den eigenen betrieblichen Tellerrand hinausschauen können. Die sich abzeichnenden zusätzlichen Marktchancen müssen ergriffen werden. Hier bringt der Nachfolger erfahrungsgemäß neue Ideen und frischen Wind in den Betrieb. Dieser muß genutzt werden und darf nicht durch die Formulierung permanenter Bedenken durch den Seniorunternehmer zu einem lauen Lüftchen verkommen. Die oft anzutreffenden Äußerungen nach dem Motto: „Dies haben wir schon immer so gemacht" und „Was soll das denn nun wieder" sind nicht zielführend und der Unternehmensentwicklung nicht förderlich.

Der Seniorunternehmer mag sich an seine eigene Situation erinnern, als er selbst endlich von dem Vater das Unternehmen eigenverantwortlich übernehmen konnte und die aus seiner Sichtweise antiquierten Zöpfe endlich abschneiden durfte, bevor es zum zwangsweisen Haarausfall kommen konnte. Die jetzige Verfassung des Betriebes zeigt, daß die von ihm seinerzeit durchgeführten Neuerungen dem Unternehmen im Endergebnis nur gut getan haben. Nun wiederholt sich diese Situation – nur mit veränderten Rollen. Auf einmal ist aus dem tatkräftigen und risikobereiten Jungunternehmer der 50er Jahre selbst ein Bremser und Bedenkenträger geworden. Zugegeben – dies ist ein unumgängliches generationsabhängiges Ritual zwischen Junior und Senior. Entschärft werden kann dieses Problemfeld durch verbindliche vorherige Absprachen und klare vertragliche Regelungen, in denen in eindeutiger Weise festgelegt wird, daß mit Übergabe des Betriebes dem

Nachfolger tatsächlich das alleinige unternehmerische Sagen und die Verantwortung eingeräumt wird. Auch wenn es ihm manchmal schwer fällt, muß der Senior seine Bedenken bisweilen runterschlucken.

In dem nachfolgenden Beitrag wird anhand eines praktischen Beispiels sehr anschaulich und praxisnah dargestellt, wie die strategische Neuausrichtung eines Betriebes in einem speziellen Markt konkret aussehen kann. Ein exzellenter Kenner der inhaltlichen Materie und der ausgewählten Branche beschreibt, welche Überlegungen anzustellen sind, wie die Analyse des unternehmerischen Umfeldes auszusehen hat, wie Zukunftsprognosen zu entwickeln sind, welche Folgerungen daraus zu ziehen sind und vor allem welche praktischen Maßnahmen zu ergreifen sind. Die großen Konzerne beschäftigen hierfür ganze Stabstellen mit hochqualifizierten Experten. Der gestandene Mittelständler muß sich hingegen neben seinem Alltagsgeschäft mit dieser für die Zukunft seines Unternehmens existenziellen Frage meist allein auseinandersetzen. Die Ausführungen stellen deshalb einen beispielbezogenen exemplarischen Leitfaden dar, deren Kernüberlegungen branchenübergreifende praktische Relevanz zukommt. In diesem Sinne sind die Ausführungen eine praktische Hilfestellung und erster Einstieg für jeden Unternehmer, egal aus welcher Branche, in diese komplexe Fragestellung.

Die strategische Neuausrichtung von Klein- und Mittelbetrieben – dargestellt am Beispiel des deutschen Kraftfahrzeuggewerbes

Willi Diez

Die Regelung der Unternehmensnachfolge wird in Klein- und Mittelbetrieben nicht als Chance, sondern eher als Bedrohung für den Bestand des Unternehmens gesehen. Dies mag insofern verständlich sein, als gerade bei solchen Betriebsgrößen der Erfolg oder Mißerfolg sehr viel stärker vom Inhaber-Geschäftsleiter abhängt als in großen Kapitalgesellschaften. Andererseits besteht aber aus genau dem gleichen Grund die Chance, mit der Weitergabe der Geschäftsführung an die nachfolgende Unternehmensgeneration weitreichende Änderungen in der strategischen Ausrichtung solcher Unternehmen vorzunehmen. Sei es aus einem generellen Beharrungsvermögen heraus, sei es aufgrund mangelnder Qualifikation von Betriebsinhabern und Nachfolgern, wird diese Chance bislang nur wenig genutzt.

Der folgende Beitrag möchte am Beispiel der Unternehmen im deutschen Kraftfahrzeuggewerbe zeigen, wie eine solche strategische Neuausrichtung aussehen könnte. Das überwiegend kleinbetrieblich strukturierte Kraftfahrzeuggewerbe eignet sich für eine solche Betrachtung in ganz besonderer Weise, ergibt sich doch aus den absehbaren Veränderungen im Vertrieb und in der Wartung von Automobilen in den nächsten Jahren ein erheblicher strategischer Handlungsbedarf. Dieser fällt zusammen mit einem Generationenwechsel in der Branche. So werden in den nächsten Jahren rund 5 000 Nachfolgen in Unternehmen des Kraftfahrzeuggewerbes neu zu regeln sein. Es ist daher nur naheliegend, mit der Nachfolgeregelung Maßnahmen zur langfristigen Unternehmenssicherung zu verbinden.

Der vorliegende Beitrag gliedert sich in vier Abschnitte: Zunächst werden einige für die folgende Darstellung grundlegende Branchenmerkmale und Herausforderungen kurz skizziert. Daran anschließend wird das traditionelle Betriebskonzept im fabrikatsgebundenen Automobilhandel – der Komplettbetrieb – einer Stärken-Schwächen-Analyse unterzogen. Daraus ergeben sich für einen Teil der Unternehmen weitreichende Konsequenzen, die im dritten Abschnitt in einem innovativen Betriebskonzept – dem Betriebsverbund – konzeptionell entfaltet werden. Im letzten Abschnitt wird dann gezeigt, wie die Implementierung eines solchen Betriebskonzeptes organisch mit einer Nachfolgeregelung verbunden werden kann. Dabei wird sich zeigen, daß betriebswirtschaftliche und rechtliche Handlungsansätze eng miteinander verzahnt werden müssen, um ein unternehmensindividuelles, langfristig tragfähiges Konzept zu realisieren.

1. Charakteristische Merkmale der Branchenstruktur/ Herausforderungen im Kraftfahrzeuggewerbe

Das Kraftfahrzeuggewerbe steht in den nächsten Jahren vor einer Fülle von strukturellen Herausforderungen, die sich aus dem Wandel der verkehrs- und umweltpolitischen Rahmenbedingungen, der Anbieterstrukturen und des Käuferverhaltens ergeben. Sie können hier nur summarisch benannt werden:

- Ertragsverfall im Neuwagengeschäft durch weltweite Überkapazitäten und sinkende Preisakzeptanz im Markt („Rabattschleuderei")
- wachsende Bedeutung des Gebrauchtwagenmarktes mit speziellen Wettbewerbsproblemen des professionellen Automobilhandels gegenüber dem Privatmarkt
- verstärkte Anstrengungen der Automobilhersteller/-importeure zur Senkung ihrer Vertriebskosten („Lean Distribution")
- strukturelle Unterauslastung und technologischer Wandel im Werkstattgeschäft
- Reduktion der bedarfsgesteuerten Kundenkontakte durch längere Beschaffungszyklen im Neuwagengeschäft und verlängerte Wartungsintervalle
- steigende Anforderungen an die umweltgerechte Entsorgung der Betriebe

Diese letztlich explosive Mischung aus Herausforderungen erfordert von den Unternehmen des Kraftfahrzeuggewerbes und insbesondere von den Unternehmen im vertragsgebundenen Handel eine Überprüfung der bisherigen Betriebskonzepte. Denn das Zusammentreffen wachsender Absatz-, Rentabilitäts- und Liquiditätsrisiken, läßt sich nicht mit einem kurzfristig angesetzten Kostenmanagement bewältigen. Notwendig ist vielmehr die Gestaltung eines konzeptionellen Rahmens, der die langfristige Ertragskraft von Autohäusern sichert. Dabei wird ganz zwangsläufig die Frage aufgeworfen, ob das traditionelle Betriebskonzept, der Komplettbetrieb, diesen Anforderungen künftig noch genügt.

2. Traditionelle Betriebskonzepte im Kraftfahrzeuggewerbe

▩ Der Komplettbetrieb als Standardkonzept

Historisch gewachsen stellt der Komplettbetrieb auch heute noch das Standardkonzept im vertragsgebundenen Automobilhandel auf der ersten Handelstufe (Haupthändler) dar. Komplettbetrieb heißt dabei, daß die vier klassischen Geschäftsfelder des Autohauses – Neuwagenhandel, Gebrauchtwagenhandel, Werkstattgeschäft sowie Teile und Zubehör – an einem Standort betrieben werden. Zwar gibt es unternehmensindividuell durchaus Unterschiede in der Bedeutung, die die einzelnen Geschäftsfelder haben. Insgesamt dient aber auch noch heute, beispielsweise bei der Neuplanung von Betrieben, der Komplettbetrieb als Leitbild der Unternehmensorganisation.

▨ Vorteile des Komplettbetriebes

Der Komplettbetrieb weist eine Reihe von Vorteilen auf, die seine Dominanz in der Branche nicht nur historisch erklären, sondern auch betriebswirtschaftlich begründen. Im Grundansatz stellt der Komplettbetrieb ein integriertes Dienstleistungsunternehmen dar, das sich an einem bestimmten Bedarfskreis orientiert. Dieser Bedarfskreis setzt sich in einer engeren Betrachtungsweise aus der Anschaffung von Automobilen, inklusive der damit zusammenhängenden Finanzierungs- und Versicherungsleistungen, der technischen Wartung und Reparatur der Fahrzeuge sowie dem Wunsch nach ausstattungsergänzendem Zubehör zusammen. In einem erweiterten Sinne würde der Bedarfskreis alle Produkte und Dienstleistungen zur Sicherstellung von Mobilität umfassen. Im Augenblick scheint der Bedarfshorizont des Automobilkunden jedoch noch stark auf den motorisierten Individualverkehr konzentriert, so daß Veränderungen, die sich aus einem verkehrsträgerübergreifenden Mobilitätsbedarf ergeben, hier vernachlässigt werden können.

Die Befriedigung des automobilbezogenen Bedarfskreises ermöglicht die Realisierung von vielfältigen Synergie-Effekten zwischen den einzelnen Geschäftsfeldern. So kann durch ein intensives Neu- und Gebrauchtwagengeschäft eine entsprechende Werkstattauslastung sichergestellt werden, wie umgekehrt durch einen guten Service Kundenzufriedenheit und Kundenbindung geschaffen werden können, die dann wiederum dem Neu- und Gebrauchtwagengeschäft zugute kommen. Weitere Synergie-Effekte bestehen zwischen dem Zubehör und dem Werkstattgeschäft sowie insbesondere zwischen dem Neu- und Gebrauchtwagengeschäft. So können beispielsweise durch das Gebrauchtwagengeschäft Einsteiger in den Automobilmarkt gewonnen und zu Neuwagenkunden im Laufe der Jahre aufgebaut werden. Durch das gleichzeitige Angebot von Neu- und Gebrauchtwagen kann der Automobilhändler außerdem flexibel auf Kundenwünsche reagieren. Die Effizienz des Komplettbetriebes basiert also vor allem auf der Nutzung von echten Synergie-Effekten. Sie dürfen auch bei einem alternativen Betriebskonzept nicht leichtfertig aufgegeben werden.

▨ Probleme des Komplettbetriebes

Trotz seiner unbestreitbaren Vorzüge weist der Komplettbetrieb einige systemimmanente Schwächen auf. Dies gilt insbesondere mit Blick auf die unterschiedlichen Standortanforderungen, die an die einzelnen Geschäftsfelder gestellt werden. Da der Standort auch im Automobilhandel einen der zentralen Erfolgsfaktoren darstellt, kommt diesem Aspekt für die Gesamteffizienz eines Autohauses erhebliche Bedeutung zu. Bewertet man die einzelnen Geschäftsfelder des Autohauses nach den Standortkriterien Kundennähe einerseits, Betriebsgröße und Flächenbedarf andererseits, so ergibt sich folgendes Bild:

– *Neuwagenverkauf:*
Der Neuwagenverkauf erfordert eine große Sortimentsbreite und -tiefe mit einem entsprechenden Angebot an Vorführwagen. Von zunehmender Bedeutung sind automobilnahe Dienstleistungen (Leasing, Finanzierung, Versicherungen etc.), die pro-

fessionell nur bei einer entsprechenden Betriebsgröße angeboten werden können. Schließlich läßt sich ein Erlebnis-Ambiente nur bei größeren Betriebsgrößen realisieren.

– *Gebrauchtwagenverkauf:*
Noch wichtiger als beim Neuwagen ist hier die Sortimentsbreite und -tiefe. Daraus ergibt sich ein erheblicher Flächenbedarf, so daß sich eher dezentral gelegene Standorte anbieten. Sie sind insofern unproblematisch, als der Gebrauchtwagenkunde bereit ist, eine längere Anfahrtstrecke zurückzulegen, wenn ihn ein entsprechendes Angebot erwartet. Insofern gilt hier der Satz: „Auswahl schlägt Kundennähe".

– *Werkstattgeschäft:*
Der Werkstattkunde möchte kurze Anfahrtswege und -zeiten. Er schätzt den persönlichen Kontakt mit seinem Berater in der Werkstatt, was in kleineren Betriebseinheiten in der Regel eher gegeben ist als in größeren Betrieben. Im Vergleich zum Gebrauchtwagengeschäft ist der Flächenbedarf niedriger.

– *Teile/Zubehör:*
Soweit das Teile- und Zubehörgeschäft nicht nur als Anhängsel zum Werkstattgeschäft gesehen wird, sondern als eigenständiges Profit-Center, ist die Gewinnung von „Laufkundschaft" von erheblicher Bedeutung. Eine große Sortimentsbreite und -tiefe als wiederum wichtige Erfolgsfaktoren sowie die geforderte Professionalität insbesondere bei hochwertigem Zubehör (Mobilfunk, Klimaanlagen etc.) sprechen für größere Betriebseinheiten. Außerdem können sich dadurch auch Einkaufsvorteile ergeben.

Aufgrund dieser systemeigenen Gegensätze kann jeder Komplettbetrieb letztlich nur ein möglichst guter Kompromiß zwischen den geforderten Standorteigenschaften sein. Die Standortqualität des Autohauses bleibt also im Hinblick auf die einzelnen Geschäftsfelder zwangsläufig suboptimal. Es stellt sich daher die Frage, ob bei weiter steigenden Kundenansprüchen und dem gleichzeitigen Zwang zur Kosteneffizienz solche Standortdefizite noch tragbar sind oder nicht durch eine Strategie der Standortdifferenzierung überwunden werden müssen.

▦ Die Filialisierung

Die Filialisierung stellt einen ersten Ansatz zur Überwindung der systemeigenen Schranken des Komplettbetrieb-Konzeptes dar. Allerdings kann sie nicht als ein wirklich neuartiges Betriebskonzept bezeichnet werden, da sie eigentlich nichts anderes ist als die Multiplikation des traditionellen Komplettbetrieb-Konzeptes in die Fläche. Im Grunde werden bei der Filialisierung neben einem Stammbetrieb entweder durch Übernahme bereits existierender Betriebe oder durch Neugründungen weitere Komplettbetriebe geschaffen.

Zwar kann es dabei zu einer gewissen Schwerpunktbildung kommen, wie zum Beispiel eine starke Konzentration des Neuwagenverkaufs auf den Stammbetrieb. Doch wird auch in den Filialbetrieben meistens noch ein Showroom für Neuwagen eingerichtet, und ein

Verkäufer ist zeitlich begrenzt vor Ort im Einsatz. Dies führt zu einer Kapitalbindung durch die ausgestellten Fahrzeuge und zusätzlichen Kosten durch das Vorhalten eines kompletten Verkäuferbüros. Außerdem werden meistens Gebrauchtwagen sowohl im Stamm- als auch im Filialbetrieb präsentiert, wodurch eine aus Marketing-Sicht ungünstige Sortimentssplittung entsteht. Der Kundensog, der gerade im Gebrauchtwagengeschäft durch ein breites und damit attraktives Sortiment an einem Standort eintritt, wird also konzeptionsbedingt wieder abgeschwächt. Schließlich kann der Aufbau und der Unterhalt eines oder mehrerer Filialbetriebe so viele Investitionsmittel binden, daß der Stammbetrieb nicht in der gewünschten Weise, etwa im Sinne erlebnisorientierter Gestaltungs- und Marketing-Konzepte ausgebaut und betrieben werden kann. Genauso wie der Filialbetrieb das Komplettbetrieb-Konzept multipliziert, multipliziert er damit auch dessen Schwachstellen. Die Filialisierung weist zwar in die richtige Richtung, bleibt aber auf dem halben Weg stehen. Sie kann daher nur die Keimzelle für ein wirklich neues Betriebskonzept im Kraftfahrzeuggewerbe sein.

3. Neue Betriebskonzepte für Unternehmen des Kraftfahrzeuggewerbes

Der Betriebsverbund als neuartiges Betriebskonzept

Der Grundgedanke des Betriebskonzeptes eines Vertriebsverbundes im Autohaus ist sehr einfach: Im Rahmen eines in einem Unternehmen integrierten Verbundes von Betriebsstätten an mehreren Standorten werden nicht an allen Standorten alle Geschäftsfelder betrieben, sondern es findet eine Differenzierung und damit Konzentration bestimmter geschäftlicher Aktivitäten auf einzelne Standorte statt. Mit Blick auf die oben definierten unterschiedlichen Standortanforderungen an die einzelnen Geschäftsfelder bedeutet das:

- Konzentration des Neuwagenverkaufs auf einen Standort und einem großen, attraktiven Showroom sowie einem erlebnisorientierten Kundenkontakt-Management

- breite Streuung von kleinen Werkstätten in der Fläche zur Sicherstellung einer optimalen Kundennähe und gegebenenfalls Konzentration kapitalintensiver Werkstattbereiche wie Karosserie und Lackierung auf einen Standort

- Vermittlung von Neu- und Gebrauchtwagenkunden durch die Werkstattbetriebe

- Bildung eines Gebrauchtwagenzentrums für das gesamte Unternehmen mit der Möglichkeit des freien Zukaufs („Profit-Center")

- Konzentration des (höherwertigen) Zubehörgeschäftes auf den Stammbetrieb, Vorhalten von einfachem Zubehör im Teilesortiment der Werkstattbetriebe

- Gestaltung einer unternehmensinternen Teile-Logistik unter Berücksichtigung der regionalen Teileversorgungslager des Herstellers/Importeurs

So neu dieses Konzept eines Betriebsverbundes anmuten mag, so sehr knüpft es doch an bereits vorhandene Formen der Branchenstruktur an. Im Prinzip ist das Konzept des Betriebsverbundes nichts anderes als eine Kombination aus der räumlichen Differenzierung, wie wir sie von der Filialisierung her kennen, und einer funktionalen Differenzierung, die in der „Arbeitsteilung" von Haupt- und Unterhändlern angelegt ist. So erfüllen die spezialisierten Werkstattbetriebe im Rahmen eines Betriebsverbundes durchaus vergleichbare Funktionen wie die Vertragswerkstätten in den zweistufigen Vertriebssystemen der meisten Fabrikate. Sie sorgen für einen flächendeckenden technischen Service und haben darüber hinaus noch die Aufgabe der Vermittlung von Neuwagengeschäften. Neu ist lediglich, daß die räumliche und funktionale Differenzierung der Betriebe unter dem Dach eines Unternehmens durchgeführt wird. Dadurch wird sowohl der Geschäftsumfang als auch die Wertschöpfung innerhalb eines Unternehmens erhöht – eine Entwicklung, die angesichts sinkender Erträge je Geschäftsvorgang für die Unternehmen des Kraftfahrzeuggewerbes zur Existenzsicherung dringend geboten ist. Außerdem bleiben durch die Einbindung aller Geschäftsfelder in ein Unternehmen die Synergie-Effekte des Komplettbetriebes erhalten. Die Corporate Identity schafft eine sichtbare und für den Kunden erlebbare Klammer zwischen den einzelnen Teilbetrieben.

Voraussetzungen für die Realisierung von Betriebsverbünden

Das hier umrissene Konzept eines Betriebsverbundes ist lediglich als ein Leitbild für die künftige Gestaltung von Unternehmen im vertragsgebundenen Automobilhandel anzusehen. Nicht anders als das Konzept des Komplettbetriebes muß es den jeweiligen lokalen und unternehmensindividuellen Rahmenbedingungen und Vorgaben angepaßt werden. So ist es durchaus denkbar, daß beispielsweise das Gebrauchtwagenzentrum auf dem gleichen Betriebsgelände wie der Neuwagenverkauf angesiedelt wird, wenn die entsprechenden Flächen vorhanden sind. Ebenso ist es natürlich denkbar, an ein Gebrauchtwagenzentrum eine Werkstatt anzuhängen, die sowohl die lokale Kundenbedienung sicherstellt, als auch gleichzeitig als Aufbereitungszentrum für die Gebrauchtwagen dient. Das Betriebskonzept eines Betriebsverbundes stellt also einen flexiblen Rahmen dar, der für eine optimale Marktabdeckung vielfältigen Gestaltungsspielraum läßt.

Gleichwohl lassen sich drei Voraussetzungen definieren, von deren Erfüllung der Erfolg eines solchen Konzeptes maßgeblich abhängt:

Das Konzept des Betriebsverbundes ist für Ballungszentren und Verdichtungsräume zweifellos besser geeignet wie für den ländlichen Raum. Aufgrund der nach wie vor bestehenden Beziehungen zwischen den Betrieben muß die räumliche Dispersion begrenzt bleiben. Andernfalls würde ein zu hoher finanzieller und zeitlicher Kommunikationsaufwand zwischen den Betrieben entstehen. Daher ist es naheliegend, dieses Konzept an solchen Standorten zu realisieren, die eine hohe flächenmäßige Konzentration der Nachfrage aufweisen.

Die zweite Voraussetzung für den Erfolg von Betriebsverbünden ist die Gestaltung einer dezentralen Struktur- und Ablauforganisation. Das Konzept eines Betriebsverbundes darf nicht zentralistisch angelegt sein, weil dann der Steuerungsaufwand überproportional ansteigen würde. Notwendig ist vielmehr die Verlagerung von möglichst viel Verantwortung und Kompetenz in die einzelnen Betriebsstätten. Insofern bietet es sich an, sie als Profit-Center zu führen. Das erfordert, daß der jeweilige Betriebsleiter alle wesentlichen ergebnisrelevaten Handlungsparameter selber beeinflussen können muß. Dies setzt selbstverständlich eine entsprechende Mitarbeiterqualifikation vor Ort voraus.

Die dritte Voraussetzung steht nur scheinbar im Widerspruch zur zweiten: Alle für den Erfolg im operativen Geschäft nicht relevanten Aufgaben müssen soweit wie möglich zentralisiert werden. Nur so lassen sich nämlich die notwendigen Größenvorteile im Fixkostenbereich realisieren („economies of scale"). Das gilt insbesondere für die gesamte kaufmännische Verwaltung einschließlich der Personalverwaltung. Es gilt aber auch für die kundengerechte Bereitstellung von Vorführwagen über das gesamte Marktverantwortungsgebiet. Der Stammbetrieb muß in dieser Hinsicht die Funktion eines Dienstleistungzentrums für das gesamte Unternehmen übernehmen. Moderne, dezentral angelegte EDV-Systeme leisten dabei eine wesentliche Unterstützung.

4. Die Verbindung von Nachfolgeregelungen mit der Implementierung

Familien- und Gesellschafterkonzepte

Die Durchführung einer Nachfolgeregelung könnte der ideale Zeitpunkt für eine strategische Neuausrichtung und Neustrukturierung eines Klein- und Mittelbetriebes im Kraftfahrzeuggewerbe in der hier beschriebenen Weise sein, da jede Nachfolge eine Zäsur in der Unternehmensentwicklung darstellt. Freilich gelten auch hier zwei Einschränkungen:

Erstens: Eine strategische Neuausrichtung läßt sich weder kurzfristig planen noch kurzfristig realisieren. Nicht anders als bei dem vielfältigen rechtlichen Gestaltungsbedarf bei Nachfolgefragen muß auch ein solches betriebswirtschaftliches Konzept langfristig vorbereitet werden.

Zweitens: Die rechtliche Unterstützung einer strategischen Neuausrichtung muß ebenso wie das Betriebskonzept selbst unternehmensindividuell erfolgen. Rechtliche Handlungsmöglichkeiten und betriebswirtschaftliche Handlungsnotwendigkeiten stehen in einem wechselseitigen Verhältnis und müssen in einem tragfähigen Nachfolgekonzept gleichberechtigt ausbalanciert werden.

Aufgrund der letztlich nur individuell gestaltbaren Konzepte zur langfristigen Unternehmenssicherung können die folgenden Voraussetzungen zur Verbindung von Nachfolgeregelungen und der Realisierung eines Betriebsverbundes lediglich kursorischen Charakter haben. Grundsätzlich stellt sich die Frage, ob das Konzept eines Betriebsverbundes im Rahmen eines Familienbetriebes oder unter Aufnahme von neuen Gesellschaftern realisiert werden soll. Dies hängt natürlich vor allem davon ab, ob das Stammunternehmen eine ausreichende Finanzkraft besitzt, um die notwendige Übernahme von Unternehmen beziehungsweise deren Neugründung wirtschaftlich tragen zu können. Ist diese nicht gegeben, müssen Gesellschafter mit ins Unternehmen genommen werden, mit den entsprechenden Konsequenzen für die Rechtsform und die Geschäftsverteilung.

Der Aufbau eines Betriebsverbundes über eine schrittweise Kooperation, die schließlich bis zur Gründung eines neuen Unternehmens führen könnte, wurde bereits weiter oben diskutiert. Zwar ist es durchaus denkbar, daß die beteiligten Kooperationspartner innerhalb des Verbundes die Leitung einzelner Betriebe übernehmen und gemeinsam die

Geschäftsführung ausüben. Doch sind dabei Konflikte zwischen den bisherigen Allein-inhabern vorprogrammiert. Immerhin erweitert die Konzeption eines Betriebsverbundes die Gestaltungsoptionen auch für solche Gesellschaftermodelle. Denkbar wäre beispiels-weise, daß ein Familienbetrieb die gesamte Leitung der Betriebsverbundes übernimmt, während die wirtschaftlich schwächeren Kooperationsmitglieder an ihren Teilbetrieben nach wie vor kapitalmäßig beteiligt bleiben und eventuell sogar die Möglichkeit zu einem späteren buy-out haben. Noch weitergehender wäre ein Konzept, bei dem der Stammbe-trieb beispielsweise ein Franchise für die Werkstätten innerhalb eines Betriebsverbundes vergibt. Die Werkstätten würden dann von den jeweiligen Inhabern unter der Firmenbe-zeichnung des Stammbetriebes und nach dessen Vorgaben geführt. Zweifellos bewegt sich ein solches Konzept aber im Grenzbereich der selektiven Vertriebsbindung.

Geschäftsverteilung im Familienbetrieb

Unterstellt man, daß die Führung des Betriebsverbundes im Rahmen eines Familienbe-reiches möglich ist, so erweitert dieses Konzept zweifellos auch hier die führungsorga-nisatorischen Gestaltungsoptionen, wenn mehr als ein Kind für die Nachfolge im Betrieb in Frage kommt. Während im klassischen Komplettbetrieb bei 50 : 50-Regelungen kon-traproduktive Auseinandersetzungen fast unumgänglich erscheinen, können in einem Betriebsverbund je nach Zahl, Alter, Qualifikation und Neigungen der erbberechtigten Kinder eine Vielzahl von Lösungen des Nachfolgeproblems erarbeitet werden.

Grundsätzlich sollte jedes Konzept von einer Trennung des Tagesgeschäftes von der strategischen Planung ausgehen. Dabei sollte jeder der Unternehmensnachfolger eine klar abgegrenzte operative Verantwortung tragen. So wäre es denkbar, daß eines der Kinder die Leitung des Neuwagenbetriebes übernimmt, das andere die Leitung eines Gebrauchtwagenzentrums oder auch einer Werkstatt. Durch die Organisation als Profit-Center hätte jeder einen sehr großen unternehmerischen Handlungsspielraum mit Ergeb-nisverantwortung, ohne daß es zwischen den Geschwistern zu konfliktträchtigen Unter-stellungen kommen müßte. Eine andere Möglichkeit wäre eine funktionale Trennung der Aufgaben in einer gemeinsamen Geschäftsleitung. So könnte beispielsweise einer der beiden Nachfolger die Verantwortung für das Fahrzeuggeschäft (Neu- und Gebraucht-wagen) tragen, während der andere das gesamte Werkstatt- und Teilegeschäft leitet.

Die klar abgegrenzte Verantwortung im operativen Bereich wäre dann durch eine gemein-same Verantwortung für strategische Entscheidungen zu ergänzen. Sie erscheint um so eher möglich, wie die Nachfolger operativ in vollem Umfang „Unternehmer" sein können und lediglich bei der strategischen Ausrichtung des Unternehmens zum „Mana-ger im Team" werden müssen. Da die wirtschaftliche Existenz der Nachfolger vom langfristigen Bestand des Unternehmens abhängt, sollten in diesem Fall konsensuale Entscheidungen möglich sein. Es ist klar, daß solche Geschäftsverteilungsregelungen durch eine entsprechende Gestaltung der Geschäftsanteile abgesichert werden müssen.

Nachwuchsqualifizierung

Wie auch immer die Lösung im einzelnen aussieht, erfordert die Geschäftsführung im Rahmen eines Vertriebsverbundes zweifellos ein verändertes Selbstverständnis und eine bessere Qualifikation der Geschäftsleitung als im herkömmlichen Komplettbetrieb. Dies ergibt sich nicht nur aus der tendenziell steigenden Betriebsgröße, sondern auch aufgrund der zweifellos höheren Komplexität der Führungsaufgabe. Das Selbstverständnis der Unternehmensnachfolger muß sich wegentwickeln von dem bislang noch immer dominierenden Leitbild des selbständigen Handwerkers. Die Vorstellung, alles selbst planen und steuern zu können, würde unweigerlich zu einer extremen Zentralisierung und damit zu einer effizienzmindernden Lähmung der Teilbetriebe führen. Es würde auch Konflikte zwischen den Nachfolgern selbst provozieren. Leitbild für die Unternehmensnachfolger muß daher das Bild des modernen Managers sein, der – obgleich ergebnisverantwortlich – Entscheidungskompetenz nach unten verlagert.

Erleichtert wird ein solches Selbstverständnis durch die Qualifizierung in modernen Methoden des Autohaus-Managements. Von besonderer Bedeutung ist dabei das Controlling als Führungsinstrument. Das Controlling ist von seinem Ansatz her auf eine Dezentralisierung des operativen Geschäftes unter Verfolgung gemeinsamer Ergebnisziele ausgerichtet. Controlling im Betriebsverbund eines mittelständischen Unternehmens würde bedeuten, daß die Steuerung des Unternehmens auf der Grundlage eines leistungsfähigen Management-Informationssystems erfolgt. Es müßte inhaltlich und zeitlich differenzierte Kennzahlen zur aktuellen Geschäftsentwicklung (operatives Controlling) sowie zur Ermittlung strategischer Schwachstellen (strategisches Controlling) bereitstellen. Insofern erscheint die Einrichtung einer zentralen Funktion „Controlling" zur Entscheidungsunterstützung der Geschäftsführer-Inhaber im Rahmen eines Betriebsverbundes zwingend notwendig. Gleichzeitig würden durch die Einbeziehung eines fachkundigen Dritten die Entscheidungsprozesse objektiviert.

Fazit

Obwohl die vorherigen Ausführungen auf einen speziellen Wirtschaftszweig bezogen sind, geben sie sicherlich einen handfesten Eindruck von den branchenübergreifenden relevanten grundsätzlichen Fragestellungen. Sie vermitteln gleichzeitig eine Vorstellung von den potentiellen Marktchancen, die sich bieten, wenn man sich als Unternehmer rechtzeitig auf die innovativen Tendenzen, die jedem Wirtschaftszweig immanent sind, einstellt. Es sind sicherlich bei der Lektüre erste Anregungen für die eigene persönliche und unternehmerische Vorgehensweise deutlich geworden. Weitere Denkanstöße soll die nachfolgende Checkliste geben. Es sollte jedoch klar sein, daß es sich bei der persönlichen und unternehmerischen Neuausrichtung um eine strukturelle Aufgabenstellung handelt, die viel Zeit erfordert und kontinuierlich fortgeschrieben werden muß.

CHECKLISTE

- Haben Sie eine schriftlich formulierte, persönliche Zielplanung?

- Wann möchten Sie aus dem Unternehmen ausscheiden?

- Welche Pläne haben Sie für die Zeit nach der Betriebsübergabe?

- Gibt es in Ihrem Betrieb allgemein bekannte Unternehmensleitsätze?

- Existiert eine Markt- und Konkurrentenanalyse?

- Wie sieht Ihr Markt in fünf Jahren und in zehn Jahren aus?

- Gibt es eine Strategieplanung für die nächsten zehn Jahre in Ihrem Unternehmen?

- Haben Sie eine Vorstellung, wie Ihr Unternehmen in fünf und zehn Jahren aussieht beziehungsweise aussehen sollte?

- Welche Produkte und Leistungen bietet das Unternehmen in fünf Jahren und in zehn Jahren an, wie wird die Umsatzverteilung sein?

- Welche Maßnahmen wurden bereits ergriffen oder halten Sie für notwendig, damit das Unternehmen auch in zehn Jahren noch erfolgreich im Markt vertreten ist?

- _____

  _____

  _____

- _____

  _____

  _____

- _____

  _____

  _____

9. Wie packe ich es an?

Die praktische Umsetzung einer Nachfolgeregelung

Die Gretchenfrage für jeden Unternehmer, der den Generationswechsel vor sich hat, lautet selbstverständlich: Wie bekommt man aus den in den vorherigen Abschnitten dargestellten Einzelstücken ein sinnvolles und vor allem auf die eigene Situation abgestimmtes Ganzes? Auch in diesem Zusammenhang gilt die alte Erkenntnis, die aber bedauerlicherweise immer wieder übersehen wird, daß vor einem Schematismus, der sich in der Kopie altbekannter Rezepte erschöpft, dringend gewarnt werden muß. Es gibt keine Patentrezepte, die auf jede Situation einfach übergestülpt zu werden brauchen, um zu einer akzeptablen Lösung zu kommen. Gerade die Nachfolgethematik setzt sich aus einer Palette unterschiedlichster Fragestellungen zusammen, die eine ,,Konfektionslösung" ausschließen. Jede Situation ist durch Besonderheiten geprägt, die eine individuelle Vorgehensweise erfordern. Welche Gefahren damit verbunden sein können, wenn ohne Abgleich mit der individuellen Situation einfach Lösungen ungeprüft übernommen werden, wurde an anderer Stelle bereits am Beispiel des von dem Mitgesellschafter 1 : 1 übernommenen Testaments eindringlich dargestellt. Dieses einfach ,,abgekupferte" Testament hätte zu einer erheblichen Erbschaftsteuerbelastung geführt, und damit wäre die Substanz des Unternehmens akut gefährdet gewesen. Durch die bloße Umformulierung weniger Sätze konnte dies vermieden werden. Der Generationswechsel im eigenen Unternehmen kann nur dann erfolgreich vollzogen werden, wenn ihm eine

– frühzeitige,
– umfassende und
– individuelle Planung

zugrunde liegt. Dies sind die strukturellen Kennzeichen jeder Nachfolgekonzeption.

Erfahrungsgemäß ist der erste Schritt die schwierigste Klippe für den Unternehmer. Der Einstieg in die unmittelbare praktische Umsetzung ist nicht immer einfach. Dem Unternehmer fällt es ungeheuer schwer, den Startschuß für die eigene Nachfolgeregelung zu geben. Wenn es ernst werden soll mit der unmittelbaren Übertragung der eigenen Firma, werden viele Senioren äußerst zurückhaltend. Für diese zögerliche Haltung vieler Unternehmer sind zutiefst menschliche und sehr nachvollziehbare Verhaltensmuster ursächlich. Die bestehenden Hemmschwellen können aber abgebaut werden beziehungsweise entstehen erst gar nicht, je früher und damit unbefangener sich der Unternehmer mit der eigenen Betriebsübergabe beschäftigt. Die Übergabe des Unternehmens wird damit für den Senior nicht zu einem plötzlichen, unter Umständen als äußerst schmerzhaft und von außen zwangsweise aufgedrängten Einschnitt empfunden, sondern zu einem logischen Schritt im persönlichen und unternehmerischen Lebenslauf. Wichtig ist deshalb eine sogenannte Vorphase, die bereits sehr früh beginnen sollte und in deren Mittelpunkt die eigene Sensibilisierung für dieses Thema steht. Der ideale Beginn ist der Zeitpunkt, zu dem man als Juniorunternehmer die unternehmerische Verantwortung in Eigenregie übernimmt. Wenn man selbst auf dem Chefsessel Platz genommen hat, sollte man sich in einem ersten kurzen Augenblick Gedanken darüber machen, wie lange man selbst auf dem Stuhl sitzen bleiben möchte. Die Sensibilität ist zu diesem Zeitpunkt sicherlich noch ausgeprägt genug, um sich die Überlegungen, die einen Junior umtreiben, der sich mit einem dominierenden Firmenpatriarchen auseinandersetzen mußte, dauerhaft in Erinnerung zu behalten und das Bewußtsein dafür zu sensibilisieren, nicht die gleichen Fehler selbst zu begehen. Die Übergabe des unternehmerischen Lebenswerkes muß zu einem vorbereiteten Meilenstein der eigenen Lebensplanung werden.

Die Dringlichkeit des Themas wird, solange es allgemein gehalten debattiert wird, von allen Unternehmern vorbehaltlos gesehen und akzeptiert. Nicht umsonst rangiert bei Umfragen, in denen nach den schwierigsten Aufgaben im Unternehmen gefragt wird, die Nachfolgethematik ganz oben in der Rangliste der von den Firmeninhabern gesehenen Problemstellungen. Die persönliche Betroffenheit ist auch gegeben, wenn durch einen gerade gelesenen Artikel oder durch einen von dem Berufsverband zu diesem Thema organisierten Vortrag der eigene Handlungsbedarf einem mal wieder drastisch vor Augen geführt wurde. In diesen Augenblicken wird dem Unternehmer ganz schwach ums Herz, und er nimmt sich vor, die notwendigen Maßnahmen umgehend zu ergreifen. Nur – es passiert nichts.

Vor dem nächsten, sich eigentlich logisch anschließenden Schritt zur Tat zu schreiten und wirklich aktiv zu werden, schrecken viele Unternehmer zurück. Hier spielen sicherlich psychologische Faktoren eine Rolle, die sich unter dem Stichwort: ,,Angst vor dem Loslassen" zusammenfassen lassen, aber auch die Ratlosigkeit darüber, welche konkreten Schritte zu ergreifen sind. Interessant in diesem Zusammenhang ist, welche Gründe die Seniorunternehmer selbst dafür anführen, weshalb sie sich noch nicht oder nur halbherzig entschlossen haben, den Generationswechsel im eigenen Unternehmen in Angriff zu nehmen. Ausweislich der Aral/Autohaus-Studie waren die häufigsten Antworten:

– zu früh
– keine Zeit

Diese ,,Klassiker-Antworten" sind sicherlich nicht nur typisch für die Kfz-Branche, sondern in jedem Wirtschaftszweig anzutreffen. Welche Verdrängungsmomente bei den Unternehmern eine Rolle spielen müssen, wird besonders deutlich bei der am häufigsten angegebenen Antwort (,,noch zu früh"), wenn man berücksichtigt, daß die Befragten im Schnitt 55 Jahre und älter waren. Überspitzt formuliert: Wenn der Unternehmer mit 75 Jahren endlich langsam ernsthafter daran denkt, den Betrieb auf den Junior zu übergeben, nähert sich dieser selbst bereits in großen Schritten dem Rentenalter. Und wenn der Firmeninhaber tatsächlich in der betrieblichen Tageshektik keine Zeit für eine der wichtigsten Aufgaben in seinem Unternehmerleben überhaupt findet, dann ist dies das sicherste Zeichen dafür, das Unternehmenszepter möglichst schnell weiterzugeben, bevor in dem Tagesaktionismus weitere für die Zukunft des Unternehmens notwendige Grundlagenentscheidungen auf die lange Bank geschoben werden.

Damit die Unternehmer ihren Worten auch Taten folgen lassen, ist häufig ein Anstoß von außen notwendig. Naheliegend ist, wenn die Initiative von der Familie ausgeht, da die Vertrautheit am größten ist und vor allem in den allermeisten Fällen eine familieninterne

Übergabe gewünscht wird. Nur ist dies häufig einfacher gesagt als getan. Aufgrund der persönlichen Nähe können schnell besonders heikle Situationen eintreten. Der verantwortungsvoll motivierte Hinweis der Ehefrau kann schnell mit einem provozierenden „Die Familie kann es wohl nicht erwarten, mich unter der Erde zu sehen" abgeschmettert werden. Für den im Betrieb tätigen Sohn, mit dem lediglich allgemein abgesprochen ist, daß er irgendwann einmal die Firma übernehmen soll, ist es besonders schwierig, das Thema anzusprechen. Schnell hat er das Gefühl, als „Erbschleicher" aufzutreten. Dies ist jedoch eine völlig falsch verstandene Zurückhaltung und Sichtweise.

Insbesondere der Seniorunternehmer sollte berücksichtigen, daß, wenn er selbst im Alter von über 60 Jahren immer noch keine konkreten Vorstellungen über den Zeitpunkt der vollständigen Übergabe der unternehmerischen Verantwortung geäußert hat, der potentielle Familiennachfolger bereits weit über 30 Jahre ist. In diesem Alter braucht man dringend eine klar abgesprochene und detailliert festgelegte berufliche Perspektive. Die Freunde und Bekannten des Juniors sind in diesem Lebensalter bereits in leitenden Positionen tätig, während er selbst mit der nebulösen Absichtserklärung, irgendwann einmal das Unternehmen zu übernehmen, leben muß. Es ist unverantwortlich, wenn kein konkreter Zeitplan vorliegt, der auf einer frühzeitigen verbindlichen Absprache basiert. Mit dieser Vorgehensweise wird ein verantwortungsvoll denkender Junior förmlich provoziert, seine Zelte im elterlichen Betrieb abzubrechen und sich eine gesicherte berufliche Perspektive anderweitig aufzubauen. Es darf im übrigen bezweifelt werden, ob ein „Junior", der sich mit 40 Jahren von seinem Vater immer noch hinhalten läßt und noch nicht auf den Tisch gehauen hat, das Zeug zum Unternehmer hat. Der in den Startlöchern sitzende Unternehmernachwuchs sollte in bestimmten Situationen durchaus den noch nicht übergabewilligen Senior im wohlverstandenen Sinne unter Druck setzen. Die Erfahrung zeigt, daß die an das Ruder drängenden Junioren oft besondere unternehmerische Qualitäten aufweisen. Dem Nachfolger kann es nicht zugemutet werden, daß er unnötig lange in Unsicherheit gehalten wird. Es gibt genügend Fälle, in denen es sich der Unternehmer aus Altersstarrsinn oder weil ihm die Schwiegertochter nicht paßt, auf einmal anders überlegt hat. Das Unternehmen wird plötzlich verkauft oder der heimliche „Lieblingssohn", der lange Jahre als töpfernder Weinbauer in der Toskana gelebt hat, bekundet zum Entzücken des Vaters und zum Entsetzen des Bruders plötzlich doch Interesse an der Übernahme der Firma.

Das offene Ansprechen des Themas durch Familienangehörige ist deshalb ein zwingender Bestandteil einer richtig verstandenen Vorsorge und Verantwortlichkeit für das familiäre Lebenswerk. Wenn es der Familie selbst zu heikel erscheint, das Thema anzuschneiden, ist es durchaus angebracht, wenn der enge persönliche Freund des Unternehmers, der nicht im Ruch steht, irgendwelche Eigeninteressen zu verfolgen, eingeschaltet wird und er von der Familie gebeten wird, ein Gespräch unter Freunden darüber zu führen. Es gibt Konstellationen, wo die Beteiligung eines neutralen, außerhalb der Familie stehenden, Dritten aus psychologischen Gründen äußerst hilfreich ist. Aber selbst wenn der Freund erfolgreich war und der Unternehmer glaubhaft seine Bereitschaft zur Übergabe der Firma erklärt hat, bleibt die Frage, welche praktischen Schritte daraus folgen. Dadurch, daß die Übergabe des Betriebes langfristig geplant werden sollte, besteht die Gefahr, daß das geführte Gespräch zwar in angenehmer Erinnerung bleibt, aber konkrete Maßnahmen mit dem Hinweis, man sei ja erst 58 Jahre, und fünf Jahre wolle man eigentlich schon noch tätig sein, auf den Sankt-Nimmerleins-Tag verschoben werden.

Äußerst hilfreich ist hier die schriftliche Abfassung eines sogenannten „Übergabe-Fahrplanes". Er ist ein wesentlicher Baustein jeder langfristig angelegten Nachfolgeregelung. Der „Übergabe-Fahrplan" kann zu jedem Zeitpunkt aufgestellt werden und beinhaltet unter Einbeziehung der übrigen Familienmitglieder eine Art beiderseitige Absichtserklärung von Junior und Senior. Denn natürlich hat nicht nur der potentielle Nachfolger Interesse an verbindlichen Absprachen, sondern dies ist seitens des Seniorunternehmers ebenso legitim. Denn was passiert, wenn der Sohn vielleicht kurzfristig abspringt und der übernahmewillige Fremd-Geschäftsführer unter Hinweis auf die geplante familieninterne Lösung sich kurz vorher eine neue berufliche Aufgabe gesucht hat? Bei der Abfassung eines „Übergabe-Fahrplans" geht es nicht um einen rechtlich verbindlichen Vertrag, sondern um die Dokumentation der Ernsthaftigkeit des beiderseitigen Willens.

Allein daß man sich zusammensetzt und sich konkrete Gedanken über verschiedene zeitliche und inhaltliche Festlegungen macht, ist ein äußerst wichtiger Prozeß. Es wird auf einmal offen angesprochen, daß der Vater den Sohn erst in fünf Jahren an der Geschäftsführung beteiligen will, obwohl der Sohn stillschweigend davon ausging, daß sein Einstieg in die Firma mit der gleichzeitigen Übertragung von Geschäftsführungsbefugnissen verbunden sei. Hier können frühzeitig Punkte angesprochen und entschärft werden, die ansonsten zu einem späteren Zeitpunkt mit einer erheblich größeren Dramatik verbunden sind und zu einer unnötigen Eskalation führen. Der „Übergabe-Fahrplan" sollte von Junior und Senior gemeinsam entwickelt und verabschiedet werden. Gegebenenfalls sind noch weitere Familienmitglieder oder enge betriebliche Mitarbeiter hinzuzuziehen. Dies verhindert eine falsch verstandene „Geheimdiplomatie" und gefährliche Alleingänge der Senioren. Viele Seniorunternehmer haben ganz genaue Vorstellungen darüber, wie die Nachfolge sich vollziehen soll. Nur bedauerlicherweise teilen sie dies keinem mit. Selbst der auserkorene Nachfolger und die sonstigen unmittelbaren Beteiligten werden im unklaren gelassen. Damit sind natürlich das Chaos und die Mißverständnisse vorprogrammiert. Der „Übergabe-Fahrplan" ermöglicht eine offene Kommunikation, die zwingender Bestandteil jedes Nachfolgekonzeptes sein muß.

Der „Übergabe-Fahrplan" ist ein flexibel zu handhabendes Instrument. Seine inhaltlichen Festlegungen sind selbstverständlich ganz stark davon abhängig, zu welchem Zeitpunkt er aufgesetzt und formuliert wird. Je näher der beabsichtigte Übergabetermin rückt, desto konkreter sollten sinnvollerweise die einzelnen Punkte gefaßt sein. Wenn der Sohn gerade seine Schule beendet hat, kann der „Übergabe-Fahrplan" logischerweise nichts anderes sein als eine allseitige „Wunschprojektion", die jedoch, und dies ist das Wesentliche, die ernsthaft gewünschte Fortführung der familiären Kontinuität im Unternehmen unterstreicht. Es ist äußerst positiv, wenn der „Übergabe-Fahrplan" sehr frühzeitig beginnt. Er ist dann den jeweils aktuellen Erkenntnissen entsprechend anzupassen und fortzuschreiben. Wenn man sich in bestimmten Zeitabständen zusammensetzt und überprüft, ob die Annahmen des „Übergabe-Fahrplans" noch zutreffen, können unter Umständen rechtzeitig Korrekturen in der eigenen Vorgehens- und Verhaltensweise vorgenommen werden, die wiederum Voraussetzung zur Erreichung eines positiven

Gesamtergebnisses sind. So stellt man vielleicht beispielsweise einvernehmlich fest, daß das ursprünglich als immens wichtig eingeschätzte einjährige Auslandspraktikum des Juniors eigentlich in der nunmehrigen Situation überhaupt nichts mehr bringt und man besser darauf verzichtet, weil der Sohn dringender bereits im Betrieb gebraucht wird. In dem „Übergabe-Fahrplan" sollte zwar ausdrücklich die nach wie vor bestehende Unabhängigkeit hinsichtlich der endgültigen Übergabemodalitäten betont werden, gleichwohl sollten folgende Punkte zumindest in ihrer beabsichtigten inhaltlichen Grundstruktur und dem zeitlichen Horizont, in dem sie zu realisieren sind, erwähnt werden:

- beabsichtigter Übergabetermin
- Ausbildungsabschnitte des Juniors
- Art und Weise der Übertragung von Geschäftsführungsbefugnissen
- Art und Weise der Übertragung von Gesellschaftsanteilen
- finanzielle Übergabemodalitäten
- Berücksichtigung der anderen Familienmitglieder

Es sollte gleichzeitig festgelegt werden, daß Änderungen unter gegenseitigem Einvernehmen selbstverständlich jederzeit erfolgen können und daß die endgültige Festlegung der konkreten Übergabemodalitäten erst zu einem späteren Zeitpunkt erfolgt. Im Falle der Beteiligung der Gesamtfamilie, was wegen des anzustrebenden breiten Konsenses wünschenswert sowie bei etwaigen beabsichtigten umfassenden Erbregelungen sinnvoll ist, entsteht damit eine Art „Familien-Grundgesetz".

Der große Vorteil eines „Übergabe-Fahrplans" ist sein auf den rein innerfamiliären Bereich bezogener formalisierender Charakter, ohne daß damit gleichzeitig eine rechtsverbindliche Bindungswirkung verbunden ist. Damit wird ein ausgewogenes Verhältnis zwischen persönlicher Unabhängigkeit und festgeschriebener Verantwortlichkeit erreicht. Die Schriftlichkeit unterstreicht die Ernsthaftigkeit der Absprachen. Dem Sohn erleichtert der „Übergabe-Fahrplan" das Ansprechen des Themas, ohne sich gleich als „Erbschleicher" zu fühlen, und er kann den Vater bei Bedarf an seine mit ihm abgesprochenen Absichten erinnern. Dadurch, daß der „Übergabe-Fahrplan" als Absichtserklärung formuliert ist, wird damit dem Seniorunternehmer gleichzeitig die Sicherheit gegeben, daß die erstmalige Erörterung des Themas nicht gleichbedeutend mit der Verpflichtung ist, das Unternehmen Knall auf Fall zu übertragen. Im Ergebnis führt der „Übergabe-Fahrplan" zum Abbau von Hemmschwellen und zu der Fähigkeit, sich unbefangener mit dem Generationswechsel im Unternehmen auseinanderzusetzen. Der Übergang von der sogenannten Vorphase, die geprägt ist durch ein Herantasten an das Thema, zum unmittelbaren Schritt der tatsächlichen Übergabe wird fließend. Die langfristige Planung der Betriebsübergabe wird damit zu einem harmonischen Gesamtablauf.

Die praktische Tätigkeit zeigt, daß bei Vorliegen eines wie immer gearteten und formulierten „Übergabe-Fahrplans" die unmittelbare Übertragung des Betriebes erheblich leichter realisiert werden kann. Der „Übergabe-Fahrplan" schafft eine Kommunikationsebene. Wichtige Punkte sind bereits im Vorfeld geklärt worden. Innerhalb der Familie sollte offen darüber gesprochen werden, welches der Kinder die uneingeschränkte unternehmerische Verantwortung eingeräumt bekommt und welche Gründe dafür ausschlaggebend sind. Ebenso haben die Familienangehörigen Kenntnis darüber, daß die

Vermögensfrüchte tragenden Bäume nicht in den Himmel wachsen und welche Vermögenswerte neben der Firma sonst noch übertragen werden können. Psychologische Sprengsätze können damit rechtzeitig entschärft werden, die im Rahmen einer unvorbereiteten Erbauseinandersetzung schnell zum Ruin des Unternehmens führen können. Vielleicht wird die Abfassung und Erläuterung des „Übergabe-Fahrplans" innerhalb der Gesamtfamilie zum Anlaß für die Einrichtung eines noch unten näher vorzustellenden „Familienrates" genommen, der damit zu einer Dauereinrichtung wird. Vor diesem Hintergrund kann man sich darauf konzentrieren, die operativ beste Lösung für die unmittelbare Übergabe des Unternehmens zu finden. Natürlich ist es auch in dem Abschnitt der unmittelbaren Betriebsübergabe notwendig, die entsprechenden moderierenden Gespräche mit allen Beteiligten zu führen, aber bestimmte, ansonsten meist erst bei dieser Gelegenheit hochkommende grundsätzliche Auseinandersetzungen können vermieden werden beziehungsweise sind bereits zu einem früheren Zeitpunkt einer Klärung zugeführt worden.

Es wäre jedoch eine verkürzte Sichtweise den Generationswechsel auf juristische und steuerliche Aspekte sowie Fragen der operativen Umsetzung zu reduzieren. Es bietet sich gleichzeitig die große Chance ergänzend hierzu eine gründliche Bestandsaufnahme über den aktuellen Ist-Status sowie die zukünftige Positionierung des Unternehmens im Markt vorzunehmen.

Nachfolgend beschreibt der in der Beratung von erfolgreichen eigentümergeführten Unternehmen erfahrene Unternehmensberater Norbert Wieselhuber diese Notwendigkeit.

Die Unternehmernachfolge –
Weichenstellung für Familienunternehmen

Norbert Wieselhuber

Die Unternehmernachfolge ist durch eine häufig brisante Lage aus emotionalen und rationalen Entscheidungsinhalten gekennzeichnet. Es wird nicht nur ein Unternehmen übergeben, sondern ein Lebenswerk, menschliche Bindungen zu Kunden, Lieferanten, Geschäftspartnern und Mitarbeitern. Sozialprestige, Anerkennung, Öffentlichkeit, Markt und finanzielle Situation etc. stehen nicht in der Bilanz, sind und waren jedoch die Antriebskräfte des „scheidenden" Unternehmers und werden auch die Triebkräfte für den „neuen" Unternehmer sein.

Diese Erkenntnisse und die daraus resultierende menschliche Dimension sind unter dem Motto „a star is gone, a star is born" zu berücksichtigen.

Welchen Zugang findet man als „außenstehender" Berater zu diesem zum Teil doch sehr explosiven Zündstoff. Die einzige Chance, die es erfahrungsgemäß gibt: nicht noch mehr Emotionen, sondern Objektivität, Ehrlichkeit, Transparenz, Sensibilität und Pragmatismus in den Veränderungsprozeß einbringen. Folgender Weg hat sich hierbei bewährt, ohne daß er als Patentrezept gelten kann.

1. *Die Ausgangssituation für die Übernahme der Unternehmensnachfolge objektiv beurteilen*
   In welchem Zustand befindet sich das Unternehmen hinsichtlich seiner wirtschaftlichen Lage, seiner Markt- und Wettbewerbsposition, der Führungssituation und der Gesellschafterstrukturen? Wie groß sind die daraus resultierenden Herausforderungen und notwendigen Anpassungen bzw. Weiterentwicklungen für den Nachfolger? Sind sich beide Seiten darüber bewußt, welche unternehmensspezifischen Konsequenzen daraus resultieren und welche uneingeschränkte Unterstützung seitens aller Beteiligten erforderlich ist?

   Mit dieser Positionsbestimmung, die nicht die Verdienste der Vergangenheit schmälert, sondern die Gegenwart objektiv betrachtet und vor allen Dingen ein realistisches Zukunftsszenario für das Unternehmen entwirft, werden Sachzwänge und Handlungsspielraum definiert. Auf die Erfolge der Vergangenheit kann man stolz sein, sie sind jedoch keine Garantie für die Zukunft. Resultat einer derartigen Positionsbestimmung kann auch sein, daß keine Übernahme erfolgt bzw. das Unternehmerprofil des Übernehmers nicht den notwendigen Anforderungen entspricht.

2. *Persönliche und unternehmerische Ziele bestimmen Richtung, Weg und Tempo der Übernahme*
   In vielen Fällen scheitert die Unternehmensübernahme an unterschiedlichen Vorstellungen über die Zukunft des Unternehmens. Die „Übergeber" wollen häufig, daß ihr Lebenswerk ohne große Veränderungen weitergeführt, daß ihr Stil beibehalten und in keinem Fall durch notwendige Kurswechsel der Eindruck vermittelt wird, daß in der Vergangenheit falsche Weichenstellungen getroffen worden sind.

In dieser Situation muß intensiv und fundiert an der zukünftigen Unternehmensstrategie gearbeitet werden, je konkreter desto besser, aber auch häufig um so schmerzensreicher. Marktanteile, Märkte, Umsätze, Erträge, Investitionen, Renditen, Risiken etc. müssen zukunftsbezogen, verbunden mit den notwendigen organisatorischen und personellen Entscheidungen betrachtet werden. Gegenseitige Schönung und falsches Harmonieverständnis führen nur zu einem schwelenden Konflikt und ständigem Reparaturbetrieb. Das größte Hindernis hierbei ist die fehlende Streitkultur in Familienunternehmen.

Wenn der Weg klar ist, die Meilensteine definiert und die gemeinsamen Überzeugungen geschaffen sind, daß dies die richtige Strategie ist, wird sich der „Senior" leichter zurückziehen, denn er weiß, wohin die Reise geht. Er hat es mit auf den Weg gebracht, und er kann die Umsetzung der Strategien auch aus einer erforderlichen Distanz heraus verfolgen.

3. *Führungs- und Gesellschafterstruktur müssen die Nachfolge unterstützen*
Nicht nur über das „Was", das heißt mit welcher Strategie wird ein Unternehmen in die Zukunft geführt, sondern auch über das „Wie" muß entschieden werden, das heißt mit welchem Führungsstil, mit welcher Mannschaft und mit welcher Organisation wird die Zukunft gestaltet.

Gerade die Unternehmensnachfolge bietet die Chance, neue Wege zu beschreiten und verkrustete Strukturen aufzubrechen. Man sollte jedoch versuchen, evolutionäre Schritte zu unternehmen und nicht eine Revolte anzuzetteln. Die Balance zwischen Erfahrung und Neuem stellt die Führungsherausforderung für die Übernehmer dar. Das Umschalten vom patriarchalischen Führungsstil auf die Gestaltung von echten Führungsteams, von zentralisitschen Führungsstrukturen auf dezentral unternehmerisch organisierte Einheiten führen zur Vitalisierung und Mobilisierung unternehmerischer Kräfte. Letztlich muß der neue Unternehmensführer seine Teams bilden, so wie es der Vorgänger auch getan hat.

Wichtig ist auch darauf hinzuweisen, daß Nachfolgeentscheidungen nicht nur die Führung des Unternehmens im engeren Sinne betreffen, sondern auch die Frage klären, welchen Anteil und Einfluß Fremd-Manager haben, die nicht der Familie angehören.

Eine noch größere Entscheidung ist mit der möglichen Neugestaltung des Gesellschafterkreises verbunden. Sei es die eindeutige Führung durch Familienmitglieder mittels Kapitalmehrheit und/oder die Aufnahme von zusätzlichen Gesellschaftern bis hin zur mehrheitlichen Abgabe von Gesellschaftsanteilen. Gerade letztgenannte Entscheidungen sollten objektiv und professionell aus der unternehmerischen wie auch persönlichen Positions- und Zielbestimmung abgeleitet werden. Jeder der Beteiligten sollte sich klar sein, was er durch diese Entscheidung gewinnt und was er verliert. Nur wer die Alternativen kennt, trifft eine richtige Entscheidung.

Zusammenfassend läßt sich aus vielen Praxisfällen ableiten, daß die erfolgreiche Unternehmernachfolge an erster Stelle einen Unternehmer erfordert, der diesen Ansprüchen gerecht wird und der über eine eigene unternehmerische Vision verfügt und sich nicht damit begnügt, das Erworbene zu verwalten. Sieht man zudem die Chancen beim Übergeber und beim Nachfolger, die ein neues strategisches Konzept, eine geänderte Führung, eine Neustrukturierung des Gesellschafterkreises bieten, dann sollte bei rechtzeitiger und professioneller Gestaltung des Nachfolgeprozesses auch die Zukunftssicherung des Unternehmens gewährleistet werden.

Die „heiße" Phase der Betriebsübergabe gliedert sich in drei Abschnitte:

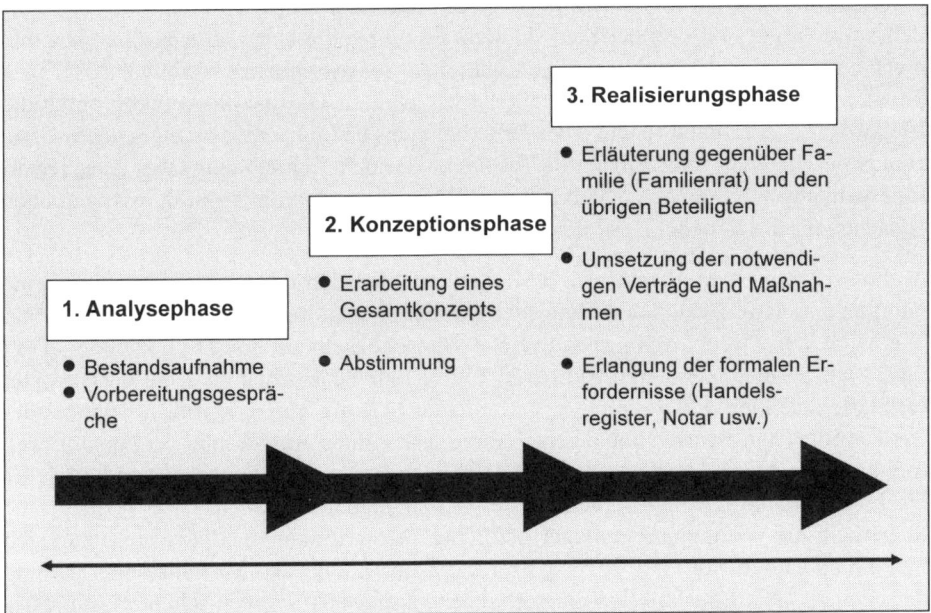

Wegen der Komplexität der sich stellenden Problemkreise muß am Beginn jedes Tätigwerden eine gründliche Situationsanalyse stehen. Auch Punkte, die scheinbar nebensächlich sind oder auf den ersten Blick überhaupt keine Bedeutung für die Betriebsübergabe haben, müssen herauskristallisiert und auf den Prüfstand gestellt werden. Hierzu zählt eine umfassende Bestandsaufnahme hinsichtlich der tatsächlichen persönlichen Umstände, der vorhandenen Vermögenssituation sowie der kritischen Überprüfung der gegebenen juristischen Konstellationen. Ansonsten kann es zu mißlichen Konsequenzen kommen. Falls übersehen wird, daß die in zwei Jahren geplante Betriebsverlagerung auf ein im Privateigentum der Ehefrau stehendes Grundstück erfolgen soll, so ist die Abfassung eines Testamentes, mit dem der Unternehmer seine im Betrieb tätige Ehefrau als Erbin der Gesellschaftsanteile einsetzt, kontraproduktiv. Oder die Tochter wird noch vor

Umwandlung der KG in eine GmbH-Kommanditistin, obwohl damit ein werthaltiges Grundstück von ihr unnötigerweise als steuerliches Sonderbetriebsvermögen verhaftet wird. Der 15 Jahre alte KG-Vertrag enthält trotz der gegenteiligen festen Überzeugung des Unternehmers keine Nachfolgeklausel mit der Konsequenz der Nichtvererblichkeit des Gesellschaftanteils. Dies sind besonders markante und augenscheinliche Beispiele.

Sehr oft steckt jedoch die Tücke im Detail. Selbst scheinbar problemlose Übergabekonstellationen, wo innerhalb eines intakten Familienumfeldes das wirtschaftlich solide Unternehmen unentgeltlich von dem Vater auf das Kind übertragen wird, bedürfen einer genauen Analyse der Gegebenheiten, damit nicht irgendwelche latent schlummernden „Sprengsätze" ausgelöst werden. Es kann schnell zu unangenehmen Überraschungen, die die wirtschaftliche Substanz des Unternehmens betreffen, kommen. Erkannt werden können diese erst für die Zukunft relevant werdenden Szenarien nur durch eine gründliche und umfassende Bestandsaufnahme. Nicht umsonst stellt auch für wirtschaftlich gesunde Unternehmen der Generationswechsel eine Belastungsprobe dar. Aus der beruflichen Erfahrung läßt sich der Satz ableiten: Es gibt keine Unternehmensübergabe, die nicht mit situationsbedingten und individuellen Schwierigkeiten verbunden ist. Jede Situation ist durch spezifische Besonderheiten geprägt. Dies ist allein schon durch die Vielfältigkeit jeder Familie und jedes Unternehmens bedingt. Mit dem einmaligen Gang zum Notar und dem standardisierten Testament aus dem Schreibautomaten ist es jedenfalls nicht getan. Die Unterschätzung dieses Befundes ist ebenfalls eine der wesentlichen Ursachen für das Scheitern vieler Nachfolgeregelungen.

In dieser Phase ist es gleichzeitig besonders wichtig, daß der Unternehmer und seine Familie ihre jeweiligen Vorstellungen artikulieren und zur Sprache bringen. Es hat überhaupt kein Zweck, wenn irgendwelche Wünsche nicht auf den Tisch kommen. Dies rächt sich zu einem späteren Zeitpunkt bitter. Entweder sehen sich die Geschwister erstmalig anläßlich der streitigen Erbauseinandersetzung im Gerichtssaal wieder, oder das Familienband ist irreparabel zerschnitten. Das offene Ansprechen der persönlichen Interessen und geheimen Vorstellungen ist ein ganz wesentlicher Bestandteil jeder Nachfolgeregelung. Mißverständnisse können so abgebaut werden. Dies ist die größte Sicherheit zur Vermeidung etwaiger häßlicher Erbstreitigkeiten. Bisweilen bietet sich hier ein außenstehender Dritter als Ansprechpartner an, der das Vertrauen aller hat und der in einer Art Mittlerfunktion die vorhandenen, unter Umständen sehr stark subjektiv geprägten Wünsche im Familienkreis moderiert.

Ein weiteres hervorragendes Forum zur Artikulierung der insgeheimen Wünsche, das sich in der Praxis bestens bewährt hat, ist die Einrichtung eines „Familienrats", als eine den Nachfolgeprozeß begleitende Institution. Ob der „Familienrat" eine auf die unmittelbare Betriebsübergabe limitierte Einrichtung bleibt oder auf Dauer angelegt sein soll, entscheidet sich ebenso wie die Frage, nach welchen Regeln er funktionieren soll, ganz aus der individuellen Situation heraus. Insoweit besteht eine völlig der individuellen Situation gerecht werdende Flexibilität. Der „Familienrat" gewährleistet die notwendige Offenheit, mit der jede Nachfolgeregelung verbunden sein muß. Nichts ist verhängnisvoller als die für alle Beteiligten völlig überraschenden Entscheidungen und Festlegungen des Seniorunternehmers. Für die Familienmitglieder bleibt damit absolut unverständlich, aus welchen Gründen heraus der Unternehmer seine Entscheidungen getroffen hat.

Die falsch verstandene Geheimniskrämerei führt dazu, daß die sich übergangen fühlenden Kinder wutschnaubend zum Anwalt rennen und die ihnen angetane „schreiende Ungerechtigkeit" mitteilen, verbunden mit der gleichzeitigen Aufforderung, alles zu unternehmen, um die meist nur vermeintlich bestehenden Rechte mit allen Mitteln durchzusetzen. Damit ist der Familienkrieg eröffnet, an dessen Ende erfahrungsgemäß der Ruin des Familienunternehmens steht. Völlig unerheblich ist insoweit, ob der Betroffene unter juristischen Gesichtspunkten tatsächlich ungerechtfertigt benachteiligt worden ist. Entscheidend sind hier vielmehr die subjektiven Empfindungen. Durch eine offene Kommunikation kann dies alles leicht vermieden werden. Nachdem die Geschwister Kenntnis davon haben, daß das Firmenvermögen auch aus Verbindlichkeiten besteht und die Übergabe des Unternehmens nicht zum „Nulltarif" erfolgt, wird auf einmal die testamentarisch festgelegte Übertragung des Privatvermögens auf die nicht die Firma übernehmenden Kinder als die attraktivere, da risikolosere, Lösung akzeptiert. Es kann erläutert werden, daß, auch wenn die Firma in der Vergangenheit satte Gewinne erwirtschaftet hat, dem Bruder oder der Schwester, die das Unternehmen übertragen bekommen, lediglich eine Option auf die Zukunft eingeräumt wird. Es hängt allein von ihrem unternehmerischen Geschick und Arbeitseinsatz ab, ob auch in Zukunft die Firma wirtschaftlich erfolgreich ist. Ein Freibrief ist damit nicht verbunden. Das im Privatvermögen stehende Mietshaus ist dagegen der erheblich sichere und damit attraktivere Vermögenswert. Zur entsprechenden Erläuterung bietet sich der „Familienrat" als große Hilfe an.

Beispiel

Zu Beginn einer sehr komplexen Nachfolgeregelung stellte sich die weitverzweigte und große Familie als große Problemklippe dar. Alle fünf Kinder waren verheiratet und hatten selbst schon teilweise erwachsene Kinder. Dem Seniorunternehmer und seiner Ehefrau war es ein essentielles Anliegen, daß die gefundene Lösung von allen Familienmitgliedern als gerecht akzeptiert und gemeinsam getragen wird. Zwar war eines der Kinder bereits seit längerem im Unternehmen als Geschäftsführer tätig, und es war eigentlich naheliegend, daß es auch die Nachfolge des Seniorunternehmers antreten würde. Bei der erstmaligen Präsentation der konkreten Nachfolgeregelung gegenüber der Gesamtfamilie, die der Seniorunternehmer wohlweislich zur Vorstellung der erarbeiteten Vorschläge als notwendig erachtet hatte und deren Kernpunkte die Übergabe der Firma auf den Sohn sowie eine weitreichende Übertragung von sonstigen Vermögenswerten auf die übrigen Kinder im Wege einer „Vorweggenommenen Erbfolge" war, kam es recht offensichtlich zu Frustrationen und Enttäuschungen. Hauptproblem für die vier anderen Geschwister war, daß die für sie vorgesehenen Vermögenswerte nicht ganz so üppig waren, wie insgeheim vorgestellt, und damit sich scheinbar eine als ungerecht empfundene Diskrepanz zu dem Bruder auftat, der die Firmennachfolge antreten sollte.

Diese greifbare Enttäuschung konnte sofort aufgegriffen werden. In der Familienrunde konnte beispielsweise dargelegt werden, mit welchen Verbindlichkeiten der Nachfolger das Unternehmen übernehmen muß und auch welche persönlichen Risiken für den Bruder bestehen, da die Firma in einem äußerst umweltsensiblen Bereich tätig ist. Dies relativierte erheblich die vorher bestehende Sichtweise der anderen Familienmitglieder. Gleichzeitig wurden jedem Familienmitglied die wirtschaftlichen Zahlen des Unternehmens und das erarbeitete Nachfolgekonzept übergeben, damit jeder gemeinsam mit einem Berater seines Vertrauens die mitgeteilten Fakten und die beabsichtigte Vorgehensweise unabhängig und in aller Ruhe überprüfen konnte. Ganz wesentlich war des weiteren, daß der jüngste Sohn die offerierte Gesprächsmöglichkeit außerhalb des Familienkreises aufnahm und in einem sehr offenen und persönlichen Gespräch dem Berater, der das Konzept ausgearbeitet hatte, eröffnete, daß er insgeheim doch gehofft hatte, ebenfalls in die Firma einsteigen zu können. In längeren Gesprächen konnten ihm die ausschlaggebenden Motive für die getroffene Entscheidung nachvollziehbar erläutert werden, so daß die Entscheidung von ihm auch akzeptiert wurde.

Das offene Ansprechen innerhalb der Familie wurde allgemein als äußerst positiv empfunden, so daß die Familie beschloß, sich nunmehr regelmäßig einmal im Jahr an einem schönen Ort zu treffen, um sämtliche Fragen der Familie und auch der nach wie vor als Familienunternehmen angesehenen Firma zu besprechen. Damit wird die Familienkontinuität im Betrieb auf selbstverständliche Art und Weise unterstrichen. Es hat sich mittlerweile ein Ritual herauskristallisiert, das ganz entscheidend die Familienverbundenheit untereinander und zu dem Unternehmen stärkt. Die Familienwochenenden sind zwischenzeitlich zu einem ganz wichtigen Ereignis geworden, das keiner missen möchte.

An die Analysephase anschließend sind die sich aus den ermittelten Befunden ergebenden Handlungsalternativen zu entwickeln. Es gibt keine Nachfolgeregelung, die wie eine mathematische Gleichung glatt aufgeht. Es gibt weder nur einen einzigen Lösungsweg, der wie in einem Detektivspiel einfach bloß gefunden zu werden braucht, noch geht die Gleichung immer auf null auf. Vielmehr führen viele Wege nach Rom und Unsicherheitsmomente verbleiben immer. In jeder Nachfolgesituation gibt es für die Beteiligten eine Kröte zu schlucken. Wesentlich ist jedoch, daß man im Vorfeld weiß, daß es diese Kröte gibt und wie groß sie ist. Nur so schafft man eine kalkulierbare Grundlage. Um überhaupt einen gangbaren Weg zu finden, ist es notwendig, die sich bietenden Handlungsalternativen deutlich zu machen und darzustellen, mit welchen Konsequenzen sie jeweils verbunden sind. Genauso wichtig ist es, die verbleibenden Risikopotentiale ins Bewußtsein zu rücken. Durch die dadurch geweckte Sensibilität können im Falle des sich Abzeichnens dieser Risiken gegebenenfalls rechtzeitig weitere flankierende Hilfsmaßnahmen ergriffen werden.

Je nachdem, für welche Vorgehensweise man sich im Zusammenhang mit bestimmten Einzelbereichen entschieden hat, ergeben sich unterschiedliche Gestaltungskonsequenzen für andere lösungsbedürftige Bereiche der Nachfolgeregelung. Hier besteht ein vielschichtiges Beziehungsgeflecht. Nur wenn es vernünftig aufgelöst wird, kann es zu einer sinnvollen Gesamtlösung kommen. Selbstverständlich sieht die Erbregelung anders aus, wenn der Vater zunächst Mitgesellschafter der Firma bleibt und nicht vollständig aus dem Unternehmen ausscheidet. Die Umwandlung der KG in eine GmbH, mit gleichzeitiger Übertragung der Gesellschaftsanteile, kann natürlich ohne die Entscheidung darüber, was mit den im Sonderbetriebsvermögen stehenden Grundstücken passieren soll, nicht getroffen werden. Das Problemgeflecht und die zu bedenkenden Gestaltungsauswirkungen wachsen, wenn der Baumarkt von nebenan bereits vor mehreren Monaten unverbindlich angefragt hat, ob das bisherige im Sonderbetriebsvermögen stehende Grundstück nicht langfristig bei passender Gelegenheit getauscht werden kann.

Die jeweiligen Einzelaspekte, die isoliert für sich gesehen vielleicht jeweils keine größeren Lösungsschwierigkeiten beinhalten, müssen in ein sinnvolles und aufeinander abgestimmtes Ganzes fließen. Dies macht die Konzeption einer situationsgerechten und umfassenden Nachfolgeregelung so anspruchsvoll. Deshalb ist ohne diesen gedanklichen Unterbau, der nur mit einer fundierten Analyse erschlossen werden kann, die Abfassung eines Unternehmertestamentes bei einem unvorbereiteten Notartermin äußerst gefährlich, und die isoliert im Raum stehende erbrechtliche Regelung wird der tatsächlichen Situation meist in keinster Weise gerecht. Denn der Notar verläßt sich bequemerweise nur auf die ihm mitgeteilten Informationen, ohne die tatsächlichen Gegebenheiten sowie deren juristische und steuerliche Relevanz näher zu überprüfen. Wichtig ist es, die verschiedenen Abhängigkeitsverhältnisse aufzuzeigen und darzutun, wo die Vor- und Nachteile sowie die Auswirkungen der jeweiligen Vorgehensweise liegen. Viele Nachfolgeregelungen enden deshalb katastrophal, weil zwar ein lehrbuchartig abgefaßtes Testament vorliegt, aber die gesellschaftsrechtlichen und steuerlichen Auswirkungen der testamentarischen Regelung von dem mit solchen komplexen Fragestellungen selten konfrontierten Hausanwalt völlig verkannt worden sind. Oder der Steuerberater schlägt eine steuerlich optimierende Übertragungsvariante vor, die jedoch wegen der nur rudimentären juristischen Ausbildung des Steuerberaters die bestehende Pflichtteilsproblematik völlig unberücksichtigt läßt. Die Hauptaufgabe eines kompetenten Beraters besteht deshalb darin, daß am Ende der Konzeptionsphase ein auf die individuelle Situation abgestimmter abschließender Entscheidungsvorschlag steht, der in sich schlüssig ist und von allen Beteiligten akzeptiert wird.

Erst auf dieser Grundlage folgt die unmittelbare Realisierung und Umsetzung der abgesprochenen Maßnahmen. Dadurch jedoch, daß zuvor die als notwendig erachteten einzelnen Schritte gemeinsam entwickelt und miteinander erörtert wurden, können erfahrungsgemäß ohne größere zeitliche Verzögerungen die notwendigen Umsetzungsmaßnahmen zügig realisiert werden. Ein fortgeschriebener oder neu entwickelter „Umsetzungs-Fahrplan", der am Ende der Konzeptionsphase steht, legt genau fest, welche Verträge mit welchem Inhalt aufzusetzen sind und zu welchem Zeitpunkt die jeweiligen Schritte zu erfolgen haben. So wird beispielsweise festgelegt, daß die GmbH-Umwandlung aus Kostengründen sinnvollerweise erst zum 1.1. des folgenden Jahres vollzogen werden sollte, während die Abfassung eines neuen Testamentes wegen der ansonsten bestehenden akuten Risikopotentiale möglichst kurzfristig notwendig ist. Unter Abstimmung eines genauen Timings ist es jedoch unter Umständen genauso möglich, in einem einzigen Notartermin die GmbH-Umwandlung, das Unternehmer-Testament für Senior und Junior, die Eheverträge für die Kinder sowie die notwendigen Grundstücksübertragungsverträge zu realisieren. Dies spart nicht nur Zeit und Kosten, sondern damit kann auch die tatsächliche Umsetzung der abgesprochenen Maßnahmen sichergestellt werden. Dem oben beschriebenen Verdrängungsschlendrian und der Mentalität, solche Dinge mit dem „Keine-Zeit"-Argument auf die lange Bank zu schieben, wird damit ein Riegel vorgeschoben.

Dies klingt nun alles sehr umfangreich und damit zeitintensiv. Wie auf der Zeitachse dargestellt, kann jedoch bei konzentrierter Vorgehensweise ein Gesamtprojekt in seiner unmittelbaren Gestaltung und Realisierung in einem Zeitraum von wenigen Monaten realisiert werden. Insbesondere die zeitliche Belastung für den Unternehmer und die sonst involvierten Personen halten sich bei richtiger und strukturierter Vorgehensweise in überschaubaren Grenzen. Zwar sollte der Unternehmer der Nachfolgeregelung oberste Priorität einräumen. Dies darf sich jedoch nur auf die inhaltliche Wertigkeit und nicht auf die zeitliche Inanspruchnahme beziehen. Der Unternehmer braucht sich lediglich darauf zu konzentrieren, seine persönlichen Wunschvorstellungen zu formulieren. Dies ist schwer genug, erfordert aber erfahrungsgemäß nicht mehr Zeitaufwand als die Bereitschaft, sich einmal in Ruhe an einem Wochenende hinzusetzen und sich ehrlich darüber im klaren zu werden, welche Lösung man sich idealerweise wünscht.

Das Ergebnis braucht nur stichwortartig auf einem einzigen Blatt Papier niedergeschrieben zu werden. Es braucht nicht die Befürchtung zu bestehen, daß die schriftlichen Ausführungen dem Niveau entsprechen müssen, um in dem angesehenen „Ingeborg-Bachmann-Literatur-Wettbewerb" in Klagenfurt bestehen zu können. Semantische Schönheitspreise sollen damit nicht errungen werden. Deshalb reicht auch der anläßlich einer entspannenden Bergtour auf eine Papierserviette niedergeschriebene plötzliche Ideeneinfall. Bei Bedarf können vertrauensvolle Berater oder nahestehende Personen den Unternehmer bei diesem Findungsprozeß sinnvoll unterstützen. Für diejenigen Fachleute, die die Nachfolgeregelung praktisch umsetzen, müssen die von dem Unternehmer artikulierten Wünsche die oberste Richtschnur für ihr Handeln sein. Dies schließt aber selbstverständlich nicht aus, daß man als kompetenter Berater verpflichtet ist, auf bestehende Ungereimtheiten oder Schwierigkeiten in der praktischen Umsetzung offen hinzuweisen. Wenn das Unternehmerpaar aus tiefempfundenem Gerechtigkeitssinn unbedingt beide Kinder zu gleichen Teilen am Betrieb beteiligen will, muß der Berater dringend auf die damit verbundenen Schwierigkeiten im unternehmerischen Alltag hinweisen. Solche Entscheidungen dürfen zumindest nur sehenden Auges für die damit verbundenen Schwierigkeiten getroffen werden. Die offene Diskussion über unter Umständen stark subjektiv motivierte Vorstellungen und die aus Unkenntnis über die tatsächlichen Gegebenheiten heraus resultierenden Vorurteile des Unternehmers gegenüber bestimmten Lösungsansätzen gehört ebenfalls zu einer erfolgreichen Nachfolgeregelung.

■ **Beispiel** ■

Der unmittelbare Anstoß für einen Unternehmer aus dem norddeutschen Raum, sich endlich intensiver mit dem Generationswechsel in der eigenen Firma auseinanderzusetzen, resultierte aus der eher zufällig im Rahmen der alljährlichen Bilanzbesprechung beim Steuerberater angeschnittenen Fragestellung sowie der daraus erwachsenen Unsicherheit, welche erbrechtlichen Ansprüche eigentlich sein aus erster Ehe stammender Sohn hat. Ihm wurde schnell klar, daß bei seinem Steuerberater und Hausanwalt wegen der jahrelangen vertrauensvollen Nähe zu dem Betrieb und der Unternehmerfamilie die Gefahr eines gewissen Maßes an ,,Betriebsblindheit" nicht auszuschließen war. Deshalb erfolgte die klar definierte und rein projektbezogene Beauftragung eines externen Berater hinsichtlich der Konzeptionierung einer situationsgerechten Nachfolgeregelung.

Dessen erste Aufgabe bestand zunächst darin, zusammen mit dem Unternehmer ein Wochenende inhaltlich vorzubereiten, anläßlich dessen sich der Unternehmer gemeinsam mit seiner Ehefrau in seine Anglerhütte ungestört zurückziehen sollte, um seine persönlichen Zielvorstellungen unbeeinflußt zu entwickeln. Die Vorbereitung des Wochenendes reduzierte sich zunächst darauf, dem Unternehmer einige aus der beruflichen Erfahrung gewonnene Leitlinien und bedenkenswerte Aspekte an die Hand zu geben, die die Strukturierung der eigenen Zielvorstellungen erleichtern sollten. Ergebnis dieses als sehr intensiv und ehrlich empfundenen Wochenendes war nichts anderes als ein einziges Blatt Papier, auf dem in wenigen Worten die Wünsche und Erwartungen des Unternehmerehepaares, wie es mit ihrem Lebenswerk weitergehen soll, niedergeschrieben war. Dieses Blatt Papier hat zwischenzeitlich nach Abschluß des Gesamtprojektes einen ganz besonderen Stellenwert bekommen. Nicht nur, daß es zur inhaltlichen Basis für die Gestaltung des Generationswechsels im Unternehmen wurde. Mittlerweile wird es von dem Unternehmer stolz im engen Freundeskreis vorgezeigt, und die Unternehmerfamilie spielt mit dem Gedanken, bei dem anstehenden Firmenjubiläum das Schriftstück mit in der Firmenchronik zu veröffentlichen.

Auf dieses Wochenende aufbauend wurde in enger Absprache mit dem Steuerberater und Hausanwalt, die als beste Kenner der Gegebenheiten selbstverständlich unverzichtbar für die praktische Umsetzung eines erfolgreichen Nachfolgekonzeptes sind, ein umfangreiches Maßnahmenpaket entwickelt und anschließend umgesetzt. Ohne den Anspruch der Vollständigkeit hinsichtlich der ergriffenen Maßnahmen wurden unter anderem:

- testamentarische Regelungen für alle Familienmitglieder konzipiert,
- erste Schritte im Rahmen einer ,,Vorweggenommenen Erbauseinandersetzung" realisiert,
- die steuerschonende Umwandlung des Unternehmens in eine GmbH vollzogen,
- Maßnahmen zur Vermeidung der zwangsweisen Entstehung einer Betriebsaufspaltung ergriffen,
- Vermögensumschichtungen vorgenommen,
- eine betriebsunabhängige Altersversorgung ansatzweise aufgebaut,

- das stufenmäßige Hereinwachsen eines Mitgliedes der Geschäftsleitung in die Nachfolgeposition vorbereitet, nachdem eine innerfamiliäre Lösung ausschied,
- die Gespräche mit den kreditgebenden Banken und Großkunden des Unternehmers vorbereitet und begleitet,
- die moderierenden Gespräche im Familienrat geführt.

Der Unternehmer war anfangs völlig überrascht, wie umfangreich die im Rahmen eines Nachfolgekonzeptes zu berücksichtigenden Maßnahmen sind. Ebenso überrascht war er jedoch, wie schnell trotz der Vielzahl der zu berücksichtigenden Faktoren das Gesamtprojekt realisiert werden konnte und vor allem wie wenig er selbst für operative Umsetzungsmaßnahmen zur Verfügung stehen mußte. Er konnte sich auf die gemeinsam mit dem Berater zu erarbeitende Festlegung der inhaltlichen Basisparameter sowie deren korrekte Umsetzung beschränken, wobei dies zugegebenermaßen von der inhaltlichen Wertigkeit mit die anspruchsvollste Aufgabe ist.

Der Unternehmer hat damit im Endergebnis einen wichtigen Schritt zur aktiven Zukunftssicherung geleistet. Er hat damit Sicherheit für seine Familie, seine Geschäftspartner und vor allem für sich selbst geschaffen.

Die nachfolgenden Ausführungen werden nochmals einen resümierenden Brückenschlag zwischen den notwendigen theoretischen Überlegungen und der unternehmensbezogenen Realität schlagen. Sie verdienen deshalb besondere Aufmerksamkeit. Dies resultiert insbesondere auch aus der besonderen fachlichen Kompetenz und der selbst erlebten unmittelbaren Erfahrung des Autors Joachim Schwass. Er ist sowohl Angehöriger einer Unternehmerfamilie wie auch ein kompetenter Fachmann, der sich wissenschaftlich und beratend mit den Problemen der praktischen Realisierung des erfolgreichen Generationswechsels im Familienunternehmen intensiv auseinandergesetzt hat. Damit ist gewährleistet, daß die Ausführungen eine gelungene Synthese aus praktischer und theoretischer Sichtweise beinhalten.

Die richtige Nachfolgeplanung im Familienunternehmen

Joachim Schwass

Es ist immer wieder erstaunlich, feststellen zu müssen, mit welcher Hartnäckigkeit die akademischen Institutionen in Europa die Existenz und Bedeutung von Familienunternehmen ignorieren. Eine wohlfundierte Ausbildungsmöglichkeit an einer Universität über die spezifischen Probleme der Familienunternehmen ist heute leider noch eine Ausnahmesituation. In dieser Hinsicht sind die Studien in den USA den europäischen weit voraus. Dort wurden Begriffe wie „family vision, family mission, family council, non-family-manager" schon vor Jahren geprägt.

In Europa gibt es heute insgesamt nur zwei Lehrstühle, die sich speziell mit Familienunternehmen befassen: am IESE in Barcelona und am IMD in Lausanne. Es ist bezeichnend, daß der Lehrstuhl am IMD von einem Nordamerikaner besetzt ist: von Professor Lank, einem Kanadier. Unter seiner Leitung wurden die neuesten amerikanischen Erkenntnisse auf dem Gebiet der Familienunternehmen verschmolzen mit europäischen Forschungsresultaten, und diese werden jährlich zweimal in einem dreitägigen Seminar mit dem Titel „Leading the Family Business" offeriert.

Die nachfolgende Darstellung basiert einerseits auf den internationalen Forschungsresultaten des IMD im Bereich der Familienunternehmen und andererseits auf des Verfassers eigenen, negativen Nachfolgeerfahrungen in einer Familienunternehmung.

Eine kürzlich veröffentlichte Untersuchung (3i Unternehmensberatung) hat folgendes erschütterndes Resultat ausgewiesen: Von allen im Jahre 1980 in Frankreich erfaßten Familienunternehmen waren im Jahre 1990 nur noch 56 Prozent existent; das heißt, in einer Zehn-Jahres-Periode sind nahezu die Hälfte der Unternehmen vom Markt verschwunden. Eine der Hauptursachen liegt in einer gescheiterten, oder noch schlimmer, nicht vorhandenen Nachfolgeregelung.

Früher oder später kommt kein Familienunternehmen um den Themenkreis der Nachfolge herum. Geschehen kann dies entweder aus eigener Initiative des Unternehmers oder unter dem Druck von dritten Personen oder anderem externen Zwang. Der zweifellos mißlichste Fall ist derjenige des tödlich verunglückten Unternehmers, dessen Familie die Firma bisher nur von außen kennt. Demgegenüber steht der sicherlich erfolgversprechendste Fall einer frühzeitigen, vom Unternehmer freiwillig initiierten Nachfolgeplanung. In der Praxis sieht es jedoch leider oft so aus, daß der Unternehmer hierfür nicht die erforderliche Zeit aufbringen kann oder will. Aus seiner Sicht haben die laufenden geschäftlichen Ereignisse Vorrang; die Nachfolgethematik kann auch noch im nächsten Jahr angesprochen werden: Dann bleibt man halt noch ein oder zwei Jahre länger im Unternehmen tätig, bevor man sich zurückzieht ...

Leider assoziieren auch viele Unternehmen das Wort der Nachfolge mit Vorahnung über Machtverlust und Lebensende; Angstgefühle stellen sich ein und resultieren in einer bewußten und unbewußten Verdrängung des Nachfolgeproblems.

Nachfolgend soll ein „Idealwegweiser" für eine Nachfolgeplanung im Familienunternehmen in seinen acht Kernpunkten dargestellt werden. Es ist selbstverständlich, daß hierbei die Verhaltens- und Denkweisen in den Vordergrund gestellt sind. Kein Familienunternehmen ist identisch mit den anderen: Ein Familienunternehmen der zweiten oder dritten Generation wird es einfacher finden als ein Unternehmer der ersten Generation, sich mit den Bedürfnissen und Sorgen der Nachfolger identifizieren zu können. Prinzipiell jedoch gelten die aufgeführten Maßnahmen in der Mehrzahl der Familienunternehmen, wenn auch in unterschiedlichen Graden.

1. Der Unternehmer muß das Nachfolgeproblem frühzeitig erkennen

Die amerikanische Literatur (J. Sonnenfeld) auf dem Gebiet der Familienunternehmung unterscheidet zwischen vier grundsätzlichen Nachfolgearten und -stilen:

- *the Monarch (der Monarch)*
  Der Unternehmer wird durch einen „Staatsstreich" abgesetzt und in den Ruhestand versetzt.

- *the General (der General)*
  Der Unternehmer wird aus seiner Machtposition verdrängt, plant aber seine heldenhafte Rückkehr zu früherem Glanz und intrigiert mit entsprechender Vehemenz.

- *the Ambassador (der Botschafter)*
  Der Unternehmer plant seinen Abgang freiwillig und frühzeitig und steht in beratender Funktion weiterhin dem Nachfolger zur Verfügung.

- *the Governor (der Gouverneur)*
  Der Unternehmer plant seinen Abgang und die Übergabe freiwillig und frühzeitig, um sich total von der Firma zu trennen. Er widmet sich dann voll einer anderen Beschäftigung geschäftlicher und/oder freizeitlicher Art.

Um dem erstrebenswerten Ideal des Gouverneurs näherzukommen, muß der Familienunternehmer die objektive Notwendigkeit einer Strategieentwicklung für die zukünftige Beziehung zwischen dem Unternehmen und der Familie erkennen. Die Kernfrage ist: Welchen Einfluß soll die Familie in der Zukunft auf das Unternehmen haben, und wie soll dieser strukturiert werden? Im Ansatz muß der Unternehmer selbst erkennen, von welcher enorm großen und langfristigen Relevanz sowohl für die Familie als auch für die Firma die Planung und Implementierung eines Nachfolgekonzeptes ist. Ein frühzeitiger Beginn vereinfacht nicht nur diesen Prozeß, sondern gibt der Familie und der Unternehmung ein Element von Beruhigung, indem langfristige Strukturen und Leitlinien konzipiert werden, an welchen die eigenen Handlungsweisen orientiert werden können. Nicht zuletzt muß immer wieder auf das Risiko eines unvorhergesehenen Ausfalles des Unternehmers durch Krankheit oder Unfall hingewiesen werden. In dieser Situation können dann die Entscheidungsträger auf einer bereits etablierten Basis aufbauen.

Primär muß sich der Unternehmer folgende drei Fragen stellen:

– Ist die Struktur des Unternehmens derart, daß es in einer nachfolgenden Generation voraussichtlich noch bestehen kann?

– Besteht die realistische Möglichkeit, innerhalb der Familie eine konstruktive Nachfolgelösung zu finden?

– Ist der Unternehmer bereit, sich dann selbst und die Familie dem Druck und Streß einer aktiven Nachfolge- und Machtübergaberegelung auszusetzen?

Wenn die wohlüberlegten Antworten auf alle drei Fragen positiv sind, dann kann der nächste Schritt getan werden.

2. Die Nachfolgeproblematik muß gemeinsam von dem Unternehmer und seiner Familie analysiert werden

Der Unternehmer muß nunmehr im Rahmen der direkt betroffenen Familienmitglieder („Familienrat") das Thema Nachfolge ansprechen. Die Initiative hierzu sollte vom Unternehmer ausgehen. Seine innere Haltung zum Problem der Nachfolge muß also zu diesem Zeitpunkt des zweiten Schrittes bereits positiv und konstruktiv sein. Der Unternehmer und das Familienoberhaupt muß jetzt die Familie auf diesen Problemkreis hinweisen und hierzu seine eigenen Überlegungen, Gedanken und Sorgen offen und ehrlich vortragen. Dies wird ihm um so einfacher fallen, als er bereits in der Vergangenheit seine Familie in offener und ehrlicher Weise über geschäftliche Entwicklungen auf dem laufenden hielt. Ist es nicht geradezu einer der besonderen Stärken von Familienunternehmen, daß der Unternehmer seine innere Motivation im Familienkreis erneuern und aufladen kann? Eine frühzeitige und offene Kommunikation ist die Basis für eine konstruktive Beteiligung der Familienmitglieder am Geschäftsgeschehen.

Im betroffenen Familienkreis müssen also gemeinsam folgende zwei Kernfragen beantwortet werden:

– Inwiefern profitiert das Unternehmen von einem weiterführenden Engagement der Familie?

– Inwiefern profitiert die Familie von einem weiterführenden Engagement im Unternehmen?

Es geht hier um eine Bewertung der Beziehung zwischen Familie und Unternehmen aus den verschiedenen Perspektiven der Familienmitglieder. Hieraus resultiert eine Definition der Verantwortung und Verpflichtung der Familie, bezogen auf das Unternehmen. Die amerikanische Fachliteratur spricht in diesem Zusammenhang von der „Family Vision", welche dann ihren formalisierten Niederschlag in der „Family Mission" erhält, welche ihrerseits das Erstellen von unternehmensbezogenen Strategien ermöglicht.

Wesentlich ist, daß der Unternehmer eine gemeinsame Diskussion hierüber mit den Familienmitgliedern auslöst. Die Nachfolgegeneration muß aktiv teilnehmen.

3. Ein qualifizierter Berater muß in den Entscheidungsprozeß der Familie einbezogen werden

Die meisten Familienunternehmen scheuen sich davor, interne Familienangelegenheiten publik zu machen. Aus eigener Erfahrung weiß ich, daß hier absolute Diskretion bevorzugt wird, welche in vielen Fällen zur Geheimniskrämerei ausartet. Das amerikanische Schlagwort: „Life at the top is lonely" führt uns den Chefmanager vor Augen, der einsam und allein die schwierigsten Entscheidungen fällt. Die Zeiten haben sich jedoch geändert: Der autoritäre Führungsstil weicht dem partizipativen Managementteam. Nicht immer ist es für den Unternehmer einfach, diese partizipative Denk- und Handlungsweise analog daheim als Familienoberhaupt zu praktizieren. Ist es nicht der Familienvater gewohnt, seit frühester Zeit alle Entscheidungen maßgeblicher Art für die Familienmitglieder zu treffen? Wird nicht geradezu vom Familienvater erwartet, daß er die Autoritätsrolle spielt?

Viele Unternehmer empfinden es als außerordentlich schwierig, aus ihrer gewohnten Rolle zu schlüpfen und nunmehr die eigenen Kinder – auch wenn sie schon herangewachsen sind – nach ihrer Meinung über das Übernehmen zu befragen. Noch sensibler wird es, wenn emotionelle Themen, wie insbesondere die eigene Nachfolge, angesprochen werden.

Die Erfahrung hat erwiesen, daß es ratsam ist, bei derartigen, grundsätzlichen Familiendiskussionen einen qualifizierten, von allen Familienmitgliedern respektierten Berater hinzuzuziehen. Dieser soll einerseits für eine sachbezogene und emotionsfreie Diskussion Sorge tragen, andererseits soll er die Interessen aller Beteiligten fair und objektiv würdigen.

4. Details müssen angesprochen werden

Idealerweise sollte die Grundsatzdiskussion über die Nachfolgeregelung auf neutralem Boden stattfinden, abseits der gewohnten familiären Umgebung, die von vornherein von Hierarchiestrukturen gezeichnet ist.

Alle Beteiligten müssen sich darüber im klaren sein, daß sie die wohl wichtigste Entscheidung im Leben der Familie und der Unternehmung treffen müssen. Das Familienoberhaupt muß mit gutem Beispiel vorangehen, mit aller Offenheit und Klarheit argumentieren und die Standpunkte der anderen Familienmitglieder respektieren. Umgekehrt gilt das Gleiche für die Nachfolgegeneration, die im Drang zum Chefsessel das Verständnis für die vorherige Generation und deren Anliegen nicht auf der Strecke lassen darf. Es müssen die Sorgen aller Beteiligten angesprochen werden, und oft sind es die kleinen Details, die die größten Unsicherheiten verursachen. Es ist notwendig, sich genügend Zeit zu nehmen, um auf alle Einzelheiten konstruktiv und emotionsfrei einzugehen.

Eine erfolgreiche Nachfolgeregelung beschreibt die detaillierte Übergabe von

– der Macht zum Handeln und
– dem rechtlichen und finanziellen Eigentum

Die Macht zum Handeln ist nicht gleichbedeutend mit Autorität: Diese muß sich der Nachfolger im Unternehmen selber erwerben. Eine gezielte theoretische und praktische Ausbildung mit einer extern geführten Karriere bietet hierfür die beste Voraussetzung.

Die Erfahrung hat gezeigt, daß die Übergabe der Macht mit der Übergabe des rechtlichen und finanziellen Eigentums in Kongruenz erfolgen sollte. Erst dann kann der Nachfolger als eigenständiger Unternehmer handeln, mit der vollen Verantwortung für das eingesetzte Kapital. Unbedingte Voraussetzung hierfür ist allerdings, daß für den Unternehmer, der seinen Stuhl für den Nachfolger räumt, eine finanzielle Lösung geschaffen wird, die ihm ein sorgloses, von der Firma unabhängiges Leben ermöglicht. Ein Vorgänger, der von der Pension leben muß, die ihm die Firma auszahlt, wird sich weiterhin Sorgen um den Geschäftsverlauf machen müssen. Der Konflikt mit dem Nachfolger ist bei dieser Regelung schon vorprogrammiert.

Nicht immer ist es einfach, eine wirtschaftlich tragbare Lösung für alle Beteiligten zu finden. Der Grundgedanke ist jedoch, daß frühzeitig über Wege und Mittel nachgedacht wird, wie ein voneinander finanziell unabhängiger Lebensinhalt für den Vorgänger und den Nachfolger geschaffen werden kann. Die Familie kann vieles dazu beitragen, dem Vorgänger den Abgang zu erleichtern, indem zum Beispiel gemeinsame Freizeitaktivitäten unterstützt werden.

5. Das Unternehmen wird über die von der Familie beschlossene Nachfolgeregelung informiert

Sobald der Familienrat eine Entscheidung über die Nachfolgestrategie gefällt hat, muß das Unternehmen offiziell hierüber – zumindest in den wesentlichen Punkten – informiert werden. Zu oft wird die Sensibilität der Mitarbeiter im Unternehmen diesbezüglich unterschätzt. Es sind immer die besten und intelligentesten Mitarbeiter, die sich über die Zukunft des Unternehmens und ihres eigenen Arbeitsplatzes frühzeitig Sorgen machen. Diejenigen Familienunternehmen, die nicht beizeiten auf eine konstruktive Nachfolgeregelung hinweisen können, machen immer wieder die bittere Erfahrung, daß die qualifiziertesten Mitarbeiter zuerst und allein aus Unsicherheit abwandern.

6. Der designierte Nachfolger sammelt seine Erfahrungen außerhalb des Familienunternehmens

Die Erfahrung hat gezeigt, daß es ein eindeutiger Fehler ist, den zukünftigen Nachfolger im eigenen Unternehmen nach Schul- und Universitätsabschluß einzusetzen. Der Nachfolgegeneration muß die Chance geboten werden, fernab vom elterlichen Heim und Unternehmen ihren eigenen Charakter zu entwickeln. Der Nachfolger muß idealerweise eine externe, eigene Karriere verfolgen. Erst dann wird er über die nötige, fundierte Selbstsicherheit verfügen, um in die Fußstapfen des väterlichen Vorbildes als eigenständiger Unternehmer einzutreten. Prinzipiell ist eine Nachfolgeregelung vorzuziehen, welche eine längere Einarbeitungszeit des Nachfolgers unter dem Vorgänger vermeidet. Dies verursacht Unsicherheiten und schafft gefährliche Dreiecksbeziehungen im Unternehmen. Ein klar definierter Zeitplan ist in diesem Fall unbedingt vorauszusetzen.

7. Gegenseitiger Respekt und Toleranz müssen die familiären Beziehungen bestimmen

Es erscheint selbstverständlich, kann allerdings nicht oft genug wiederholt werden: Ein erfolgreiches Familienunternehmen kann nur über mehr als eine Generation überleben, wenn die Beziehungen zwischen den direkt beteiligten Familienmitgliedern positiv, konstruktiv, tolerant und respektvoll sind. Dissonanzen in der Familie können und dürfen nicht im Betrieb ausgetragen werden: Hierunter leidet die wirtschaftliche Effizienz und drückt sich früher oder später in negativen Bilanzzahlen aus.

Die Familie muß gegenüber dem Unternehmen ein einheitliches, klares und kongruentes Führungsbild vermitteln. Umfragen in Familienbetrieben haben erwiesen, daß die Mitarbeiter einer geordneten und respektierten Inhaberfamilie eher motiviert und sogar stolz auf ihre Familie sind als diejenigen in Richtung „Dallas" oder „Denver".

Hierin wurzelt einer der Gründe für ein frühzeitiges Beginnen der Nachfolgeplanung: Der Unternehmer und Familienvater ist weitestgehend verantwortlich für das familiäre Klima. Er muß sich selbst und die restliche Familie den Regeln der Fairneß, des Respektes und der Toleranz unterwerfen.

Abschließend muß nochmals betont werden, daß die Nachfolge im Familienunternehmen eine der wichtigsten Entscheidungen im Leben des Unternehmers darstellt. Es handelt sich dabei um eine Kernfrage, mit Auswirkungen für den gesamten Unternehmensbereich und die Familie. Eine Fehlentscheidung hat schon zu manchem Konkurs mit anschließender Familientragödie geführt.

Der Unternehmer muß die Verantwortung für ein frühzeitiges Handeln in der Nachfolgefrage erkennen und sie übernehmen. Eine Nachfolge regelt sich nicht von allein: Der Unternehmer steht unter Zugzwang. Je früher er diese Erkenntnis erlangt, desto größer ist der Handlungsspielraum.

Ein Nachfolgekonzept im Familienunternehmen zu erarbeiten heißt, die Beziehungen zwischen Familie und Firma zu erkennen und zu analysieren. Grundsatzfragen müssen offen gestellt und beantwortet werden. Es muß sachbezogen und emotionsfrei über Lebensfragen und Strategien nachgedacht und verhandelt werden. Qualifizierte Außenstehende können dabei helfen, die richtigen Fragen zu stellen und nach den möglichen Antworten zu suchen.

Und sollte sich im Endeffekt die vielleicht schmerzhafte, aber realistische Schlußfolgerung ergeben, daß kein geeigneter Nachfolger aus der Familie zur Verfügung steht, dann muß der Unternehmer selber frühzeitig die Weichen in Richtung einer Trennung von Familie und Unternehmen stellen. Und hieraus resultiert meine achte und letzte Empfehlung an den Familienunternehmer:

8. Kommt keine Einigung über die Nachfolge zustande: rechtzeitiger Rückzug der Familie aus dem Unternehmen

■ **Fazit**

Diese Ausführungen eines erfahrenen Praktikers haben die Problematik und das Spannungsfeld, in dem sich der erfolgreiche Generationswechsel im Unternehmen vollzieht, nochmals zusammenfassend pointiert skizziert. Ein wichtiges Anliegen dieses Buches ist es, deutlich zu machen, wo die Ursachen für die vielen gescheiterten Betriebsübergaben mit ihren erschreckenden Folgen nicht nur für den eigenen innerfamiliären Bereich liegen. Doch Kassandrarufe allein nützen wenig. Viel wesentlicher ist es deshalb, wenn klar geworden ist, wo die Lösungsansätze für die erfolgreiche Übertragung und die dauerhafte Fortführung des mit viel Herzblut aufgebauten unternehmerischen Lebenswerkes durch die nachfolgende Generation liegen. Es wird sicherlich deutlich geworden sein, daß es eine unendliche Fülle von Gestaltungsmöglichkeiten gibt. Sie müssen jedoch von jedem einzelnen ergriffen werden.

Der Unternehmer hat nach Lektüre dieses Buches hoffentlich Ideen gewonnen, wie er sich selbst der großen Herausforderung „Nachfolge im Unternehmen" stellen will und welche konkreten Maßnahmen für seine individuelle Situation zielführend sind. Die Motivation des Unternehmers, konkrete Schritte zu ergreifen, sollte nicht nur aus dem Gesichtspunkt der Risikominimierung resultieren. Viel wesentlicher ist, sich die Überzeugung zu eigen zu machen, daß der erfolgreiche Generationswechsel im Unternehmen ein ungeheuer großes Chancenpotential eröffnet. Dies gilt sowohl hinsichtlich der langfristigen Zukunftssicherung des Unternehmens als auch für die eigene persönliche Zufriedenheit des Unternehmers und seiner Familie.

Der Autor

Dr. Hannspeter Riedel ist Rechtsanwalt/Fachanwalt für Steuerrecht und Partner der Anwaltskanzlei „Spitzweg & Partner", München/Potsdam/Brandenburg/Mailand. Sein Arbeitsschwerpunkt ist die umfassende Beratung und die praktische Umsetzung des Generationswechsels im Unternehmen. Er ist gefragter Referent und Autor mehrerer Veröffentlichungen zu diesem Thema. Außerdem ist er Lehrbeauftragter an einer Fachhochschule.

Die Mitautoren

PROF. DR. WILLI DIEZ
Professor für Betriebwirtschaftslehre am Fachbereich Kraftfahrzeug-Wirtschaft an der Fachhochschule Nördlingen/Geislingen

DR. BERND LEMAR
Diplom-Psychologe und geschäftsführender Gesellschafter der auf die betriebspsychologische Beratung von Familienunternehmen spezialisierten Beratungsgesellschaft „Familie & Business – Dr. Klughardt & Partner", Rosenheim

MICHAEL PINKER
Rechtsanwalt der Anwaltskanzlei „Spitzweg & Partner", München/Potsdam/Brandenburg/Mailand

JOSEF SCHMIDT
Geschäftsführender Gesellschafter der im Bereich der strategischen Unternehmensführung tätigen „Josef Schmidt Colleg GmbH", Bayreuth

DR. STEPHAN SCHÜLLER
Mitglied des Vorstands der HypoVereinsbank AG

DR. JOACHIM SCHWASS
Leitende Tätigkeit am „International Institute for Management Development" (IMD) sowie Executive Director des „Family Business Network", Lausanne

DR. NORBERT WIESELHUBER
Geschäftsführender Gesellschafter der Unternehmensberatungsgesellschaft „Dr. Wieselhuber & Partner GmbH Unternehmensberatung, München/Düsseldorf/Wien

Stichwortverzeichnis

A

AG 17, 62, 73, 84
Aktiengesetz 86
Albach-Studie 38, 39
Aldi 36
Altersversorgung 45, 57
Analysephase 167
Aral AG 7
Aral/Autohaus-Studie 36, 126, 127
Aschenputtel-Syndrom 20
Asset-Deal 51
Auflösung der Betriebsaufspaltung,
  zwangsweise 96
Ausgangssituation 165
Ausgleich an die Geschwister 36

B

Banken 43
Beherrschungsidentität 96
Beirat 21, 33, 104
Beratung, unternehmenspsychologische
  24
Berliner Testament 134, 135
Beteiligungsgesellschaftsmodell 46
Beteiligungsgesellschaften 48
Betriebsaufspaltung 90
Betriebsgrundstück 44
Betriebskonzepte im Kraftfahrzeug-
  gewerbe, traditionelle 150
Betriebsverbund als neuartiges
  Betriebskonzept 153
Betriebsvermögen, steuerliche 64
Börse 47
Botschafter 176
Bundesfinanzhof 66
Bürgschaften 2, 37

D

DaimlerChrysler 7
Deutsche Ausgleichsbank 43
Deutsche Beteiligungsgesellschaft 47,
  49
Dividendenausschüttung 47

E

Ehe 111
Ehefrau 36, 98, 116, 117
Eherecht 112
Ehesituation des Mitgesellschafters
  114
Ehevertrag 112, 115, 119
Einkommensteuer 66
Einstiegs- und Testprogramm
  für den potentiellen Nachfolger 34
Einzelwirtschaftsgüter 51
Erbklauseln 3
Erbrechtsplanung 96
Erbschaftsaufkommen 59
Erbschaftsplanung 9
Ertragswertverfahren 9
Erwartungen der Familie 26

F

Familienkonzept 155
Familienrat 137
Familienstiftung 55
Familienunternehmen 1
Filialisierung 152
Finanz-Beteiligungsgesellchaften 49
Firma vor Familie 40
Firmenbeirat 48
Fragen an die nachfolgende Generation
  28
Frauen 26
Fremdgeschäftsführer 41

G

General 176
Generation, nachfolgende 28
Generationensprung 61
Gentlemen's Agreement 21
Gerling, Rolf 39
Gerling-Konzern 39
Geschäftsverteilung im Familienbetrieb
  156
Gesellschafterkonzept 155
Gesellschaftsanteile 51
Gesprächsführung, psychologische 22
Gewinnbeteiligungsmodell 39
Gewinnverwendungsbeschluß 43
GmbH & Co. KG 17, 65, 72, 76
GmbH 62, 72, 76, 81, 82
Gouverneur 176
Gründe für eine Führungsnachfolge 28
Gütertrennung 69

H

Handlungsalternative 170
Handwerksbetriebe 1
Hausbank 8
Hemmschwellen für die Nachfolge-
  regelung 29
HypoVereinsbank 10, 50

I

IHK 50
Image 26
Institute for Management Development
  1
Institution Familie 24
Interimslösungen 38

J

Junior 22

K

Kapitalbeteiligung 8
Kaufpreis 50
KG 76
Kleinbetriebe 149

Kleine AG 84
Klöckner-Stiftung 53
Kommunikation, offene 36
Komplettbetrieb 151
Konzeptionsphase 170
Konzernhaftung 95
Kreditwürdigkeit 26

L

Last, dauernde 68
Lebensgemeinschaft, nichteheliche
  123
Lebensplanung, persönliche 14
Lebenswerk 144
Lebensziele 28, 141
Leibrente 68
Liquiditätsreserve 62

M

M & A-Berater 50
Management-Buy-Out 42
Management-by-Nachahmung 90
Mißbrauchstatbestand 102
Mitarbeiter als Nachfolger 42
Mittelbetriebe 149
Monarch 176

N

Nachfolger 9
Nachwuchsqualifizierung 157
Nicht-Junior-Chef-Rolle 34

O

OHG 67, 72, 83
Opel 7

P

Personengesellschaft 62
Pflichtteil 132, 133
Pflichtteilsrisiken 133
Pflichtteilsverzicht 134
Phase der Betriebsübergabe 167
Privatvermögen, steuerliche 64
Publizitätspflicht 81

R

Rechtsform   71, 77, 100
Rückübertragungsklausel   40

S

Sachverhalt, psychologischer   21
Schenkung   60, 68
Schenkungsteueraufkommen   59
Schweißfurth   41
Schwiegerkind-Syndrom   129
Selbstüberschätzung der Kinder   33
Senior   22
Share-Deal   51
Situationsanalyse   15
Step-up-Modelle   51
Steueroptimierung   57
Stiftung   52, 55
Stiftungssatzung   55
Stiftungsvermögen   54
Stille Reserven   94
Stuttgarter Verfahren   62

T

Testament   15, 125
Testamentsvollstreckung   79
Tod   30, 60

U

Übergabe, familieninterne   31
Übergabe-Fahrplan   162, 163
Überlassung wesentlicher Betriebs-
    grundlagen   93
Überschuldungsgrenze   80
Übertragung von Gesellschaftsanteilen,
    partielle   39

Übertragungsgegenstand   44
Umgehungstatbestand   102
Umsetzung   171
Umwandlungsgesetz   101
Umwandlungsrecht   101
Unterhaltszusageansprüche   120
Unternehmens-Beteiligungs-
    gesellschaften   49
Unternehmensverkauf   49
Unternehmenswert   9, 87
Unternehmerehefrau   36
Unternehmertestament   125

V

Veräußerung des Betriebes   41
Vererbbarkeit von GmbH-Anteilen
    78
Verflechtung, personelle   93
Verkaufspreis   44
Vermögensübertragung   61
Vermögenswerte, ausgleichspflichtige
    113
Verpachtung   44
Versorgungsleistung   67
Versorgungszusageansprüche   120
VW   7

W

Wiesbadener Modell   95

Z

Zugewinngemeinschaft, modifizierte
    120
Zuwendung, ehebedingte   65

Konzepte für das neue Jahrtausend

Erfolgsgeschichten im Mittelstand

Erstmals berichten mittelständische Unternehmer von ihren Erfahrungen, ihrer Philosophie, den Herausforderungen, sich im Wettbewerb zu behaupten und den Schlüsselfaktoren ihres Erfolges.
Die Portraits zwölf herausragender Unternehmerpersönlichkeiten sind besonders nützlich für Unternehmer, Existenzgründer und Führungskräfte.

Brun-Hagen Hennerkes,
Christopher Pleister (Hrsg.)
Erfolgsmodell Mittelstand
12 Unternehmer geben
Einblicke in ihr Denken
und Handeln
1999. 381 S. Geb. DM 58,00
ISBN 3-409-11449-1

Strategien für Megawachstum

Wachstum und neue Geschäfte sind die großen Herausforderungen aller Unternehmen. Einige besonders erfolgreiche Unternehmen zeigen, wie es gehen kann.
Die Spielregeln werden neu definiert.
Das Buch beschreibt die Erfolgsfaktoren sowie den Weg zu überdurchschnittlichen Wachstumsraten und zeigt praxisorientiert, was diese Unternehmen auszeichnet.

Rainer Lindenau,
Thomas Helbig
Exploding Markets
Wachstumsstrategien
für das 21. Jahrhundert
1999. 237 S. Geb. DM 68,00
ISBN 3-409-11516-1

Mit Speed zum Fusionserfolg

Akquirieren ist nicht schwer, Eigner sein dagegen sehr. Unternehmensveränderungen wie Fusionen bergen immer das Risiko hoher Verluste. Schnelles Lernen, Handeln und Anpassen an die neuen Gegebenheiten vermindern dieses Risiko.
Das erste Buch zum Thema Speedmanagement bei Fusionen; kompetent und nützlich!

Mark L. Feldman,
Michael F. Spratt
Speedmanagement für Fusionen
Schnell entscheiden, handeln,
integrieren – Über Frösche,
Hasenfüße und Hasardeure
2000. 214 S. Geb. DM 68,00
ISBN 3-409-11541-2

Änderungen vorbehalten. Stand: April 2000.

Gabler Verlag · Abraham-Lincoln-Str. 46 · 65189 Wiesbaden · www.gabler.de

GABLER